网店推广、装修、客服、运营一本通

第2版

崔恒华 编著

電子工業出版社
Publishing House of Electronics Industry
北京•BEIJING

内 容 简 介

随着网络购物的不断发展，越来越多的人将创业的目光瞄准了网络开店，尤其是一些年轻人更是视其为就业的另一条出路。虽然近年来在网上开店的用户越来越多，但是很多店主的收入并不是很高。相对于一些人的月入万元，还存在着许多“新店开了几天没一个流量”、“每天流量几百却没有一个成交”等诸如此类的问题。为什么有些人能够月入万元，而自己的网店成交却寥寥无几呢？为了更好地帮助卖家提高产品的销售量，赚取更多的利润，我们编写了这本书。

本书详细讲解了四个方面的知识。本书共20章分为4部分，主要内容介绍如下。

第一部分为推广篇：包括第1~9章，介绍了手机淘宝推广方法、玩微信也能推广淘宝店铺、在淘宝店铺外进行推广的技巧、淘宝网店常见促销策略、借力供销平台扩大销售渠道、直通车推广让店铺销量大增打造爆款、利用淘宝客为你推广店铺、聚划算引发团购狂潮、钻石展位优质展位展示流量滚滚来。

第二部分为装修篇：包括第10~15章，商品图片拍摄基本技术、吸引顾客眼球的商品照片处理、热销人气页面分析、新手不花钱也可以把普通店铺装修漂亮、装修有个性的旺铺吸引买家、手机淘宝装修。

第三部分为客服篇：包括第16~18章，利用淘宝免费资源来推广网店、处理好交易纠纷赢取更多回头客、掌握买家心理应对自如。

第四部分为运营篇：包括第19~20章，维护好客户关系打造皇冠级店铺、掌握网店经营管理艺术打造百年品牌店铺。

本书适合已经开办了自己的网店，想提高营销水平、扩大经营的淘宝网店主阅读，也适合希望拓展网络市场的企业及有意进行网络营销的个人阅读，同时本书也可作为电子商务营销培训的参考教材。

图书在版编目（CIP）数据

网店推广、装修、客服、运营一本通 / 崔恒华编著. —2版. —北京：电子工业出版社，2016.6
ISBN 978-7-121-28893-7
Ⅰ. ①网… Ⅱ. ①崔… Ⅲ. ①电子商务－商业经营 Ⅳ. ①F713.36
中国版本图书馆CIP数据核字(2016)第111637号

策划编辑：林瑞和
责任编辑：徐津平
印　　刷：北京中新伟业印刷有限公司
装　　订：北京中新伟业印刷有限公司
出版发行：电子工业出版社
　　　　　北京市海淀区万寿路173信箱　　邮编：100036
开　　本：787×980　1/16　印张：22.75　字数：499千字
版　　次：2014年5月第1版
　　　　　2016年6月第2版
印　　次：2016年6月第1次印刷
定　　价：59.00元

凡所购买电子工业出版社图书有缺损问题，请向购买书店调换。若书店售缺，请与本社发行部联系，联系及邮购电话：（010）88254888，88258888。

质量投诉请发邮件至zlts@phei.com.cn，盗版侵权举报请发邮件至dbqq@phei.com.cn。

本书咨询联系方式：010-51260888-819　faq@phei.com.cn。

前言

中国互联网络信息中心统计显示，截至 2015 年 6 月底，我国网民规模达 6.68 亿人，网络购物用户规模超 3 亿人，网络购物成增长最快的应用。2014 年，中国网络购物市场交易规模达到 2.8 万亿笔，增长 47.4%，大致相当于社会消费品零售总额的 10.6%。中国网络购物交易规模已经超过美国成为全球最大的网络购物市场。中国消费者的消费热情和消费力超乎想象。

随着网络购物的不断发展，越来越多的人将创业的目光瞄准了网络开店，尤其是一些年轻人更是视其为就业的另一条出路。然而，好不容易开好了店铺，如果不懂任何营销的话，最终只有关门的命运。虽然近年来在网上开店的用户越来越多，但是很多店主的收入并不是很高。相对于一些人的月入万元，还存在着许多“新店开了几天没一个流量”、“每天流量几百却没有一个成交”等诸如此类的问题。为什么有些人能够月入万元，而自己的网店成交却寥寥无几呢？这是因为没有很好地解决以下棘手的问题：网店装修、网店推广、网店客服和网店运营。为了更好地帮助卖家在网上开店，提高产品的销售量，赚取更多的利润，我们编写了这本书。

本书主要内容

《网店推广、装修、客服、运营一本通》自第 1 版上市以来，重印多次，在淘宝网、当当网、京东商城和各大新华书店的销售在同类书中一直名列前茅，好评率达到 99.5%。虽然图书一直销售很好，不过淘宝网平台经历了多次升级更新，为了保证书中内容的与时俱进，我们改版升级了此书。本书详细讲解了四个方面的知识。本书共 20 章分为 4 部分，主要内容介绍如下。

第一部分为推广篇：包括第 1~9 章，介绍了手机淘宝推广方法、玩微信也能推广淘宝店铺、在淘宝店铺外进行推广的技巧、淘宝网店常见促销策略、借力供销平台扩大销售渠道、直通车推广让店铺销量大增打造爆款、利用淘宝客为你推广店铺、聚划算引发团购狂潮、钻石展位优质展位展示流量滚滚来。

第二部分为装修篇：包括第 10~15 章，商品图片拍摄基本技术、处理吸引顾客眼球的商品照片、热销人气页面分析、新手不花钱也可以把普通店铺装修漂亮、装修有个性的旺铺吸引买家、手机淘宝装修。

第三部分为客服篇：包括第 16~18 章，利用淘宝免费资源来推广网店、处理好交易纠纷赢取更多回头客、掌握买家心理应对自如。

第四部分为运营篇：包括第 19 ~ 20 章，维护好客户关系打造皇冠级店铺、掌握网店经营管理艺术打造百年品牌店铺。

本书特色

- 增加了手机淘宝介绍。本书增加了最流行的手机淘宝推广方法和手机淘宝装修。
- 实用为主。本书重点介绍网上开店初学者必须掌握的推广、装修、客服和运营技术。
- 图解操作。以详细、直观的步骤说明讲解相关操作，使读者轻松上手，举一反三。读者只需要根据这些操作步骤一步一步做完全可以开设自己的店铺。
- 本书作者具有多年的网店设计与装修的经验，将开店过程中的经验和技巧总结了出来，涵盖了开店过程中遇到的许多细节问题。
- 本书把目前最流行的营销理念运用到淘宝平台，所有经验都在淘宝店铺中得到过实际验证，已经获得了巨大的成功。
- 此次升级更新按照最新改版的淘宝网界面进行讲解，全面介绍了网上开店的全过程，让读者不会有过时或找不到界面的困扰。

本书适合读者

本书适合想在网上开店创业的初学者，包括在校大学生、兼职人员、自由职业者、小企业管理者、企业白领等想在网络中寻求商机的不同职业的人。同时也适合已经有开店经验，但想进一步掌握网店经营的高级技巧，要获得更大的市场和更多的利润，把网店生意做大做强的店主选用。

本书的编者中既有在国内有多年开店经验的网店店主，又有网页设计与网站建设方面的人员，除了署名中的编者陈石送外，另外参与编写和提供素材的还有郭海旺、孙东云、邓静静、张连元、孙素华、徐洪峰、王冬霞、刘桂香、何海霞、马武帮、葛俊科、葛俊彬、孙起云、吕志彬、崔恒华等。由于作者水平有限，加之创作时间仓促，本书不足之处在所难免，欢迎广大读者批评指正。

目录

推 广 篇

装修篇

客服篇

运 营 篇

推广篇

第1章 手机淘宝推广方法

开店指导

在过去两年，手机淘宝作为阿里巴巴在移动端的战略重心。主要体现在商品浏览、检索、交易、沟通等环节，手机淘宝通过简化移动端的购物流程，面向移动场景开发新功能例如拍照购、语音搜索、摇一摇，让用户逐步习惯移动购物。数据显示，2015 第一季度中国移动购物市场规模达 3623.4 亿元，移动端占比 47.8%，较去年同期增长近 22 个百分点。

1.1 提升手机淘宝转化率

淘宝转化率，就是所有到达淘宝店铺并购买的人数和所有到达你的店铺的人数的比率。

1.1.1 标题关键词选择

很多卖家其实都是刚刚开始接触手机端，知道如今淘宝大力发展无线端，每个卖家都应该致力于自己的手机店铺好好运营一番。那么首先要做的就是标题搜索优化。

手机端相对 PC 端来说，屏幕大小毕竟有限，因此能看到的产品信息也不多。所以，要想在有限的屏幕里体现产品特性和卖点的标题就显得格外重要了。如何设置标题？可以加入一些主要的属性词，也可以加入产品特色的词。下面就和大家分享一些手机淘宝关键词的选词技巧。

1．手机搜索下拉框及类目属性词

如图 1-1 所示可以看到当手机端搜索“羽绒服”，下面会出现下拉框热词及对应的类目属性词。可以把这些标题组合起来，这是手机端寻找标题关键词的一种方法。

2．提示关键词组合

当我们搜索一个关键词，在无线端的第三屏左右会出现一些提示关键词，如图 1-2 所示。单击就会发现这些词汇可以和主搜关键词相匹配组成新的关键词搜索，也可以进行关键词的组合及统计。

图 1-1　手机搜索下拉框及类目属性词

图 1-2　提示关键词组合

3．生意参谋后台关键词

生意参谋无线端选词助手，统计出来的关键词，也可以作为参考，如图 1-3 所示。

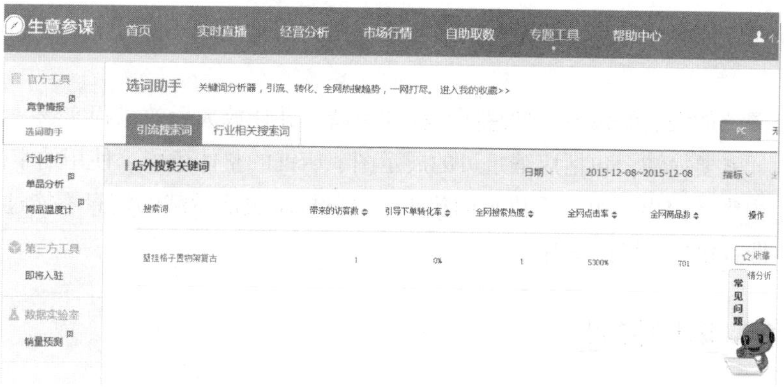

图 1-3　生意参谋后台关键词

1.1.2　手机淘宝图片

手机淘宝图片，一定要做得精美细致，体现一些产品特点。主图适当地放上一些产品的促销信息，因为手机端展示有限，因此图片上的信息，也成为买家购买的一个关键因素。如图 1-4 所示手机淘宝图片。

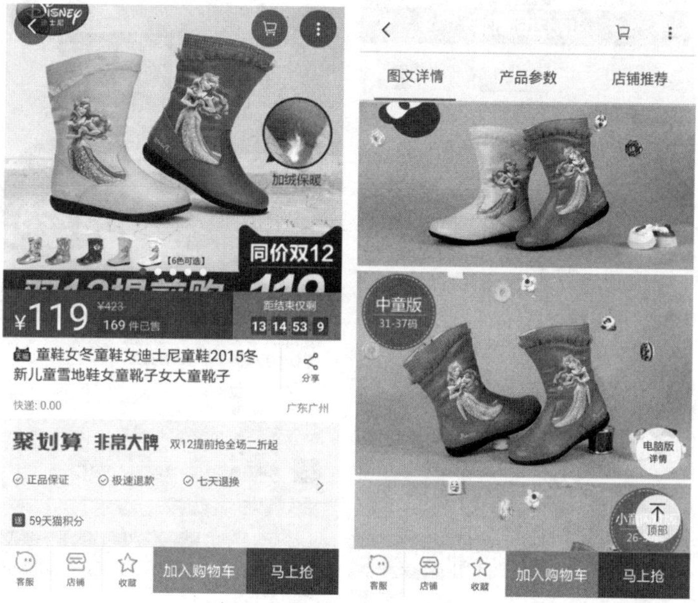

图 1-4　手机淘宝图片

宝贝详情每张图片的尺寸及大小都有限制，一方面在设计图片时要考虑图片的限制条件，另一方面需要在保证图片完整及清晰度的前提下，最大限度地减小图片的大小，特别是手机端宝贝详情。

（1）注重图片放大后的效果，切忌图片模糊不清，并让放大后效果跟实物一致。

（2）图片元素要简洁，包括店铺宝贝的展示图、店铺的整体色彩、使用的字体、文案等。

（3）展示内容要突出。由于手机页面狭小，这就要求页面承载的信息不能过多，需要添加人性的色彩，带有角色引导的图片。

1.1.3 宝贝描述

做好手机宝贝详情页描述，能增加宝贝的权重。很多店铺现在做的是直接把 PC 端的描述缩小加入到手机端描述里，这样就导致整个描述页面很长！手机端访客在浏览宝贝详情页时，不像 PC 端会停留很长时间，手机加载很慢，就会导致跳失。切忌不要把 PC 端的详情页默认上传到手机端详情页。手机端的宝贝详情页简单突出宝贝卖点就好，如图 1-5 所示手机端宝贝描述。

很多店铺手机端的宝贝详情页都是没有设置的，手机端详情页单独装修不仅会给我们无线端加权而且还会提升客户的打开速度。所以，宝贝详情页是提高淘宝无线端流量及转化率的重要因素之一。

图 1-5 手机端宝贝描述

1.1.4　商品的评价

相信很多人在淘宝上买东西都会看买家的评价。手机淘宝在宝贝详情的第一页展示了评价，这个评价是很关键的！突出有内容有价值的评论，让买家更快捷高效地查看宝贝评论信息，提高购物效率。商品评价越多，对潜在消费者的帮助就会越大。有了这样体验的消费者自然而然就会将你的店铺与其他的店铺区分开来。这样一来，商品评价就变成了店铺的金字招牌了。如图 1-6 所示商品评价。

图 1-6　商品评价

1.1.5　产品的活动

卖家要想提升手机淘宝转化率，在活动页面展示的淘金币和手机专享等活动越多，买家购买的机会就越大。因为淘金币对于很多淘宝账号来说都是有积存的，特别是女性消费者，很多时候拍下没有使用淘金币，而为了淘金币重复拍很多次的顾客不在少数。当然，除了淘金币和手机专享，一些店铺活动也很吸引顾客的购买。如图 1-7 所示参加淘金币活动。

图 1-7　参加淘金币活动

1.2　手机专享价——无线入门的第一步

手机专享价是一款专门针对手机端下单的促销工具，可实现在手机和电脑上不同的促销价格折扣。目前可和 1212 大促、聚划算（仅限 C 商品）、天天特价、限时打折、天猫特价宝（天猫 B 商品）所有第三方促销工具叠加使用，支持折上折，并且可以做到交易记录不显示手机专享价，只显示电脑端优惠价或一口价。因为手机专享价拥有搜索加权、无线流量倾斜等资源支持，设置手机专享价可以提高成交转化率，也方便消费者在手机端找到更加优质、特惠的商品。

卖家若想开通手机专享价功能，只需借助一个已经开通过手机专享店铺的子账号，就可以开通自己的手机专享价权限了。具体操作步骤方法如下。

（1）进入淘宝后台管理“卖家中心”|“营销中心”|“手机营销专区”，如图 1-8 所示。

图 1-8　选择“手机营销专区”

（2）进入无线营销工具选择页面，单击“手机专享价”下的“马上创建”按钮，如图 1-9 所示。若此按钮为灰色，说明不符合手机专享价开通条件。

图 1-9　单击“马上创建”按钮

（3）首先填写活动名称，针对用户和活动时间，如图 1-10 所示，活动时间最长不超过 30 天。

（4）设置宝贝。因设置手机专享价的宝贝有上限数量限制，限制数量和上个自然月的日均销量有关，所以选择热销、易引流宝贝参加，可通过店铺内宝贝类目、宝贝名称、商家编码实现对特定宝贝的搜索和选择。如图 1-11 所示。

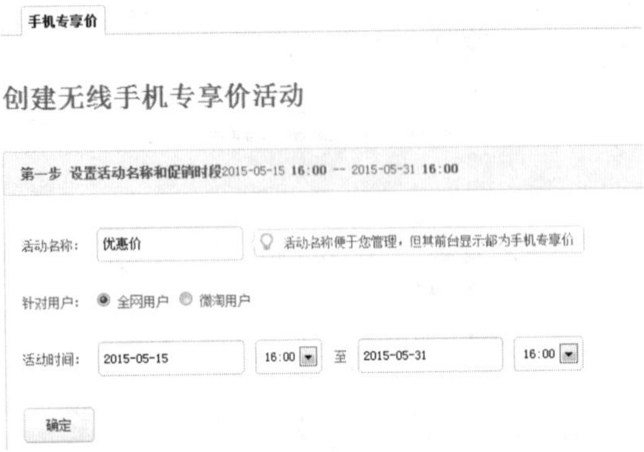

图 1-10 设置活动名称和促销时段

图 1-11 设置宝贝

（5）勾选参加活动的宝贝，批量设置折扣价并完成创建活动。如图 1-12 所示。

图 1-12 批量设置折扣价

1.3 无线搭配套餐飙升客单转化

搭配套餐，顾名思义就是将几种商品组合设置成套餐来销售，通过促销套餐让买家一次性购买更多商品。这种营销方式很大程度上提高了卖家促销的自主性，同时也为买家提供了更多的便利和选择。

那么，搭配套餐能带来什么好处呢？

（1）增加信誉。一个顾客买一件宝贝满意的情况下，卖家只能增加一个好评，但是如果是搭配套餐，在给予买家更多优惠的情况下，至少增加两个信誉。

（2）节省邮费。快递公司都是 1 公斤以内算起步价。卖小件商品的商家一件件发货的话都是要按照起步价给邮费的，往往离 1 公斤还有很大的差距，这样很浪费。如果套餐出售的话，一次发货只要不超过 1 公斤都只要起步价，这样一来节省不少邮费！

（3）增加宝贝曝光度，这点是其主要作用。卖家们可以将搭配套餐的模板代码复制到店铺的任意位置，提高曝光率，在潜意识中让买家记住此套餐。

（4）提高客单价，这个是最重要的作用。搭配套餐更具有真实性，买家会认为卖家是在进行薄利多销的促销手段，往往更加容易相信和接受这样的促销方式。这样自然就提高了客单价。

宝贝的搭配套餐设置完成后，在该宝贝的无线详情页就会自动出现该宝贝的搭配套餐。如图 1-13 所示。

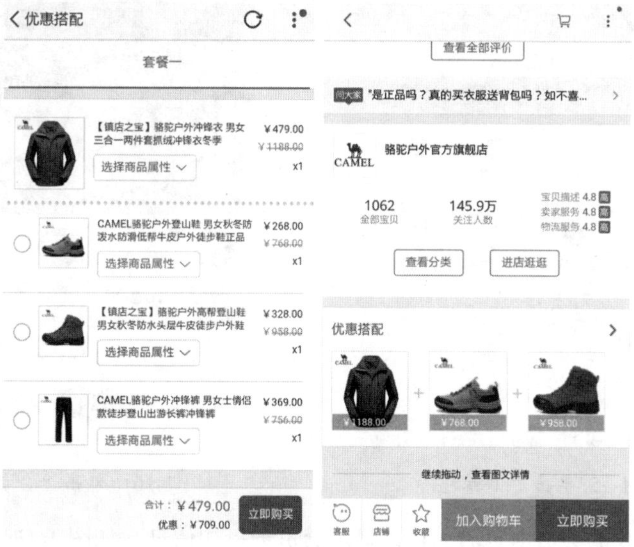

图 1-13　宝贝的搭配套餐

1.4　无线会员卡享受更多店铺权益

手机会员卡是店铺权益的集合载体，拥有手机淘宝高流量的入口，是增加店铺会员黏度的利器。会员卡四大功能：无线端固定流量入口、会员专享活动专区、店铺无线积分功能、提升会员二次回购率。如图 1-14 所示。

图 1-14　无线会员卡

无线会员卡从哪里进入呢？具体操作步骤如下。

（1）在手机淘宝中，登录“我的淘宝”后，单击“卡券包”，如图 1-15 所示。

（2）在卡券包中单击“会员卡”，如图 1-16 所示。

图 1-15 单击“卡券包”

图 1-16　单击“会员卡”

（3）单击进入我的会员卡页后，可以显示会员卡折扣信息，如图 1-17 所示。

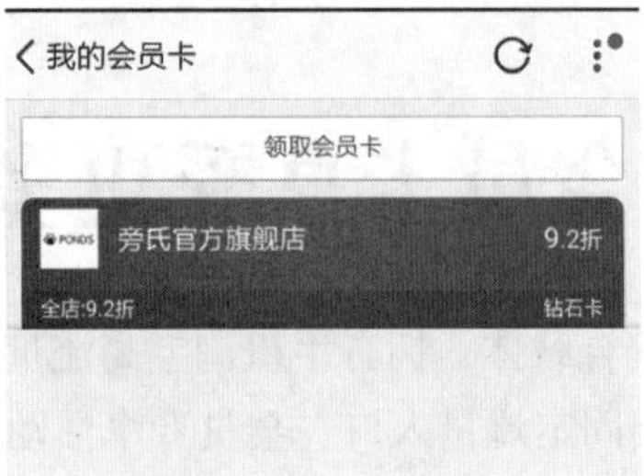

图 1-17　会员卡

1.5　店铺宝箱抢千万级流量入口

每日赢宝箱是无线端重点打造的互动工具。“宝箱”是针对手机淘宝的特有活动类型，卖家在“宝箱”中选择“每日赢宝箱”，创建完活动后，即可吸引千万流量，仅需 1M 手机流量的钱，就能收获 1 个精准粉丝并曝光 3 个店铺热销宝贝，是前所未有的流量入口。

卖家设置“店铺宝箱”后，当用户浏览卖家的无线店铺首页或活动页时，就有一定概率出现宝箱。用户单击宝箱后，即可在卖家设置的宝箱奖品中进行抽奖，奖品、中奖几率、中奖次数等卖家都可以在后台设置。

1．店铺宝箱的位置

（1）在“我的淘宝”中选择“卡券包”，如图 1-18 所示。

图 1-18　选择“卡券包”

图 1-19　选择“流量钱包”

（2）在卡券包页面中选择“流量钱包”，如图 1-19 所示。

（3）进入流量钱包页面，在页面中选择“宝箱送”，如图 1-20 所示。

（4）进入开宝箱页面，如图 1-21 所示。

图 1-20　选择“宝箱送”

图 1-21　进入开宝箱页面

2. 设置店铺宝箱

设置店铺宝箱具体操作步骤如下。

（1）进入淘宝的“卖家中心”，单击“营销中心”下的“手机营销专区”，如图 1-22 所示。

图 1-22　单击“手机营销专区”

（2）选择“互动营销工具”下的“店铺宝箱”，单击“马上创建”按钮，如图 1-23 所示。

图 1-23　单击“马上创建”按钮

（3）单击进入之后，是店铺宝箱的介绍，以及已经设置过的店铺宝箱活动的列表，可以在这里进行活动创建及删除，如图 1-24 所示。

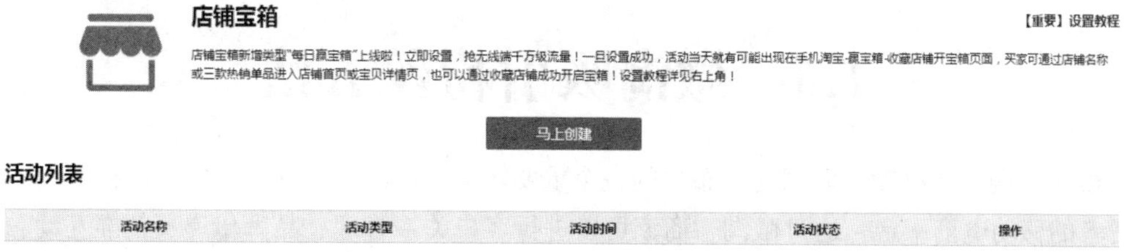

图 1-24　店铺宝箱

（4）单击“马上创建”按钮，进入店铺宝箱活动创建页面，在页面中设置活动名称、活动时间和奖励规则。如图 1-25 所示。

图 1-25　店铺宝箱活动创建页面

设置完成即可创建店铺宝箱活动了。

1.6　微淘吸引粉丝方法

微淘是淘宝在移动互联网终端布局的一个重要转型。微淘是在移动互联网时代，商家面向消费者的移动电商平台。通过微淘，商家可以进行客户关系管理、品牌传递、精准互动、基于位置的导购，及成交转化。

开通微淘账号的用户越来越多。对于新上手的账号运营者来说，如何完成原始粉丝的积累，成为面临的第一个问题。下面讲述一下微淘吸引粉丝的常见方法。

在推广账号之前，有几点是必须注意的。

（1）账号定位与命名：账号名能直接反映出账号的定位，能让粉丝在众多账号里一看就明白，所以起一个好记又有特点的名字是第一步。

（2）账号内容保证：高质量的原创图文信息是账号运营的关键，所以在开通微淘账号之时，就要对账号产生的内容进行规划，保证每天高质量的内容推送。

（3）账号精准搜索：现在除了二维码，还可以在微淘中通过账号名搜索到对应微淘账号。

1. 微淘二维码放在店铺首页

如果你是卖家，你有一家流量不错的店铺，那么你一定要把微淘二维码放在店铺的首页。这样就可以让进店浏览的买家看到，扫描关注你了，如图 1-26 所示。

图 1-26　二维码放在店铺的首页

2. 加群互粉

这是一种最常见的方法，也是最多人可以想到的方法。怎么加入互粉群呢？当然，去 QQ 搜索“微淘互粉”，就会出来很多微淘粉丝互粉的群。你填写验证信息时，写微淘互粉，微淘经验交流等，一般群主都会让你通过的，毕竟人越多越好。如图 1-27 所示。

图 1-27　搜索“微淘互粉”

3．平台互刷

现在出现了一些微淘粉丝互刷平台，就是你注册进入平台，然后里面很多和你一样渴望粉丝关注的人，你关注他们的账号，获得积分。同样别人关注你，也获得你给出的相应积分。如图 1-28 所示。

图 1-28　微淘粉丝互刷平台

4．微博推广

微博推广，其实效果还是很大的，玩微博的人都知道，图文并茂的文章大家都喜欢看，主要是有一段好文字放大他们的好奇心。如果你的微博运营的不错，有很多真诚的粉丝，那么这种效果肯定会更好。

如果你有一个微博账号，有很多粉丝，那么你可以在签名或者介绍的地方，写上“请关注我的微淘账号”。另外你也可以把微淘的二维码做成背景图片，方便别人扫描关注。你也可以天天发微博来推广你的微淘。如图 1-29 所示。

5．专业网站和其他社区论坛

通过专业网站和其他社区论坛的互动及活动分享，你的目标人群会游走在网络的很多地方，只要把握住他们常去的几个地方，他们就很容易成为你的粉丝。如图 1-30 所示在论坛推广微淘账号。

6．微淘广播推送时间

每个人的时间不同，微淘每天只能推送三条广告，所以一定要利用好这三条广告，推送时间一定要选择恰当。一天中人的几个时间点分别为上班路上、午饭前、午休期间、下班路上和晚饭后这几个时间段，这些时间可以称为消费者的闲暇时间。消费者们都有没事玩手机的习惯，在这个时候推送广播最好了。消费者阅读的可能性非常大，而且还会认真阅读你推送的内容。

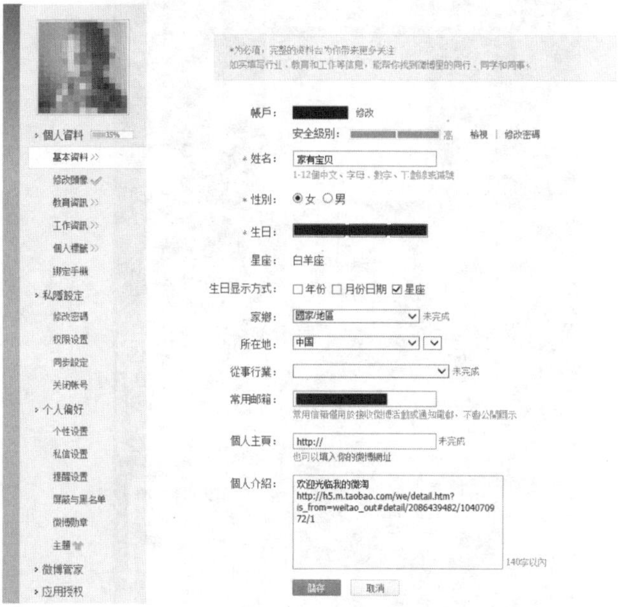

图 1-29　微博推广

7．售后拉粉

包裹、内容宣传单、退货单，如图 1-31 所示，这些都是很好的宣传渠道，用户很精准，只要用心利用，粉丝价值极高。

图 1-30　在论坛推广微淘账号

图 1-31　售后拉粉

8．外投广告

利用线上、线下的广告资源，将微淘账号打包推广给用户，如图 1-32 所示。

图 1-32　外投广告

9. 给老顾客发送关注微淘短信

给老顾客发送关注微淘短信，老客户永远是你最宝贵的财富，如果能用心将他们转化为你的粉丝，将减少你一大块的推广成本，投入产出比也是很可观的。

1.7　设置码上淘让店铺马上有流量

扫码作为目前 O2O 中非常重要的连接入口，已经成为线上与线下联通的新流量渠道，成为消费者获取商品信息，享受优惠、便捷生活的途径。

扫码专享价，是一款专门针对手机淘宝扫码下单的促销工具，需要卖家在商品上设置折上折优惠，结合条形码和二维码使用。消费者只有通过手机淘宝扫条形码和二维码才能享受专享优惠，比电脑下单更便宜。

设置码上淘具体操作步骤如下。

（1）进入淘宝的“卖家中心”，单击“营销中心”下的“手机营销专区”，如图 1-33 所示。

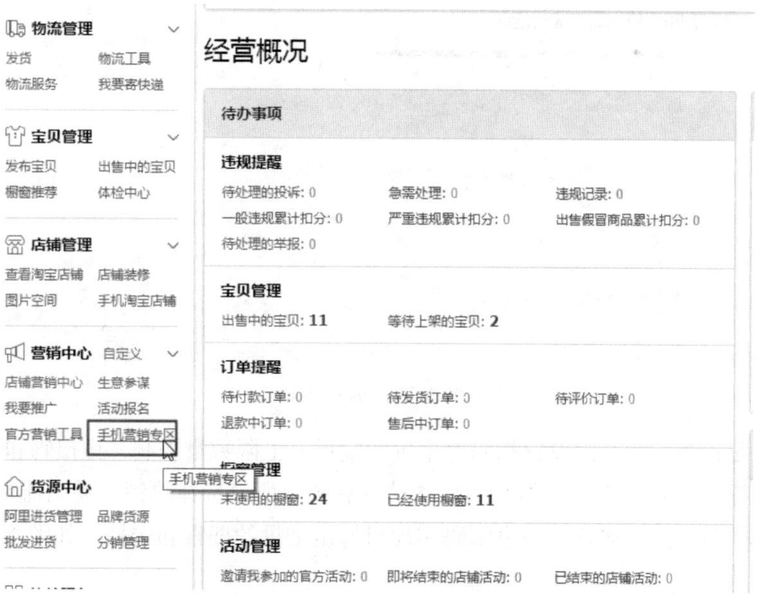

图 1-33　单击“手机营销专区”

（2）在无线营销工具页面中单击“扫码专享价”下的“马上创建”按钮，如图 1-34 所示。

图 1-34　单击“马上创建”按钮

（3）首先创建活动，填写活动名称，此处的活动名称是卖家在后台设置用于辨认活动的，不在买家前台展现，活动设置最长时间为 30 天。如图 1-35 所示。

图 1-35 创建活动

（4）第二步设置宝贝。因设置扫码专享价的宝贝有上限数量限制，且扫码和手机专享互斥，只能二选一。限制数量和上个自然月的日均销量有关，所以选择热销、易引流宝贝参加，可通过店铺内宝贝类目、宝贝名称、商家编码实现对特定宝贝的搜索和选择。如图 1-36 所示。

图 1-36 设置宝贝

（5）设置扫码专享价格，可批量设置宝贝的扫码专享价格，或者针对不同宝贝设置不同的专享折扣，如图 1-37 所示。

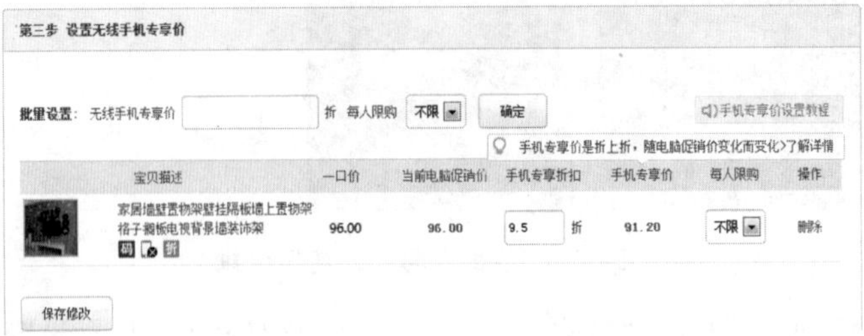

图 1-37 设置扫码专享价格

第2章 玩微信也能推广淘宝店铺

开店指导

微信推广营销是随着微信的火热而兴起的一种网络营销方式。微信不存在距离的限制，用户注册微信后，可与“朋友”形成一种联系，用户订阅自己所需的信息，商家通过提供用户需要的信息，推广自己的产品，从而实现点对点的营销。卖家要善用微信公众平台精准、低成本地推送店铺消息，帮助商家在选款、订货上做出正确的决策，同时帮助店铺提升订单量。

2.1 为什么要做微信营销

自从微信大热之后，微信营销随之盛行，成为影响网络营销行业走势的大事。首先，必须明确，不是所有的产品或者品牌都适合在微信上做营销。其次，不是所有产品或者品牌都适合所有的微信营销工具。在做微信营销之前，一定要思考你的品牌或者说产品有哪些特点，是否能够很好地借助微信将你的品牌或者产品的特点放大。如果你的产品或者品牌能够借助微信的各种营销工具来放大其价值的话，那么就说明你的品牌或者产品是适合做微信营销的。

1．未来是移动互联网的天下

微信确实是在移动中都可以通信的，无论是写的文字还是语音对话，都可以在行进中进行，微信营销更证明了对话营销时代的到来。

2．随时随地联络

信息交流的互动性更加突出，虽然前些年火热的博客营销也有和粉丝的互动，但是并不及时，除非你能天天守在电脑前面，而微信就不一样了，微信具有很强的互动及时性，无论你在哪里，只要你带着手机，就能够很轻松地同你的未来客户进行很好的互动。

3．庞大的腾讯用户基数

据可靠的数据资料显示，在微信营销后的短时间内，微信的用户数量就达到了 6 亿人，发展空间堪称恐怖，毫无疑问微信已经成了当下最火热的互联网聊天营销工具。

4．微信营销成本比较低廉

传统的营销推广成本高，而微信软件本身的使用是免费的，使用各种功能都不会收取费用，使用微信时产生的上网流量由网络运营商收取比较低廉的流量费，通过微信开展的微信营销活动的成本自然也是非常低的。

5．微信营销定位精准

在微信公众号后台，可以对用户设置不同的分类，也就是说有的用户喜欢这种产品，而有的用户喜欢那种产品，商家只要了解和把握用户的喜好就可以分类，可以根据爱好分类，可以根据地域分类，可以根据加入时间分类，还可以根据联系的长短分类，在信息发送的时候，可针对用户的特点实现精准的消息推送。

6．更加真实的客户群。

能够获取更加真实的客户群，博客的粉丝中存在着太多的无关粉丝，并不能为你带来几个客户，但是微信就不一样了，微信的用户却一定是真实、私密、有价值的，也难怪有的媒体会这样比喻“微信 1 万个听众相当于新浪微博的 100 万粉丝”，虽然有夸张成分，但却有一定的依据性。

7．微信营销爱民不扰民

微信这种营销方式比较独特，你认为这个媒体好就可以关注，而在关注的过程中，这个媒体也并不是每天给你发大量的垃圾信息，并不像我们想象中的短信一样，无论你爱看不爱看，都给你发来，微信营销是用户可以许可式地选择和接受。

8．营销方式多元化

相比较为单一的传统营销方式，微信则更加多元化，微信不仅支持文字，还支持语音及混合文本编辑。普通的公众号可以群发文字、图片、语音三个类别的内容。而认证的公众号，有更高的权限，能推送更漂亮的图文信息。尤其是语音和视频，可以拉近和用户的距离，使营销活动变得更生动，更有趣，更利于营销活动的开展。

2.2 微信与其他营销工具相比较有何不同

微信营销，分解为微信和营销。微信是工具，是移动互联网环境下的社交媒体，营销是方法方式，而营销的出发点是帮助他人和别人交朋友，从而让人了解你及你的产品。所以结合起来我们可以这样解读：微信营销就是利用“微信”这种移动社交工具去帮助他人，和受众交朋友，进而影响他对你产生的印象，渐渐对你的产品产生兴趣的过程。那么相对于一些传统的网络营销，微信营销又有哪些优势呢?

1．微博是媒体，微信是 CRM 工具

微博在网络营销中从本质来说更倾向于媒体，是传播信息的一个载体。微信则是一种非常强大的 CRM 工具，以前我们主要以 E-mail、短信沟通为主，而现在则增加了微信。人们如果可以接受的话，微信甚至可以把前三种工具都替代掉。

微信可以接收 E-mail、短信、图片、链接、语音甚至是视频，企业可以根据自己的需要灵活地运用这些形态进行信息的传递，同时微信除了“发送”以外，还可以随时得到用户的反馈，这是其他营销方式望尘莫及的。

2．微信相对于其他传统网络营销模式更具有隐私保障性

微信的隐私保障性在于它的无转发功能，相对于微博的转发功能来说，这样保障了用户交流之间的隐私。微博具有网络营销的互动性，但是其传播方式和传统媒体差不多。

3．微信对于用户关注信息设计更尊重人

相对于微博而言，微信对于邮件广告等信息的关注的自主权在于用户，相信大家多多少少都会被动接受到一些邮件广告，但是在邮件里会有取消的功能，这也就是现在比较被认可的“许可式邮件”，也就是说经过用户许可的邮件才不会被认为是垃圾邮件。 这是对客户群的尊重。而在微博营销的模式当中，虽然只有你在关注某个品牌时才会接收到相关的信息。但是在更多时候，我们是被迫去关注的。

2.3　玩转个人微信

微信个人号其实是一个很好的营销工具，相比微信公众平台，微信个人号有朋友圈，有附近的人和漂流瓶这些功能，有无限制群发等优势。

2.3.1　微信注册与账户管理

微信是与 QQ 号捆绑的手机端的即时聊天软件，通过网络快速发送语音短信、视频、图片和文字，支持多人群聊的手机聊天软件。下面讲述微信号的注册与管理，具体操作步骤如下。

（1）启动微信，单击“注册”按钮，如图 2-1 所示。

（2）接下来输入手机号，单击“注册”按钮，如图 2-2 所示。

图 2-1　启动微信

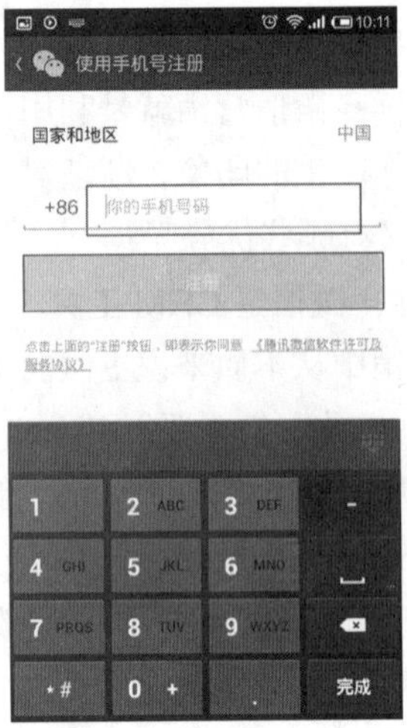

图 2-2　输入手机号

（3）打开如图 2-3 所示的对话框，确认手机号码，单击“确定”按钮，即可注册成功。

（4）在如图 2-4 所示的页面中输入手机号码，单击“登录”按钮。

（5）即可成功登录，如图 2-5 所示。

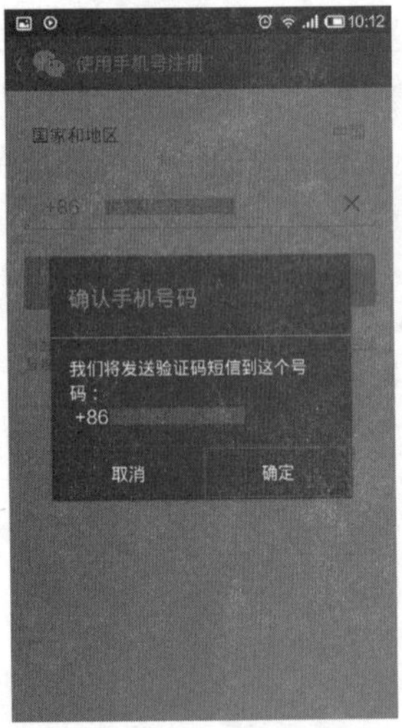

图 2-3　确认手机号码

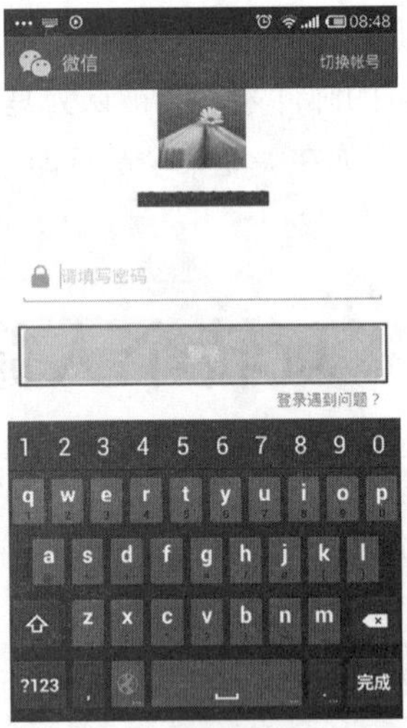

图 2-4　登录微信

图 2-5　登录微信

2.3.2　收发图文、语音、视频、位置

微信是腾讯为智能手机终端提供即时通信服务的应用程序。微信支持跨运营商、跨系统平

台发送文字、图片、语音多种形式的信息，如图 2-6 至图 2-10 所示。

可以通过微信与好友进行文字或图片消息的传送，图片可以是通过微信页面截图、手机拍照功能随拍，也可以是手机上已经存储的图片。

图 2-6　发送文字

图 2-7　手机图片

图 2-8　手机图片

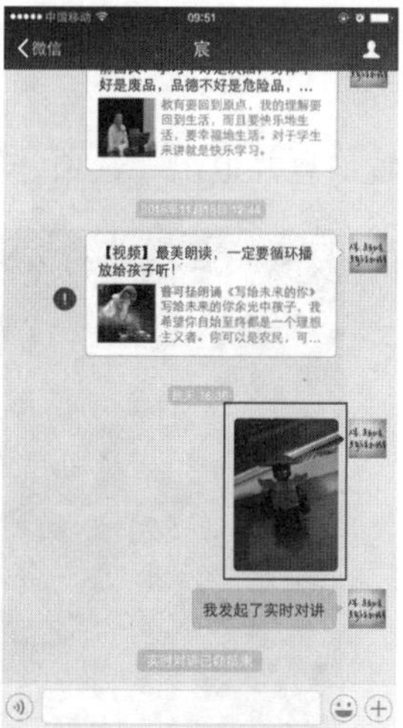

图 2-9　发送语音

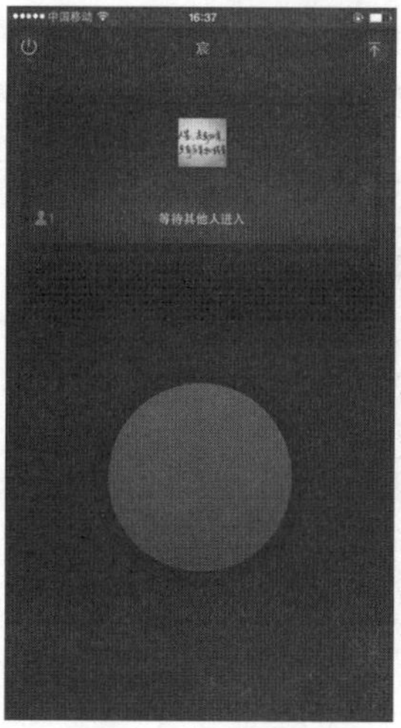

图 2-10　发送语音

2.3.3　如何查找附近的人

目前所有新版本微信均支持使用查看“附近的人”功能；在查看附近的人同时也会被其他

附近的人查看到，具体操作步骤如下。

（1）启动微信，单击“发现”选项卡，单击列表中的“附近的人”，如图 2-11 所示。

（2）显示附近的人，如图 2-12 所示。

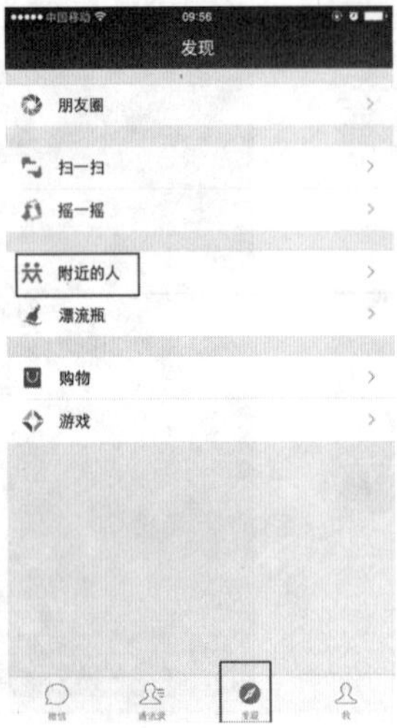

图 2-11　单击“附近的人”

图 2-12　显示附近的人

（3）单击右上角的▭按钮，在下拉列表中选择相应的选项，“只看女生”、“只看男生”、“查看全部”、“附近打招呼的人”，如图 2-13 所示。

（4）如果不想让别人查找到，就选择“清除位置信息并退出”选项，如图 2-14 所示。

图 2-13　在下拉列表中选择相应的选项

图 2-14　清除位置信息并退出

2.3.4 “摇”出好友，传输图片

通过微信摇一摇功能可以把图片、网址从电脑上“摇”到手机，并分享给好友。

（1）登录微信，切换至“发现”选项卡，单击“摇一摇”上，如图 2-15 所示。

（2）打开“摇一摇”界面，弹出“请注意”提示框，查看后单击“知道了”，单击右上角的 ，如图 2-16 所示。

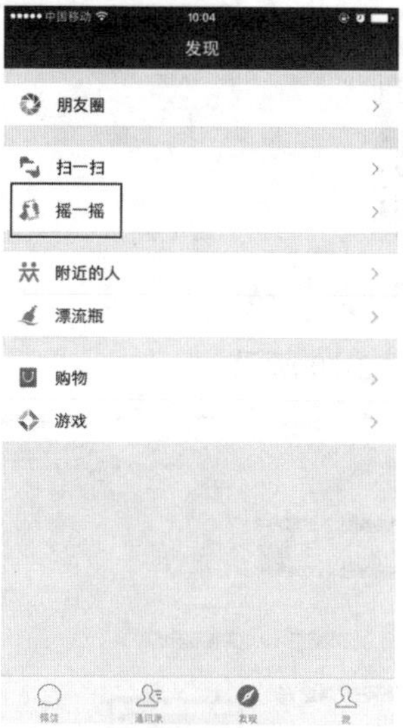

图 2-15 单击“摇一摇”

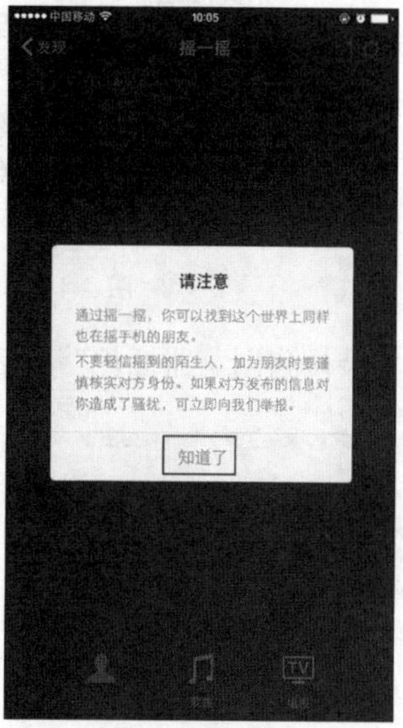

图 2-16 “摇一摇”界面

（3）打开“摇一摇设置”界面，如图 2-17 所示。

（4）在电脑浏览器中输入 wx.qq.com/yao，如图 2-18 所示。单击“安装插件”按钮。

图 2-17 摇一摇传图界面

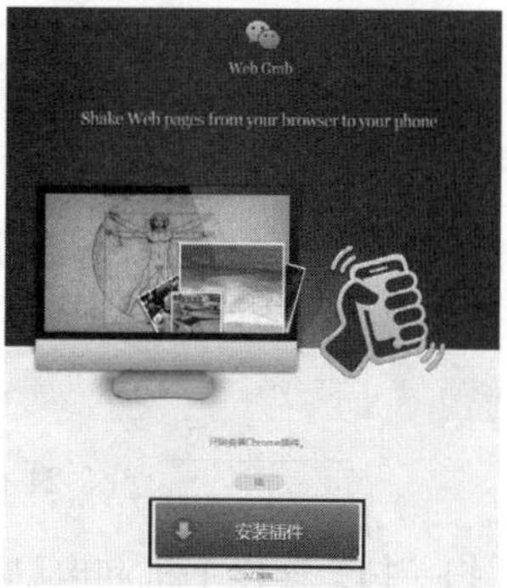

图 2-18 摇一摇传图电脑版

（5）打开“搜狗浏览器扩展中心”页面，单击右侧的“立即使用”按钮，如图 2-19 所示。

图 2-19　搜狗浏览器扩展中心

（6）弹出“安装搜狗浏览器插件”对话框，如图 2-20 所示。

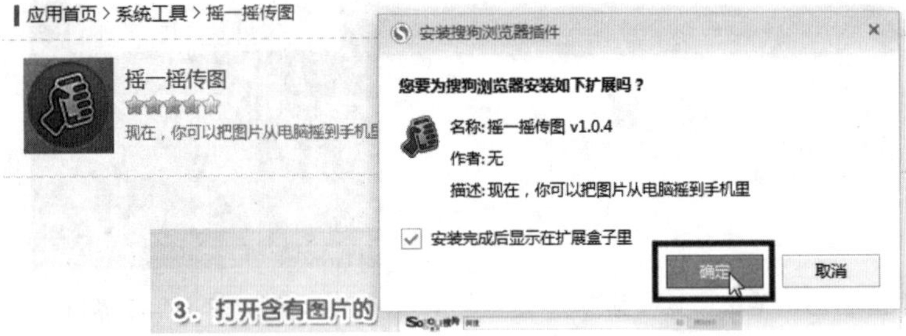

图 2-20　安装搜狗浏览器插件

（7）单击浏览器右上角的按钮，在列表中单击摇一摇传图按钮，如图 2-21 所示。

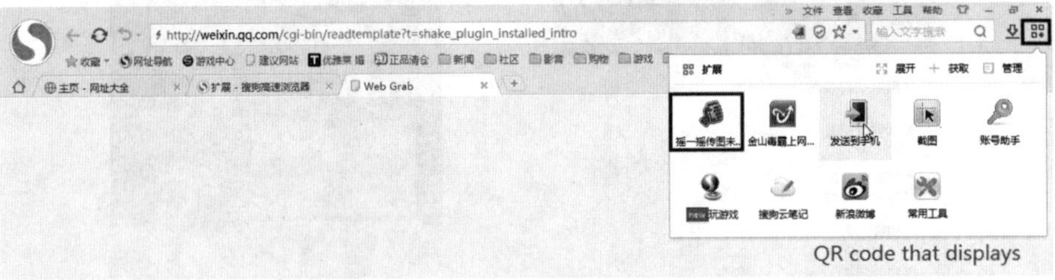

图 2-21　单击摇一摇传图按钮

（8）弹出“扫一扫，连接手机和电脑！”对话框，这时打开手机切换至扫一扫，扫描此对话框即可连接到手机，如图 2-22 所示。

（9）扫描完成后即可显示如图 2-23 所示的界面，单击“确认绑定”按钮。

图 2-22　扫一扫，连接手机和电脑

图 2-23　单击“确认绑定”按钮

（10）打开如图 2-24 所示的界面，单击右上角的按钮。

（11）查看摇一摇设置，可以看到“摇一摇传图功能”后面显示“已绑定”字样，如图 2-25 所示。

图 2-24　绑定摇一摇成功

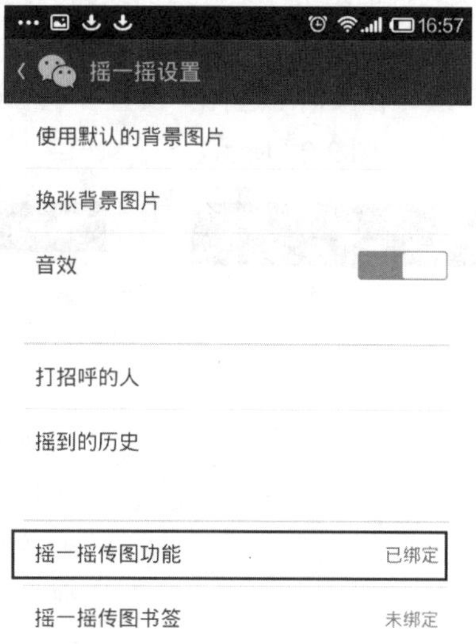

图 2-25　摇一摇设置

2.4　用微信为网店引流的方法

微信营销形成了一股风潮，众多商家无一不把眼睛瞄准这个快速发展的新应用。势不可挡的微信营销，到底有哪些引流的方法呢？

2.4.1　品牌活动式的漂流瓶

漂流瓶实际上是移植自 QQ 邮箱的一款应用，该应用在电脑上广受好评，许多用户喜欢这种和陌生人的简单互动方式。移植到微信上后，漂流瓶的功能基本保留了原版简单易上手的特点。

漂流瓶主要有两个简单的功能：

（1）“扔一个”，用户可以选择发布语音或者文字然后投入“大海”中。

（2）“捡一个”，顾名思义则是“捞”大海中无数个用户投放的漂流瓶，但是每个用户每天只有 20 次捡漂流瓶的机会。

营销方式：微信官方可以对漂流瓶的参数进行更改，使得合作商家推广的活动在某一时间段内抛出的“漂流瓶”数量大增，普通用户“捞”到的频率也会增加。加上“漂流瓶”模式本身可以发送不同的文字内容甚至语音小游戏等，如果营销得当，也能产生不错的营销效果。而这种语音的模式，也让用户觉得更加真实。但是如果只是纯粹的广告语，是会引起用户反感的。

在微信 5.0 以前的版本中，微信默认的是没有启用漂流瓶功能的，需要自行开启才能使用。微信 5.3 iOS 版，在微信中选择“设置”—“通用”—“功能”，然后启用漂流瓶，如图 2-26、图 2-27、图 2-28、图 2-29 所示。

图 2-26　单击“通用”

图 2-27　单击“功能”

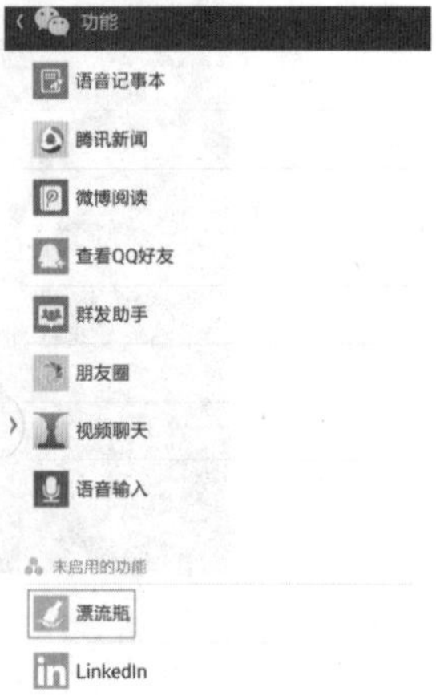

图 2-28　单击“漂流瓶”

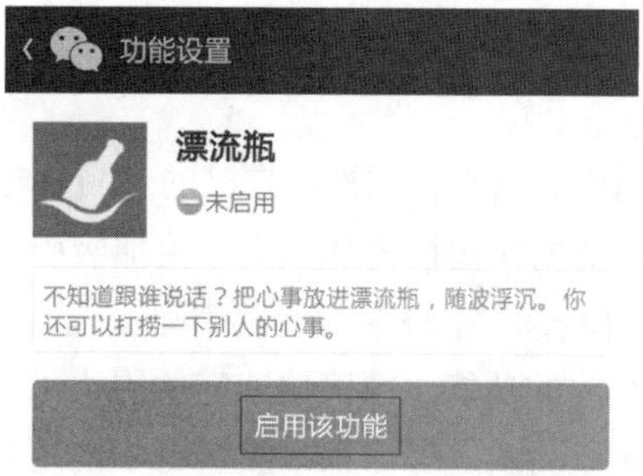

图 2-29　单击“启用该功能”

微信 6.2.4 版本就无需开通漂流瓶，只要安装微信即可使用。进入到漂流瓶界面后，就可以进行扔瓶子和捡瓶子的操作，瓶子内容可以包括文字、图片甚至语音信息，如图 2-30 和图 2-31 所示。

图 2-30　扔瓶子

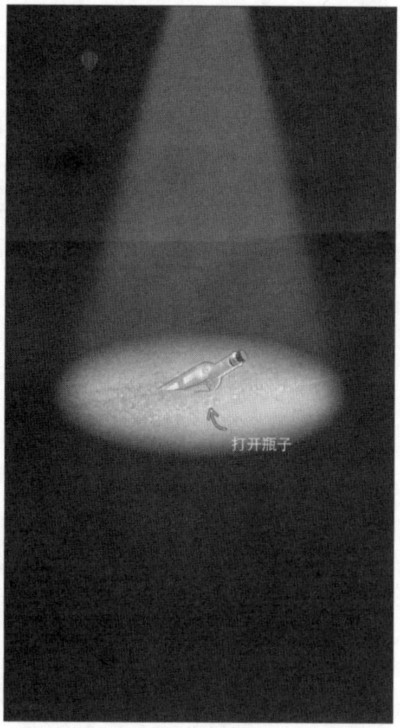

图 2-31　捡瓶子

2.4.2　位置签名

在微信营销众多功能中最能体现其网络营销价值的就是位置签名 LBS（基于位置的社交）

功能。LBS 功能精准定位的作用让很多行业在微信中投放促销优惠信息时可谓是事半功倍，起到了很好的营销作用。

现在各大品牌产品纷纷利用微信来营销推广自己的产品。微信解决问题的覆盖面越来越广，这样高效率高回报的渠道令微信的实用性更加强大，更加吸引商户进行营销，使之成为微时代营销的引领者。那么，微信的位置签名 LBS 如何营销呢?

微信可以通过其“找朋友”的功能，精确快速定位周边可到达店面的潜在微信群体，发布新店的开张地址、优惠活动和礼品赠送等信息，吸引更多使用微信的顾客到场。微信结合位置签名 LBS 功能，在微信的“朋友们”选项中，有个查看附近的人的功能插件，用户可以根据自己所在的地理位置查找到附近的微信用户。这样，系统不仅显示附近用户的姓名等基本信息，而且会显示用户签名档的内容。用心的商家可以利用这个免费的签名广告位为自己的店铺做宣传，甚至可以打广告。

2.4.3 二维码

微信二维码是腾讯开发出的配合微信使用的添加好友和实现微信支付功能的一种新方式，是含有特定内容格式的，只能被微信软件正确解读的二维码。“二维码”已经不是陌生的词汇，这个黑白小方格组成的矩阵图案，只需用手轻松一拍，就可以获得意想不到的丰富信息。而扫描微信二维码是时下非常流行的获取信息的方式。微信二维码，满足客户对流行和实用的双重需求，给客户带来更加便捷的信息交流体验。如图 2-32 所示淘宝店铺的二维码广告。

图 2-32　淘宝店铺的二维码广告

2.4.4 开放平台

微信开放平台为第三方移动程序提供接口，用户可将第三方程序的内容发布给好友或分享至朋友圈，第三方内容借助微信平台获得更广泛的传播。

随着移动互联网的发展，独立的文字和语音通信必将汇入到社会化的通信平台上来。从口信、书信、电信到微信，通信的方式不再是沟通的阻碍，和谁通信、聊些什么将成为新的问题。

因此，微信开放平台实际上起到了汇集第三方内容，促进用户分享和活跃的作用，至于下一步发展，很有可能演变为私人的生活服务平台。

（1）在浏览器搜索框中输入“微信开放平台”，然后点击“搜索”，在搜索出来的结果中，选择完全匹配的搜索结果，点击登录到微信开放平台官网。然后点击右上角的“管理中心”，如图 2-33 所示。

图 2-33　微信开放平台

（2）弹出“登录”对话框，在这里单击“注册”按钮，如图 2-34 所示。

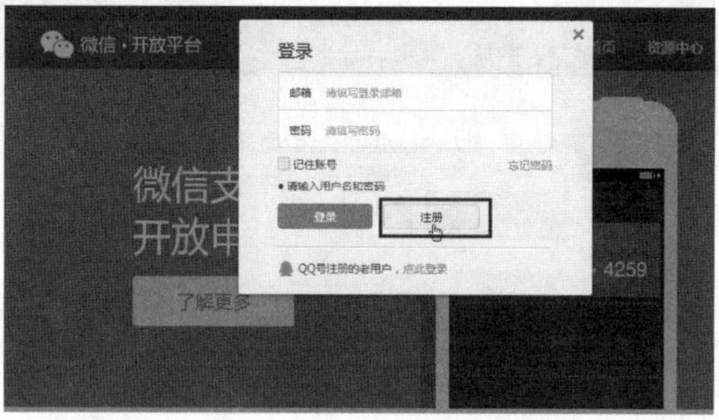

图 2-34　单击“注册”按钮

（3）填写个人邮箱，要求为没有注册过微信公众平台、开放平台、未被微信账号绑定的邮箱，填写自己的开放平台密码等，然后单击“下一步”按钮，如图 2-35 所示。

图 2-35　填写基本信息

（4）信息提交成功，弹出确认邮件已发送至邮箱，这里单击“登录邮箱”按钮进入邮箱，也可以直接登录，去邮箱查看激活邮件，如图 2-36 所示。

图 2-36　去邮箱查看激活邮件

（5）进入到邮箱，单击微信开放平台发过来的激活链接确认信件进行激活确认，如图 2-37 所示。

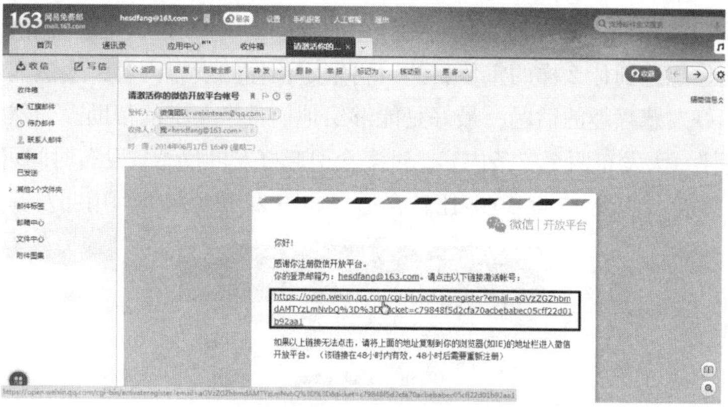

图 2-37　激活邮件

（6）单击激活链接之后，自动跳转到继续注册的界面，继续填写个人的姓名、手机号、住址等信息。填写完毕，单击“完成”按钮提交注册信息，如图 2-38 所示。

图 2-38　完善开发者资料

2.4.5　社交分享式的朋友圈

我们在朋友圈发一条消息，基本上会被 80%以上的人看到。微信的好友都是基于朋友的强关系，更容易信任，互动方面也会超过普通微博。QQ 空间更多的是适合于桌面端，而微信朋友圈在移动端则有明显优势。从推广产品的角度讲，微信朋友圈的效果优于 QQ 空间。

微信朋友圈也是一种营销工具。我们在利用朋友圈营销的时候，要先搞清楚你的微信好友喜欢什么，或是你想达到什么样的宣传目的，再来定位你的发布内容，当然内容一定要相关，并且是你的目标好友感兴趣的话题，最好是能够给他们带来一定的帮助。当然每天发布的时间和规律，个人建议每天发布两至三条内容，过多会引起好友的反感。发布时间可以选择在早上 7 点、中午 11 点 30 分、晚上 17 点 30 分比较合适。如图 2-39 所示为利用朋友圈发布产品信息。

图 2-39　利用朋友圈发布产品信息

2.5　微信什么时候推送最好

微信公众号一定要把握好最佳的推送时间，不要让推送的内容影响了用户的生活。根据长期的经验总结，信息发送时间，最好选在午饭后、晚上睡觉前。

至于推送的最佳时间，我们分两种情况来考虑，即媒体平台型与企业型，根据不同的情况来确定不同的推送时间。

1. 媒体平台型

晚上适合推送一些用于培养读者的内容，且最好的时间段为在晚上 17:30 至 19:30 这段时间，也就是在大多数人下班之前把内容推送出去。因为这一段时间大家都在回家的路上，可以利用乘地铁、乘公交车这一段无聊的时间进行阅读。这时企业内容推送者，也不会有很忙的感觉，在没有下班之前有充足的时间来修改内容，检查内容当中出现的一些小错误，下班之前的 10 分钟只要按一下发送按钮就可以了。

2．企业型

企业型内容就要根据目标顾客的碎片化时间，推送内容给目标顾客，最好的推送时间为中午 12:00 至 13:30 这个时间段，因为这一段时间是用户用餐的时间，用餐完毕以后，就可以利用这一段碎片化的时间来订购企业的产品，这一段时间很适合企业做产品促销活动，因为这个时间段，潜在的顾客可以在线支付购买产品并对产品进行咨询，有利于产品的活动促销，获取更多的产品订单。

企业微信内容推送时间的技巧。

第一，数据分析。根据微信数据分析来进行规划，因为只有这样你才会知道粉丝活动的时间。

第二，因人而异。对不同的营销对象采取不同的时间策略。比如要想在早上推送，对于白领上班族，最佳时间应该是 8 到 9 点半，而对于学生族则应该是 8 点左右。而对于双休日休假的人来说晚上时间最佳。

第三，应提前规划好要推送的内容，一般一个星期推送内容二至三次，公众号的内容尽量是高价值的原创文章，尽量做到少而精。

第3章　在淘宝店铺外进行推广的技巧

开店指导

网店开业后，我们不能坐等买家上门来找自己，一定要运用一些媒介，有计划地进行网店的宣传推广活动，要让买家知道我们店铺的存在，知道我们店铺的商品。做网店推广，除了可以在淘宝进行免费或花钱的推广以外，还可以在淘宝店铺以外进行推广，本章就来介绍在淘宝店铺以外进行推广的方法。

3.1　利用搜索引擎宣传

随着互联网的不断发展，搜索引擎成为互联网中不可缺少的一部分，在中国，百度是搜索引擎中的“王牌”，人们利用它来查找新鲜的事物，解决难题。据统计，每天有几亿次的精准检索请求，可见搜索引擎已经成为用户搜索目标的最为便捷的工具了，而对搜索引擎的价值我们更是熟悉不过了。

3.1.1　将网店提交到各大搜索引擎

如何使自己的店铺让更多人知道，已经成为开店成功与否的关键。登录搜索引擎的目的也是为了更有效地进行网店推广。到新浪、搜狐、百度、谷歌、雅虎等一些大的搜索引擎网站去登录一下，会给你带来意想不到的效果。如图 3-1 所示为百度搜索引擎登录页面。

图 3-1　百度搜索引擎登录页面

可以把自己的网店提交给各个搜索引擎，这样在各个搜索引擎就能找到你的店铺了，虽然不是每个都能通过，但是勤劳一点总是会有几个通过的。

提交方法很简单：首先在浏览器中打开每个网站的登录口，然后把网址输入进去就可以了。

百度搜索网站登录口：http://www.baidu.com/search/url_submit.html

谷歌网站登录口：http://www.google.cn/intl/zh-CN_cn/add_url.html

网易有道搜索引擎登录口：http://tellbot.youdao.com/report

3.1.2　如何让搜索引擎快速收录自己的网店

做过网上销售的人都知道，从搜索引擎来的流量是很有价值的，因为进行主动搜索的用户的目标很明确，需求也较强烈，因此成交率更高。作为一名普通的网店经营者，通过一些简单有效的手段让搜索引擎快速把我们的网店和宝贝收录进去，对网店经营大有好处。

怎样让网店被搜索引擎快速收录呢？首先搜索引擎必须知道有这样一个网店，然后它才会访问你的页面，并把你的页面抓到数据库里，最后才有可能被访问者搜索到。那么怎么让搜索引擎知道你的网店的存在呢？可以采用主动向搜索引擎提交的办法。一种有效的做法是：在已经被搜索引擎收录的其他网站上发布你的网店链接，让搜索引擎通过链接找到你的网店。发布链接的页面的重要性越高，搜索引擎对它的访问就越频繁，你的网店就被收录得越快。那么，在哪些地方可以发布链接呢？笔者推荐以下几个地方。

1．可以免费发布网店信息的网站，尤其是和你的网店有相关性的网站

搜索引擎认为首页是一个网站最重要的页面，也是它访问最频繁的页面。尤其是大网站的首页，一个链接的价值顶得上内页的几十个链接，所以首页是做链接的首选。其他类似的还有自助友情链接、交换友情链接、免费广告信息发布等。

2．论坛发帖

选择一些大论坛，如支付宝社区、百度贴吧、淘宝社区、阿里妈妈社区等，在合适的版块发一些有价值的信息，同时注明你的店铺链接，这样对于搜索引擎的收录，同样有很大的价值。要注意的是不要发垃圾广告，因为这种行为容易招致他人的反感而被删除链接，这样精力就白费了。

3．网摘

网摘也是一个不错的推广方式。这里推荐和讯网，因为他们的 RSS 被很多网站引用，一次发布可能就会把你的页面传播到很多地方，由于网摘的发布者非常多，因此发布的内容也消失得非常快，所以需要隔段时间就发布一次。

4．博客

“10 亿人民 9 亿博”，相信有不少朋友都有自己的博客。在自己的博客上为网店做个链接，甚至把自己的宝贝发布到博客上是个不错的做法。选择一些知名度高的博客，理由很简单，因为他们的域名在搜索引擎里等级非常高，搜索引擎对他们的更新也更勤快。

3.1.3 搜索引擎优化与竞价排名

我们知道，在搜索引擎中检索信息都是通过输入关键词来实现的。因此关键词非常重要。它是整个网站登录过程中最基本也是最重要的一步，是进行网页优化的基础。如果对关键词选择不当，可能的结果是很少有人去搜索，流量也不会很大。关键词选错会影响整个网店的流量。选择关键词需要注意下面几点。

1．揣摩顾客心理

要仔细揣摩潜在顾客的心理，设想他们在查询信息时最可能使用的关键词，并一一将这些关键词记录下来。找到的关键词越多，覆盖面就越大，也就越有可能从中选出最佳的关键词。

2．选择有效的关键词

关键词是描述商品及服务的词语，选择适当的关键词是建立一个高访问量店铺的第一步。选择关键词的一个重要技巧是选取那些常为人们在搜索时所用到的关键词。

3．选择相关的关键词

对商家来说，挑选的关键词必须与自己的商品或服务有关。不要听信那些毫不相干的热门关键词吸引更多访问量的宣传，那样做只会浪费更多资金，而且对提高访问量而言毫无作用。

4．关键词的竞争度要适中

要想在短时间内见效，最好不要把竞争程度非常激烈的词语作为主关键词，这些关键词要想在搜索引擎中获得更好的排名是非常不容易的，而且你还要有足够的时间和耐性。我们应该选择一些竞争度适中的关键词，这些关键词不仅容易排名靠前，而且花费也不会很多。

5. 符合用户的搜索习惯

关键词要符合用户的搜索习惯，不要把一些大家都不知道的词作为主关键词。也不要把你自以为用户都比较关注的词作为关键词，实际上，在没有清楚分析和调查之前，最好不要这么做，也许用户根本就不会关注这些关键词。

3.2　利用即时聊天工具推广

推广不一定要轰轰烈烈大张旗鼓才会有效果，能够做到日积月累也会有不同凡响的效果。我们可以利用 QQ、阿里旺旺这些常用聊天工具来推广网店。

3.2.1　利用 QQ 签名

在 QQ 个人设置中有一栏个性签名，在这里可以根据自己的爱好、心情来设置自己的个性签名。当然也可以利用 QQ 签名添加自己的广告，例如添加自己的店铺名称。利用 QQ 签名推广店铺的方法，具体操作步骤如下。

（1）登录 QQ 后，单击 QQ 头像或者右侧的下三角，在弹出的菜单中选择“我的资料”，如图 3-2 所示。

（2）在“资料”对话框中，单击“编辑资料”按钮，如图 3-3 所示。

（3）在个性签名里可以设置个人的资料信息，可以添加店铺的广告信息，如图 3-4 所示。

（4）当好友与你聊天时聊天窗口上 QQ 头像的右边就是设置的 QQ 签名，如图 3-5 所示。这样就可以利用 QQ 签名推广自己的店铺了。

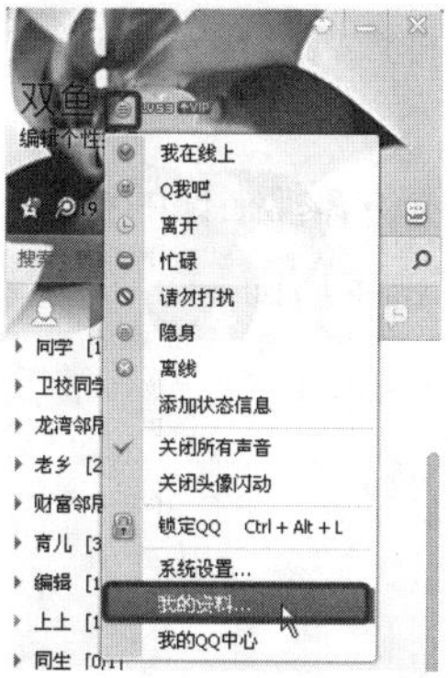

图 3-2　选择“我的资料”

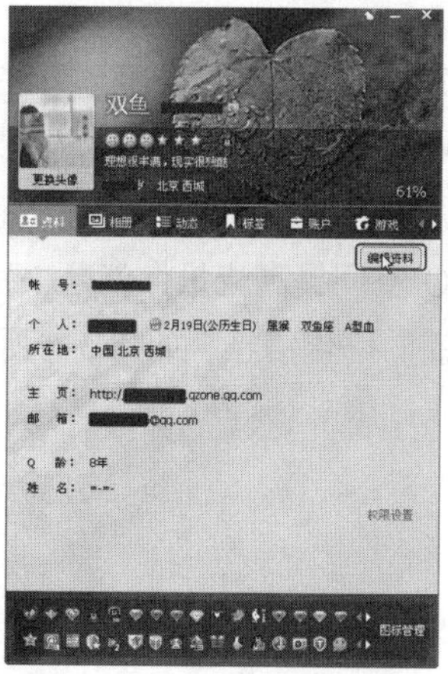

图 3-3　设置个性签名

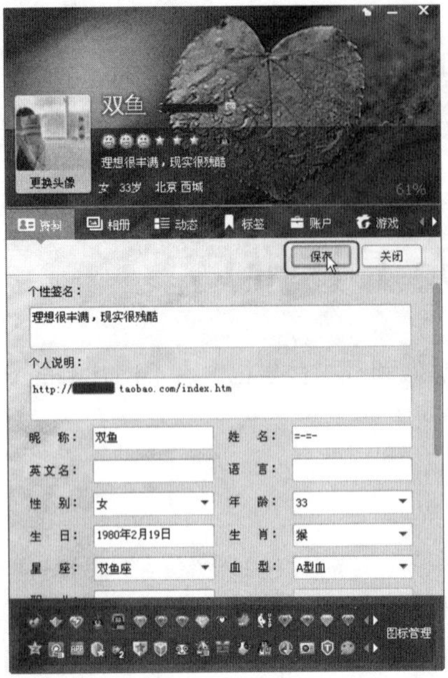

图 3-4 设置个性签名

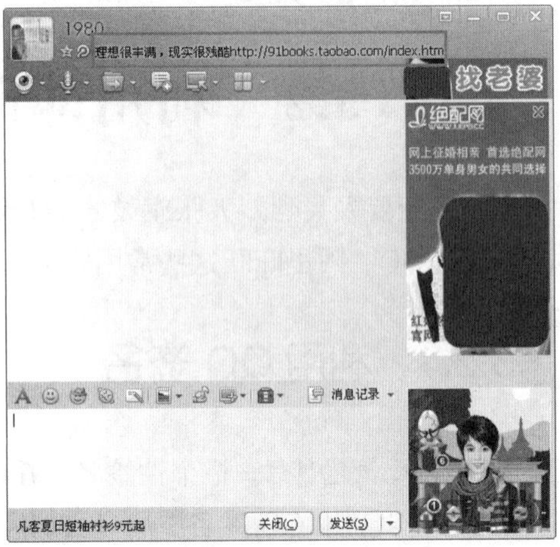

图 3-5 QQ 签名

QQ 签名有一个非常强大的功能，推广店铺时最好保持在 80 字以内，把重点说清楚。第一说明店铺的经营项目，第二附上自己店铺的网址。

3.2.2 QQ 空间推广

QQ 空间的营销推广效果还是很好的，特别是对品牌的推广，通过 QQ 空间可以带来一些品牌效应。QQ 空间里的日志是具备转载功能的，这就给我们的推广营销带来了机会，一篇带有推广信息的日志被一传十、十传百地传播，推广效果肯定不错。

利用 QQ 空间提高流量，就是去别人的空间不断留言，使访客都来你的空间，在 QQ 空间中添加上店铺的广告信息。如图 3-6 所示为利用 QQ 空间推广淘宝店铺。

图 3-6　利用 QQ 空间推广店铺

利用 QQ 空间进行推广的方式有很多种，下面介绍一些常用的方法。

- QQ 空间互踩：QQ 空间互踩是一种常见的 QQ 空间推广方式，在 QQ 群中搜索一下“互踩”，大量的互踩群也说明了这一切。如 QQ 空间互踩群、QQ 空间互踩工具、QQ 空间互踩网等。
- 通过搜索引擎优化：这种 QQ 空间的推广方法非常有效，可以将你的 QQ 空间内容（日志、相册之类）列出，以便搜索引擎能够索引。
- 通过 QQ 空间本身进行推广：多去访问别人的 QQ 空间，尽量在自己的留言中留下一些能引起别人注意的内容，引导其他用户回访自己的 QQ 空间，经过试验，这种 QQ 空间推广方法的回访率还是很高的。
- 论坛中的签名栏：修改自己的签名栏，加上自己店铺的地址和经营项目，简短地介绍一下店铺，这也是一种 QQ 空间推广方式。
- 丰富 QQ 空间内容：不断丰富自己 QQ 空间的内容，特别是 QQ 空间的照片，尽量让访问者下次再来访问。

3.3　邮件推广，也能让你流量上万

推广网店的方法很多，主要看怎么用，善于发现也是很重要的。电子邮件是我们平时比较

常用的工具，但是要运用到推广上，恐怕就很少有人能想到了。我们来看看电子邮件是怎样推广店铺的吧。

3.3.1 电子邮件推广

以电子邮件为主要的推广手段，常用的方法包括电子刊物、会员通信、专业服务商的电子邮件广告等。基于用户许可的 E-mail 营销与滥发邮件不同，如图 3-7 所示即为利用电子邮件推广店铺商品的示例。

图 3-7　电子邮件推广店铺商品

参加电子邮件营销推广的优势有以下几点。

1．即时性强

相比其他网络营销的方法，电子邮件的营销速度非常快。搜索引擎优化需要几个月甚至几年的努力，才能充分发挥效果。博客营销需要更长的时间以及大量的文章，而电子邮件营销只要有邮件数据库在手即可，发送邮件后几小时之内就会看到效果，产生订单。

互联网使商家可以与成千上万的潜在或现有的顾客取得联系。研究表明，绝大多数互联网用户在 24 小时内会对收到的 E-mail 做出回复，而在直接邮寄的活动中，平均回复率不到 2%。

2．响应率高

由于发送 E-mail 的成本极低且具有即时性，因此相对于电话或邮寄，顾客更愿意响应营销活动。相关调查报告显示，E-mail 的点击率比网络横幅广告和旗帜广告的点击率平均高出约 5%～15%，E-mail 的转换率比网络横幅广告和旗帜广告的转换率平均高出约 10%～30%。

3．成本低

电子邮件营销之所以效果出众，甚至造成垃圾邮件横行，最重要的原因之一是发送电子邮件的成本十分低廉。由于在营销活动中无须印刷或邮寄费用，因此 E-mail 营销的单位信息成本要远远低于直接邮寄。

4. 针对性强

E-mail 营销具有很强的定向性，可以针对特定的人群发送特定的邮件。首先，根据需要将客户按行业或地域等进行分类，然后针对目标客户进行电子邮件群发，使宣传一步到位。

3.3.2　让客户一定回复邮件的技巧

如果你辛辛苦苦地给潜在客户发了大量的电子邮件，而客户收到后看也不看就直接删除到垃圾箱里，这样你的工作是不是白做了呢？下面就介绍几条让客户看到邮件后回复的技巧。

（1）邮件标题就是客户求购的商品名称，不要加其他多余的语言，这样客户打开邮件的可能性一般可达到 80%以上。

（2）开头语言简洁，一带而过，可立即拉近与客户的距离，对客户来说过多的废话是多余的。

（3）简洁的开头过后，必须立即进入正题，即报价，因为客户最关心的无非是商品的规格和价格而已。

（4）报价必须是实价，必须与现有的市场行情相吻合。报价太低，客户知道你不是做这行的，就不会理你；报价太高也会吓跑客户，客户也不会回复你。所以切勿乱报价，应了解清楚、多比较后再报价。

3.3.3　邮件推广营销的诀窍

如今有不少电子邮件营销的服务商提供了预先设计好的模板，客户可以根据自己的需要来进行选择。虽然使用了模板，但最好还是要进行一些特殊的设计。比如使用什么颜色与字体，字号的大小，如何安排正文内容等。通过以下技巧创建出的营销邮件不仅能具有良好的视觉效果，而且还能获取较高的成功率。

诀窍 1：将店铺 LOGO 固定在同一位置

在每次发送营销邮件时，也要借机树立店铺的品牌形象。将店铺 LOGO 植入每封 E-mail 中是一种有效的方法。最好是将 LOGO 固定在同一位置，可以是 E-mail 顶部的显眼处。

诀窍 2：善用 E-mail 预览框架

近期一份调查显示，70%的客户会被邮件预览吸引，进而打开邮件进行仔细阅读。这意味着你的客户或潜在客户在决定完整打开邮件之前，或许只会注意到 E-mail 中的一部分。因此，确保你的店铺 LOGO 及其他重要的信息都能够显示在预览窗口内。

诀窍 3：使用统一字体

在一封营销邮件中，一般建议最多使用两种字体。比如一种字体用来撰写正文，另一种字体用来显示大小标题。因为如果使用了非常规的字体，有些客户的电脑不一定能正常识别。

诀窍 4：运用不同颜色来强调重点

在决定使用哪种颜色时，应优先考虑使用店铺的基准色。持续使用一种基准色是突出店铺品牌形象的关键。运用不同颜色来高亮显示邮件正文中重要的内容，能帮助浏览者更轻松地抓住重点。

诀窍 5：简洁明了、突出重点

许多客户在浏览营销邮件时都是一目十行，因此，你的 E-mail 只有几秒钟时间来决定能否吸引他们的注意力。保持 E-mail 的简洁明了、重点明确是一个有效的方法。卖家也发现，许多邮件都可以在初稿的基础上再减少将近一半的内容，同时不会影响到表达的完整性。

诀窍 6：使用图片作为补充

在营销邮件中加入图片能让 E-mail 更加生动并且引人注目，帮助你更好地传递信息。但如果图片质量太差，反而会影响浏览者对店铺的印象。因此在选择图片时，要挑选那些简单、易于理解，并且与正文内容有直接关联的图片。

诀窍 7：行文排版、巧用空行

空行可以让浏览者的眼睛得到休息。否则，面对一大堆没有划分段落的文章，他们不知从何读起。确保邮件在标题、正文与其他主要内容之间保留足够的空行。

诀窍 8：切勿在图片中嵌入正文

有些人会在接收 E-mail 时默认关闭图片显示功能。因此，不要在图片中嵌入正文。正文内容应当单独显示。

诀窍 9：简约而不简单

在设计上有这么一句名言：简约而不简单。那些看上去整齐划一，能够明确表达信息的邮件更能获得反响。邮件营销的目标是让浏览者看后采取一些行动，比如访问你的店铺，获取一些产品信息等。

3.4 淘宝开店博客营销必不可少

在网络中拥有自己的博客，平时在其中写一下自己的心情是目前大多数网民都会做的事情，另外我们也可以利用博客推广自己的网店，博客在网店推广方面的功能不能忽略。

3.4.1 写出优秀的博文，打造博客营销

在博客发布自己的生活经历、工作经历和某些热门话题的评论等信息的同时，还可附带宣

传商家，如商品品牌等。特别当作者是在某个领域有一定影响力的人物时，他所发布的文章更容易引起关注，吸引大量潜在顾客的浏览，通过个人博客为读者提供了解商家的机会。用博客来推广店铺的首要条件是拥有良好的写作能力。

现在做博客的网站很多，虽然不可能把各家的博客都利用起来，但也需要多注册几个博客进行推广。没时间的人可以少选几个，但是新浪和百度的博客是坚决不能少的。新浪的博客浏览量最大，许多明星都在上面开博，人气很高。百度是全球最大的中文搜索引擎，大部分上网者都习惯用百度搜索东西。

博客内容不要只写关于自己的事，多写点时事、娱乐、热点评论，这样会更受欢迎。利用博客推广自己的店铺要巧妙，尽量别生硬地做广告，最好是软文广告。内容可以提到你目前在做淘宝，然后链接上店铺地址。许多浏览者看到后可能会点击进入，这样也就达到推广店铺的目的了。

最后博客内容要写得精彩，大家看了一次以后也许下次还会来。写好博客以后，有空多去别人的博客转转，只要你点进去，你的头像就会在他的博客里显示，出于对陌生拜访者的好奇，大部分博主都会来你的博客看看。如图 3-8 所示是通过博客推广店铺。

图 3-8　通过博客推广店铺

3.4.2　增加博客点击量的妙计

快速提升博客排名，提高博客访问量是很多博主关心的问题。如何才能增加、提高博客流量让博客的流量一路飙升？

毫无疑问，经常更新自己的博客，同时经常去别人的博客浏览，通过留言、评论等与他人建立沟通往来是最基本的博客推广、交流方式。但是现在很多人写博客，都是一时心血来潮. 很少有人能坚持下来，能经常去看博友的文章并评论的人更是少之又少。

很多成功的博客并不是像黄牛一样只默默耕耘，他们的成功其实都用了一些技巧，采用了一些事半功倍的博客推广方法，今天我们来分享这些博客经验技巧，让默默无闻却充满才华的博主们得到更多展示，结识更多朋友，让博客迅速为人所知。

1. 合理布置博客

很多人都以为博客要布置得非常有个性：黑背景、到处闪闪发光的 GIF 动画、文字上面还有一层 Flash，其实这样的布置看起来确实非常美，但非常不利于阅读，打开速度也慢。访客来你的博客是看文章的，博客的布置要以简洁、符合大家习惯为主，而标新立异只能使你孤立。

2. 将博客提交到各大搜索引擎

博客搜索是搜索引擎针对博客内容所提供的搜索服务。随着博客的兴起，各大搜索引擎纷纷推出了博客搜索功能。如果博客能被抓取到各大搜索引擎博客搜索的索引库中，那么将会给博客带来更多的访问量。

3. 积极参加各类博客活动

比如征文活动，加入这些活动，不仅博客访问量大了，还有可能获得奖金，何乐而不为呢？记得在博客活动中加入博客地址。

4. 制作视频、图片，并在上面放上博客地址

这种效果是显而易见的，你可以在自己制作的电影、漫画上面加上自己的博客地址，然后传播出去，很多人看了之后都会去看原始出处的。

5. 加入一个好圈子

随着个人博客的兴起，博客圈子作为个人博客推广的平台也越来越受到人们的重视和关注。很多博客托管平台都提供了“圈子”功能，供每个博主去建立自己的圈子，并招揽更多的博友加入其中。

6. 善待每个评论和留言

很多博主都有一个通病，要么非常在意博客上的留言和评论，要么根本不去看留言和评论。这就造成了两个极端，前者是见到评论中不利于自己的话语或与自己意见相左的内容就删除，后者则是随你怎么说，他只管贴博文。

其实作为一个博主，通过评论和留言与读者进行交流是一个很好的互动方式。对于那些跑到博客上发广告的人，特别是商业广告的，当然是“杀无赦”。而那些对你的博文观点有表扬或批评意见的人，起码说明这些人是你的忠实读者，阅读完文章，而且觉得有必要和你说几句话。不管是说好说坏，起码别人愿意和你聊一聊，证明你的文章有价值。

对于表扬，你可以回复一下或到对方的博客上踩一踩，加深对方对你的好感。而对于那些批评的留言，也不要随意删除，除非对方用的是辱骂的方式。

7．让博客链接出现在你的所到之处

博客链接就是你在网络上的身份证，在别人的博客上评论或者留言的时候，记得留下博客链接；在论坛发帖回帖的时候，记得在个性签名中留下博客链接；在百度贴吧、百度知道里帮助别人回答问题时，记得留下博客链接；发邮件的时候，也不妨在邮件的签名里留下博客链接。

这样做的好处有，第一，表明自己的身份，让别人知道你是谁，是干什么的。对于那些不了解你的人来说，这也是一个了解你的机会；第二，增加留言或者评论的可信度。

8．和其他博客交换链接

链接在一定程度上代表着站点的重要性。链接越多，你的站点就越重要，越有利于提高博客引擎搜索的排名。广泛地和其他网站或博客交换链接，交换链接越多，你的博客就越容易被访问到。

3.5　玩转百度，轻松增加店铺浏览量

百度是全球最大的中文搜索引擎，对互联网有点了解的人都知道百度的魅力。如果你的店铺能在百度搜索中排上名，那么对店铺的浏览量的提升会有很大的帮助。下面将介绍如何在百度上做推广。关于百度搜索引擎的推广，前面已经讲过了，这里就不再赘述。

1．百度贴吧

百度贴吧是百度品牌里用户活跃量最大的一个地方。流量很大，卖家也应好好利用这里的资源。如图 3-9 所示为百度贴吧。

2．百度空间

如果在百度空间发一篇文章，那么第二天该文章一般会在搜索中出现，在搜索的时候会有优先权。可以利用这一点在百度空间里发一些软广告。根据自己店里所销售的商品发一些相关的内容，在发布的时候，标题多写几个关键字，记得在每篇文章结尾处加上自己店铺的链接，这样当别人搜索的时候，很容易就可以看到你的文章，看到文章的同时又看到了你的店铺，也就看到了你的质优价廉的商品。如图 3-10 所示为在百度空间推广店铺。

图 3-9　百度贴吧

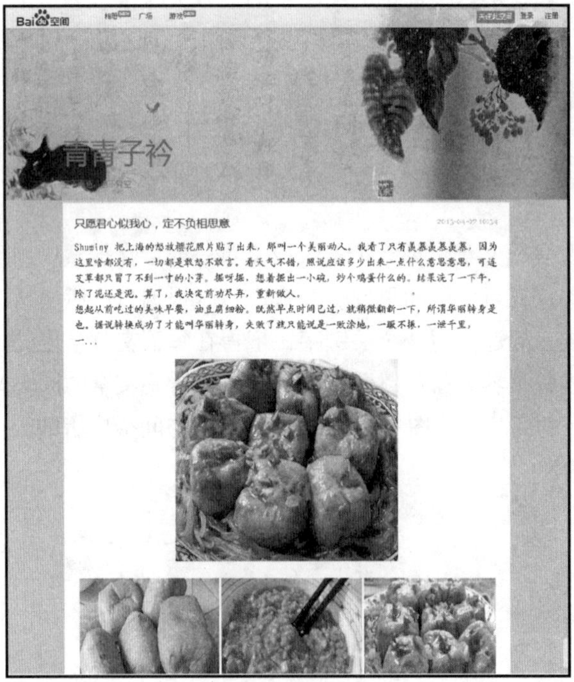

图 3-10　百度空间

3．百度知道

可以在百度知道上回答别人的问题。记得要有选择地回答，在回答问题的时候，下面有一个参考资料的位置，这个位置是我们需要的，每次回答问题的时候我们都可以把自己店铺的链接写到那个地方，记得认真回答，如果你的问题被采纳为最佳答案，那么浏览量会成倍地增长。如图 3-11 所示为在百度知道中推广。

图 3-11　百度知道

3.6　在分类信息网站推广

分类信息网站发展的核心是给用户提供及时、方便、有用的关乎日常生活的信息。说得简单一点就是便民，要让分类信息网成为便民信息网，信息不仅要大而全，更要新而快，还要实用易用。除了本地用户最关心的本地天气预报、实用电话、本地公共交通查询、旅游出行路线地图等信息要完善外，分类信息网最核心的板块是房产、人才招聘、二手交易信息、征婚交友。所有信息都与老百姓的生活密切相关，为大家提供了一个足不出户即可知天下事、得天下物的平台。在分类信息网站上也可以推广自己的网店。

作为国内重要的分类信息平台，站台网是为用户提供免费发布各类与生活有关信息的平台，这些信息包括房屋租赁、二手房买卖、求职招聘、买卖交易、教育培训等。如图 3-12 所示为在站台网推广商品。

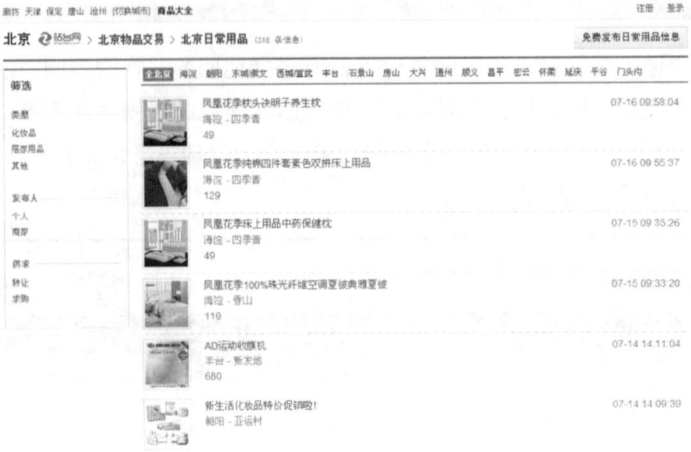

图 3-12　在站台网推广商品

3.7　登录导航网站

现在国内有大量的网址导航类站点，如 http://www.hao123.com/，http://www.265.com/等。在这些网址导航类站点上放上链接，也能带来流量，不过现在想登录上像 hao123 这种流量特别大的站点并不是件容易的事。如图 3-13 所示即为将店铺登录在网址之家上。

图 3-13　登录在网址之家网站

3.8　投放网络广告，带来可观的流量

网络广告是指运用专业的广告横幅、文本链接、多媒体的方法，在互联网刊登或发布广告，通过网络传递到互联网用户的一种高科技广告运作方式。在网络经济的今天，网络广告已经被更多企业或商家所重视。与一些发达国家相比，虽然国内网络广告业起步较晚，但网络广告业的发展速度、发展规模仍然是很快的。如今只要登录到各大网站，就会看到各式各样的网络广告。如图 3-14 所示为店铺在网上做的广告。

网络广告采用文字介绍、声音、影像、图像、颜色、音乐等丰富的表现手段，可以使顾客全方位亲身“体验”产品、服务与品牌，还可以在网上进行商品的销售。

图 3-14　网络广告

3.9　采用传统方式推广

我们还可以利用传统的媒介推广自己的店铺，下面就介绍几种常见推广方法。

1．印刷并散发广告传单

社会上流行派发的传单一般成本极低。现在许多企业采用的加胶印制比较精美的彩色传单也才 0.2 元左右一张。派发传单的工钱也不过一人一天 30 元左右。

一份宣传单送到消费者手上的时候，用突出醒目的标题就可以吸引他，让他不至于将广告单扔掉而是饶有兴趣地阅读详细的内容文字，因此广告上的内容文字就必须要做到让看到的消费者产生到店里消费的欲望。详细地说明你的产品或者服务，并且用煽情的语言让消费者有强

烈的到你店里或公司来探索的欲望。

这对于那些没有多少钱做广告的小商家来讲，发送广告传单是上上之选。许多成功人士在创业之初就靠发传单获得第一桶金的，传单不仅成本低而且覆盖面广。例如在大型超市门口派发传单基本可以覆盖超市的整个区域。如果传单随报纸夹送，覆盖面更广。传单的针对性比电视报纸上广告的针对性要强一些，女性用品的传单可由发单人员只送到女性消费者的手中。

传单广告的另一大优点是派发简单易行。发单人员只要用手袋拎一袋传单就可以随时随地派发了。

2．向杂志等媒体投稿

向杂志等媒体投稿时你的文采不一定要最好，只要通顺地说清楚一件事情就可以了。例如你可以写自己刚开始开网店不太懂网络知识，经过学习和实践，终于在网上成功开店的整个过程。在文章结尾处顺便提一下自己网店的地址，或者干脆把自己的店铺作为案例写到文章里，这样不但可以得到稿费，还能让更多的人知道你的网店。

3．多参与活动，派发名片

现在有各种沙龙、俱乐部，如果你是卖化妆品的，选择参加一些白领的活动或女性沙龙等，这样在参加活动时发出去的名片就更有针对性了。

也许你会说，既然大多数人都是在网上宣传的，大家谁也见不到谁，做名片岂不是浪费成本吗？店虽然开在网上，但你是生活中的你，给买家邮寄商品也是在现实中进行的。设计一张独具个性的名片，印上自己的联系方式和小店的地址，在邮寄商品时不妨放几张进去。因为外观设计精美，买家自然舍不得丢弃，如有机会，对方一定会将它展示给别人，这样等于是在帮你做宣传了。

3.10　利用微博，打开淘宝营销的新局面

微博推广是以微博作为推广平台，每一个听众（粉丝）都是潜在营销对象，卖家通过更新微博向网友宣传店铺、产品的信息，树立良好的店铺形象和产品形象。通过每天更新内容跟大家交流，或者分享大家感兴趣的话题，以达到营销的目的，这样的推广方式就是微博营销。

新浪上关注你的用户叫粉丝，腾讯上关注你的用户叫听众，即收听你的人。没有粉丝的微博无异于一潭死水，从营销角度看，没有粉丝，这个微博也就形同虚设，没有意义。粉丝是信息的接收者，是信息的传播者，同时也是潜在消费者，很显然，粉丝越多，传播效果就越好。为何那些名人、大型知名企业、政府机构开通的微博有成千上万的粉丝，原因是他们本身就是一个被人关注的对象，知名度高，有影响力，用户对他们感兴趣，所以他们被关注。如图 3-15 所示腾讯微博推广店铺。

1．标签的设置

标签若设置得巧妙可以帮你找到想找的人，同样别人也可以根据标签找到你。不同时间需要用不同的标签，让搜索结果一直能处在第一页，这样才有机会被你想要的用户关注。

2．主动关注别人

关注了别人，别人也会关注你。可以选择去关注相关行业的人，这样听众中的潜在客户就会增加。

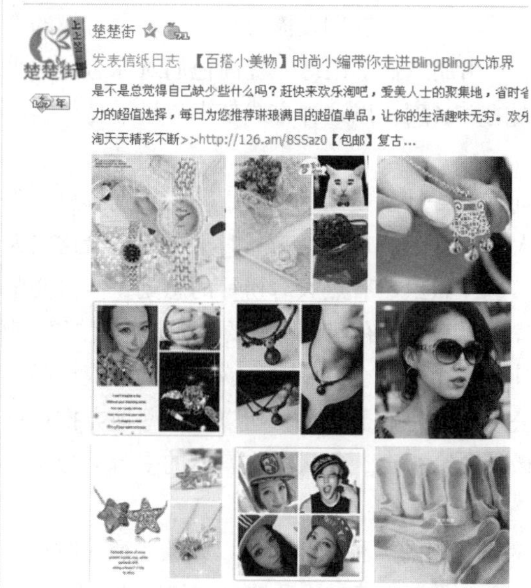

图 3-15　微博推广店铺

3．广播内容优质

发布一些真实、新鲜、好玩儿、高质量的内容来吸引听众。

4．广播频度要适当

不能太少，不能一天才一两条，也不能太多，一分钟发几十条，每天控制在 5～20 条，可以有效避免一些粉丝因反感刷屏者而取消收听。

5．参与热门话题

多参与每小时热门话题排行、每日热门话题排行是很有用的方式，这样能够增加你的出镜率，可以增加被用户搜索到的概率，从而带来更多的关注。当然你也可以发起一些活动或话题吸引更多人关注。

6．申请认证

这个需要跟运营商沟通，一旦通过，效果甚佳，可以以企业名义进行申请，通过率会高一些。

3.11 微信推广就这么简单

截止 2013 年 10 月份微信用户已经突破了 6 亿人，这么大的一个网络群体，让很多人觉得眼馋。而且微信用户大都是年轻人，喜欢网购，有一定的消费能力。这就给我们淘宝卖家营造了一个天然的推广平台，如何抓取微信流量就得靠卖家们各显神通了。下面介绍几种实用的微信推广方法。

第一种，从朋友开始着手，每天在朋友圈分享一些新颖有趣的产品，宝贝的图片一定要吸引人，而且要附上链接。吸引朋友们的眼球，提高他们对你店铺的兴趣，然后通过口碑传播，渐渐建立起店铺在朋友圈的知名度，以这种方式带来流量不是很容易，但是一定要记得坚持，每天都发。

第二种，疯狂地增加好友，特别是附近的人，不管走到哪里，都要记得搜索附近的人，加为好友。然后建立起庞大的朋友圈。每次上新品时记得推送给这些人，但是最好在晚上发送，这样效果可能更好一些。这样做虽然有点大海捞针的感觉，但只要坚信有流量就有转化，只要你的产品符合部分人的口味，就可能有销量。只要长期坚持就能看到效果。

第三种，加入或者建立一个微信公众平台，在平台上推广产品。加入一些淘宝购物或者求购公众平台，因为这些公众平台是有需求的，所以在这些地方推送产品能吸引买家的注意。同样，可以自己创建一个微信公众平台，每天都在自己的平台上分享一些软文。积累资源，为自己推广。

微信推广已经成为网络营销的一种趋势，所以必须要适应时代，走碎片化的营销模式。只要坚持，就会有效果。当然也要在坚持中不断地总结和创新，这样才能得以生存和发展。

第4章　淘宝网店常见促销策略

开店指导

在网上购物的顾客，太多预算有限，并且网上有如此众多的商家，因此网店想要吸引买家消费就变得越来越困难。为了在激烈竞争中存活，商家纷纷使出各种营销策略，网店经营者一定要把握好顾客的购买心理，并制定相应的营销策略。网店可以通过促销提高店铺的交易量，网店促销是利用互联网展开的商品营销活动，目的在于加快商品的流通，增加店铺的收入。

4.1　网上开店营销策略分析

有时会有新手卖家抱怨，怎么推广几个月了还没有什么效果。当遇到这样的问题时，新手卖家应该考虑清楚以下几个问题：你的目标人群是哪个群体？你的目标人群在哪里？推广不是说使用的方法越多效果就越好。要明白哪些是你的目标人群以及用什么样的方法能取得最佳的效果。

（1）分析网店的目标人群。很多新手卖家都是在没有分析自己网店的目标人群的情况下就开始盲目地进行推广。这样不但花费很多的时间和精力，而且效果也不好。通过网店的主营商品有针对性地进行目标人群分析，就能更好地了解目标人群聚集的地方。找对了地方，推广效果自然就好了。

（2）根据目标人群制定推广方案。明确了目标人群后，接下来就是制订一套具有针对性的推广方案。在制订方案的过程中，应有效地整合一些有利于获得更好效果的推广方法。

（3）对推广方案要有极强的执行能力。按照推广方案积极地推广，学会在实际工作中总结经验。方法是死的，人是活的，在实际工作中要学会灵活运用，才能不断地取得更好的推广效果。

（4）开网店其实和开实体店所操心的事情一样多，淘宝是个藏龙卧虎的地方，也有许多高手，商品促销的花样不断翻新，有一句很流行的话是“不断被模仿，但永远不可能被超越”。但淘宝店铺的营销策略或经营策略却是极易被模仿的，因为在淘宝上的经营过程是高度透明的。这种完全透明的经营模式造成了目前淘宝开店同质化竞争非常严重的情况，包括经营的商品种类及其价格，所以低价策略成了很多卖家不得不选择的方法。

4.2 有礼“赢”遍市场，玩转赠品促销

在淘宝交易中，总是会有买家这样问：“有赠品吗？”当回答“有”的时候，他们就会满心欢喜。拍下付款后，还要提醒一下掌柜，发货时不要忘记赠品！这样的事情几乎每个卖家都遇到过。由此可见，顾客总是期望获得额外的东西。其实我们每个人在购买商品时都是如此，这是一种很正常的心理，也是最为普遍的人性。

4.2.1 网上赠品促销

赠品是一个非常有效的营销策略，它可以快速地促进销售，又能有效地应对竞争，所以，在网上销售商品的时候可以使用这个策略。赠品促销就是顾客在购物时，以“礼品”赠送的形式向顾客提供优惠，吸引其购买该品牌或该商品，如图 4-1 所示，此店铺通过买床上用品四件套赠送抱枕的方式达到促销商品的目的。

赠品促销是最常用的促销方式，它把商品作为礼物赠送给顾客，以一种实物的方式给顾客非价格上的优惠。这种方式虽然没有价格促销直接，但它可以以一种看得见又实实在在的方式冲击顾客、增强品牌观念，让顾客购买商品并长时间使用。创造性地运用好赠品促销，可以创造出该商品或服务独具特色的、竞争对手不能轻易模仿的良好效果。可以说，赠品促销是一种既能短时间增加销量，又能起到长时间树立品牌的极佳方式。

图 4-1　买床上用品赠送抱枕

4.2.2　选择赠品的注意事项

赠品是争取顾客购买商品，提升业绩的法宝。此策略若运用得当，很有可能吸引顾客踊跃购买。有些促销活动会出现这样的情况，赠品发送时成交量非常好，但赠送后的营销效果却不佳，为避免这种情况，我们应该注意以下几点。

（1）不要选择次品、劣质品作为赠品，这样做只会起到适得其反的作用。赠品也重质量，赠品体现商家诚信的宗旨。不要以为“赠”就是“白送”，便随意“忽悠”买家。保证赠品质量不仅是国家法律明文规定的，而且还代表了店铺的信誉。

（2）要送到顾客的心坎里去，这样的赠品才会得到顾客的认可。当无法确定顾客要什么的时候，把选择权交给顾客，不要以自己为中心去理解营销。赠品的核心是让目标顾客认为“占了便宜”，否则若送了他们毫无感觉的东西，就失去了赠品的意义。

（3）赠品要给顾客以超值的感受。赠品的成本多少才是合理的？商品的售价能承担起这笔开销吗？合理地处理成本与价值之间的平衡，让顾客永远感觉超值。赠品要在能接受的预算内，不可过度赠送赠品以防造成营销困境。赠品如果选择得当，就会吸引买家的眼球，促销的效果也会事半功倍。

（4）注意时间和时机，注意赠品的时间性，例如在冬季不要赠送只在夏季才能用的商品。

总之，千万不要认为赠品就是额外送给顾客的，小小的赠品里面的学问却很大。

4.2.3 赠品促销的设计规则

促销赠品实际上是对顾客的一种额外馈赠和优惠。赠品促销在操作时应注意以下一些要点。

（1）赠品要让人容易获得。容易获得才可以激发顾客参与的热情，促销的“势”才容易“造”出来，否则会让人感觉赠品与自己无缘，即使参加了也很难获得赠品，这样就无法激起顾客参与的热情了。最好让参与的每一个人都能感到可以获得，“可遇而不可求”是赠送礼品应该回避的问题。

（2）先声夺人，广告信息要准确发布。在进行赠品促销之前，广告宣传的工作便是头等大事了。广告宣传必须符合本次赠品促销的目标消费群体。有的放矢地把促销的方式方法、赠品推荐等发布出去。

（3）给赠品取一个响亮的名字，让顾客更容易记住你的品牌。一个好的赠品名字会激发消费者美好的想象，这种想象不但可以对促销起到很好的效果，而且可以在促销之后很长时间仍能继续销售，因为美好的印象是有延续性的。给赠品起一个吸引人的名字，可以加快商品的流通，同时也增加了品牌的附加价值。

（4）把店铺的信息告诉顾客。在赠品上印上店铺标志、设计可爱的电话号码等这些都是非常容易做到的事情。让顾客每次使用赠品时，也能想到你的店铺。

4.2.4 如何选择合适的赠品

赠品促销目前在网上的应用比较多，可是多数的商家对赠品的应用没有统一的规划，所以很多时候是赔了夫人又折兵，毕竟赠品是需要成本。赠品可以是各种不同的东西，可以是销售商品的样品，也可以是一种标准或特殊商品；可以是一件具有纪念意义的礼物，也可以是一种极具实用价值的生活用品；可以是自己的品牌，也可以是其他品牌。也就是说，只要适合促销目标的东西，都在选择的范围内。

那么该如何选择赠品呢？

1．选择顾客需要的东西

我们要选择顾客需要的赠品，这是最重要的，如果赠品是顾客用不着的东西，那对他就没有任何的吸引力，也就谈不上提升交易的价值了。所以，你应该认真思考目标顾客需要什么，然后根据他们的需要来选择赠品，只有顾客需要的对他们才有吸引力。

2．要保证质量

赠品也应该有很好的品质，像你的主产品一样。如果你选择了一个垃圾赠品，那是无法吸引顾客的，无法吸引顾客就失去了赠送的意义。有些卖家都不把赠品当回事，他们经常去采购一些毫无用途的小东西作为赠品。这是不尊重顾客的表现。如果真的不舍得在赠品上投入，那么就干脆什么都不要送。如果你已经决定使用赠品策略，就一定要重视品质。

3．足够的价值

你提供的赠品需要有足够的价值，何为足够的价值，即不高不低，合适就好。这需要你自己去把握，价值过低或者过高都不能取得好的效果。价值太低，就无法吸引顾客。比如卖价值 8000 元的单反相机，送一个普通的贴膜。这样的赠品价值就特别低，自然无法吸引顾客。顾客会认为你缺乏诚意。

但赠品的价值也不能太高，因为这将花费你更多的成本。虽然顾客们都渴望得到更高价值的赠品，但实际上，如果你提供价值高得离谱的赠品时，就会引起顾客的猜疑，有些顾客会觉得你的利润空间太高，反而降低了主产品在他们心中的价值，可能会使顾客干脆放弃购买。

4．比你的对手要好

在选择赠品之前，需要关注你的竞争对手，你要看看他们的营销策略是怎样的。也许你会说，我的对手有成千上万，我该怎么看呢？其实，销量最好的才是你的对手，那些销量一般的或者没有销量的，不用去管他们。只要把目光盯住那些销量最好的、对你构成威胁的那些人。看看他们有没有赠品，如果有，要查看是哪些赠品。你的赠品必须比他们的价值高，必须比他们的要好，这样才能打败他们。顾客购买商品时，通常会货比三家，比较的对象一般来说就是销量好的那些卖家。

5．赠品与商品有相关性

有时候，选择赠品的确让人头疼，因为我们不知道该选择什么才能让顾客喜欢。他们的喜好难以捉摸，尤其我们需要面对的是不同类型的顾客，正所谓众口难调，选择出一个能让大家都喜欢并接受的赠品并不容易。但如果你能把选择赠品的角度与销售的产品联系起来，那就容易多了。选择的赠品和商品有关联，这样很容易提升顾客对商品的体验。如果赠品与商品相互依存并配合得当，其效果最佳。如图 4-2 所示数码单反相机送相机包。

6．准备多份赠品

为什么要准备多份赠品？原因是这样的：如果你的赠品不能打动某些顾客的心，那就对这些顾客形成不了吸引，如果吸引不了，他们很有可能就会流失掉。不如从多个角度来设计赠品，这样就能满足不同的顾客，可以让顾客在几个赠品中任意选择。如图 4-3 所示准备多份赠品。

图 4-2　数码单反相机送相机包

图 4-3　准备多份赠品

赠品不能“喧宾夺主”，如果商品是“红花”，赠品就是“绿叶”。赠品永远是为衬托、宣传商品而设计的，因而它是处在宾席之位，过分地哗众取宠，就有“夺主”之嫌了。

4.3　购物积分促销

积分促销是商家为回馈老客户而采取的一种方法，先设定一定的积分，达到一定额度的消费即取得一定的积分，就可以赠送礼物或参加其他的优惠活动。积分换取最大的作用在于鼓励消费者重复购买，建立产品的稳定顾客群。

4.3.1　什么是积分促销

积分制作为一种有效巩固和激励老顾客多次购买的促销手段，在商家促销中得到了广泛应用，如百货、超市、通话积分等。因为这些顾客有重复购买商品或者服务的需求，而获得老客户再次消费的成本要远远低于重新开发新客户的成本。因此，这些商家越来越多采用积分制的方式来留住老客户，同时也积累了大量的经验。

积分促销在网络上的应用比起传统营销方式要更易操作。网上积分活动更容易通过编程和数据库等来实现，并且结果的可信度更高，操作起来也相对简便。积分促销一般设置价值较高的奖品，顾客通过多次购买或多次参加某项活动来增加积分以期获得奖品。积分促销可以增加顾客访问网店和参加某项活动的次数；增加顾客对网店的忠诚度；提高活动的知名度等。

很多网店都支持虚拟积分，如果不支持，还可以采用积分卡，客户每消费一次，就累积积分，这些积分可以兑换成小赠品或在以后消费中，可以把积分当成现金使用。

如图 4-4 所示网店上的商品积分促销。凡在网店购买过商品的顾客，都可以成为网店的会员。会员不仅享受购物优惠，同时还可以累计积分，用积分免费兑换商品。

图 4-4　积分促销

4.3.2 集分宝超值送，帮店铺爆单的积分促销工具

为了给淘宝卖家提供可以自己设置积分促销的平台，在2011年8月底，支付宝推出了“集分宝超值送”工具，并在2011年9月8日升级为淘宝网官方推荐营销工具。“集分宝超值送”是积分促销工具，可以帮助店铺迅速成长。

“集分宝超值送”工具是为所有淘宝商家提供的一款可免费订购，并且自由设置商品返集分宝比例的积分营销工具，实现卖家无须预付款，系统自动统计和发放集分宝，提升卖家实际成交量后返优惠给买家的营销工具，同时也缓解了卖家的运营压力。全场购物返积分与店铺优惠一起组合，客户感受到店铺消费赠送的积分价值，刺激了客户的下单量、持续提升客户的回头率。购物确认付款后，系统自动返回积分，阿里旺旺也会提醒买家，如图4-5所示为积分换购。

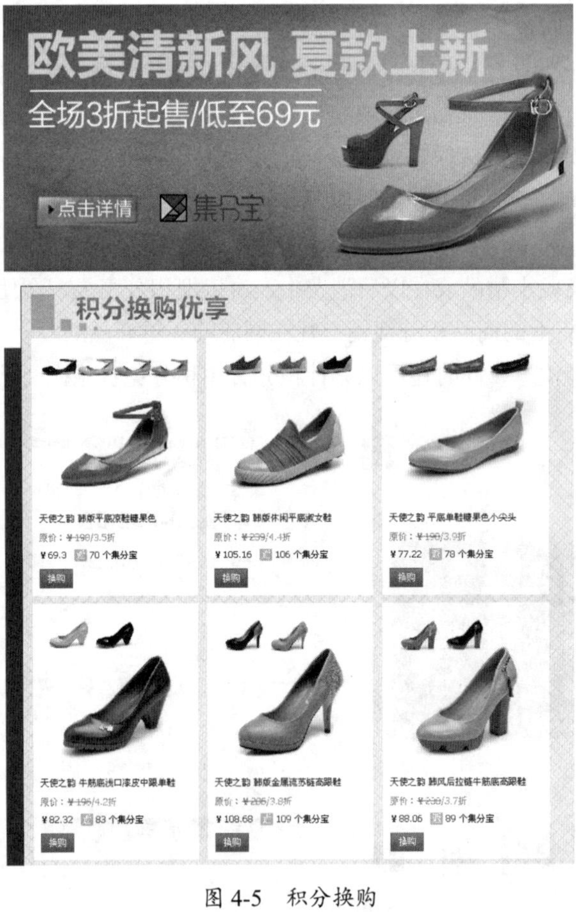

图4-5 积分换购

4.4　打折促销增加销量有学问

由于打折促销直接让利于顾客，让买家非常直接地感受到了实惠，因此它是目前最常用的一种阶段性促销方式。打折促销主要采取以下两种方式。

（1）不定期折扣。在重要的节日，如春节、情人节、母亲节、圣诞节等，进行打折优惠活动，因为在节日期间人们往往更具有购买潜力和购买冲动。卖家应选择价格调整空间较大的商品参加活动，并不是全盘打折的方式。这种方式的优点是：符合节日需求，会吸引更多的人前来购买，虽然折扣后可能会造成利润下降，但销售量会提高，总的销售收入不会减少，同时还增加了店内人气，吸引了更多的顾客，对店铺以后的销售也会起到带动作用。

（2）变相折扣。例如采取“捆绑式”销售，以礼盒方式在节假日销售。这种方式的优点是符合节日气氛，更加人性化，如图 4-6 所示为商品采用打折促销。

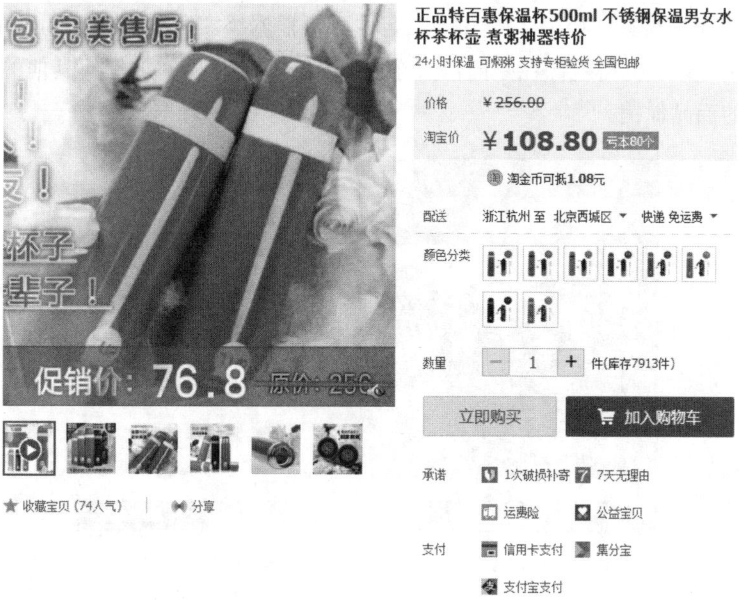

图 4-6　商品采用打折促销

折扣促销主要有以下优点。

（1）效果明显。价格往往是顾客选购商品时的主要决定因素之一，特别是对于那些品牌知名度高的商品。因此，折扣是对顾客冲击最大、也最有效的促销方法。由于折扣的促销效果明显，可以处理到期产品、减少库存量、加速资金回笼、配合商家促销等。

（2）活动易操作。店主可以根据不同时间，在允许的促销预算范围内，设置不同的折扣率。

这种促销方式的工作量少，成本和风险也容易控制。

（3）最简单有效的竞争手段。为了抵制竞争品牌的销售增长，及时采用折价方式刺激顾客购买本商品，可以减少顾客对竞争对手商品的兴趣，并通过促进顾客大量购买或者提前购买来抢占市场份额，从而打击竞争对手。

（4）有利于培养和留住老顾客。直接折价的活动能够产生一定的广告效应，塑造物美价廉的商品形象，吸引已经使用过本商品的顾客重复购买，形成稳定的现有消费群体。

4.5 免邮费促销

网络购物中间环节的邮费问题一直是买家关注的焦点之一，这会影响买家对于网购价格优惠的感知。当前邮费主要分为邮局（包裹平邮）、普通快递、特快专递等。平邮的价格较低，但送货周期较长；普通快递价格适中，送货周期为 3～5 天；特快专递的价格昂贵，但送货周期最短。因此普通快递是买家选择最多的方式。店主可以根据买家所购买商品的数量来相应地减免邮费，让顾客从心理上觉得就像在家门口买东西一样方便，不用附加任何其他的费用，如图 4-7 所示为免邮费的商品促销。

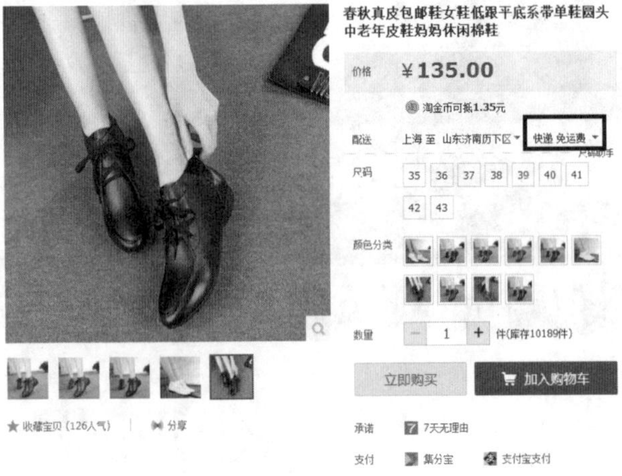

图 4-7　免邮费的商品促销

4.6 免费试用让店铺的流量涨不停

淘宝试用中心立足为自有品牌商家打造产品推介，为最新、最热卖的商品提供展示。它是原创试用报告汇集的媒体平台，为商家进行精准、高效地口碑营销传播。

4.6.1　淘宝试用中心

淘宝试用中心是全国最大的免费试用平台。试用中心作为淘宝网的一个版块，秉承着“试奇特，享新品”的理念，汇集了上百万份试用品，囊括了数码、美容、家居、美食等十余种类目，力争为顾客提供超值的试用体验与公正客观的体验分享平台，分为免费试用与付邮试用两种。

免费试用是试用中心推出的用户可以完全免费获取的试用品，通过试用报告分享试用感受，给商家的商品做出公正专业的描述，从而帮助其他消费者做出购物决策，找到真正适合自己的商品。申请获得的试用品无需返还。如图 4-16 所示。

图 4-16　免费试用

4.6.2　参加试用的好处

在试用期间的活动极大地增加了店铺的曝光率和成交量，同时卖家还能得到宝贵的产品试用反馈。在赢得巨大流量和好评的同时也树立了强大的品牌和店铺形象。

（1）可以获得更多的淘宝流量，如收藏越多，销量越大，评价越高，购买转化率越高，在淘宝搜索关键字时，该类商品拍卖信息就越靠前。

（2）商家每日通过试用中心直接或间接达成的交易量大大超过平时，新上线的试用折扣价将很好地促进商品成交。

（3）通过试用产生良好的用户体验，大量优质的试用报告被搜索引擎收录，获得试用会员最客观真实的口碑传播，增加品牌美誉度。

（4）每个试用品每日都可获取数万的流量，申请人数达几千人，并有独立的产品信息页，即使试用结束也长期保留。试用商品页直接链接商家店铺及宝贝详情页。如图 4-17 所示，试用品有独立的页面，有 244954 人申请试用。

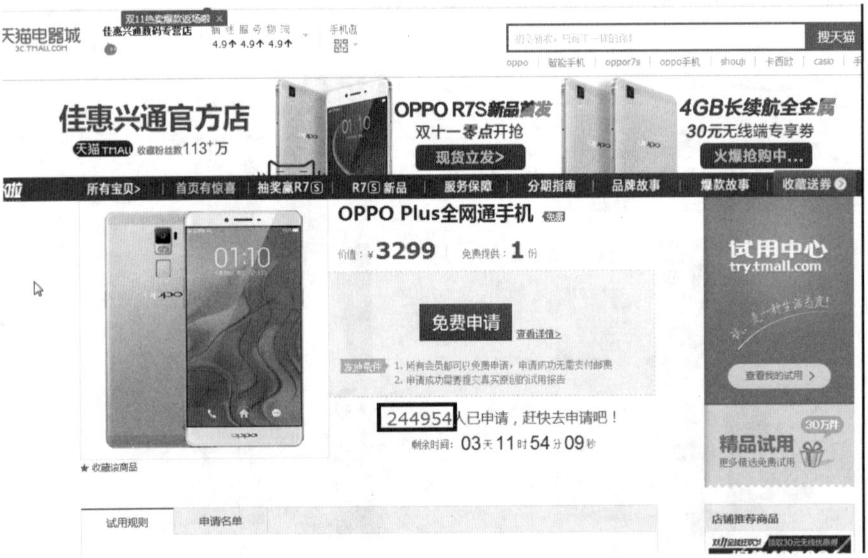

图 4-17　申请人数众多

4.6.3　试用报告

试用报告是试用者在试用商品后，对商品品质、性能等做出的鉴定。试用报告写作者通过文字、图片、视频等多种方式，在真实的购物场景之下描述自己的试用体验，为其他购物者提供购物参考。试用报告可以通过赞和评论等方式产生互动，同时可以为试用品起到推广的作用。淘宝会对优质试用报告进行“精华”评定，在“试用报告写作标准”的前提下，针对各类目商品的不同特性做出精彩展示的报告可被评为精华报告。试用报告如图 4-18 所示。

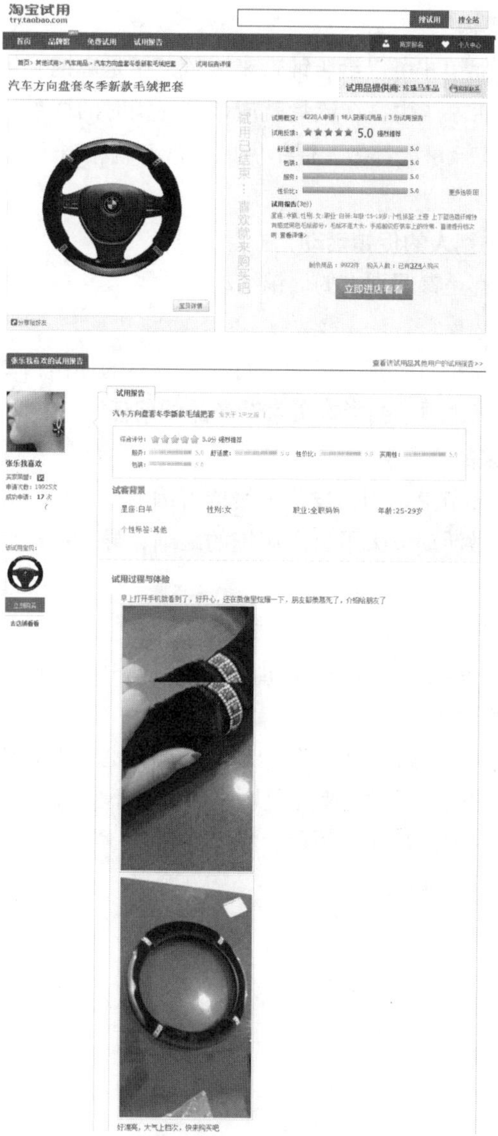

图 4-18　试用报告

4.7　店铺促销中常见的误区

不少淘宝卖家经常做推广促销活动，但是效果并不明显，是什么原因呢？首先请检查自己是否进入了误区。

1. 店铺促销活动天天做

很多卖家认为只有做促销才可以给店铺带来流量，于是店铺一年到头都在促销，每天都在做活动。为什么呢？因为店家认为，客流量就应该是促销时的样子，对不做促销的低客流量接受不了。其实店铺促销不应该每天都做，促销做成了常态就相当于没有促销，宝贝整天在打折，就失去了促销的效果。

2. 盲目跟风或者模仿别人的促销活动

促销活动没有创意，都是参照别人的促销活动。

3. 促销没有理由

在不是任何节日或者重要日子里，店铺进行莫名其妙的促销，莫名其妙的打折，对买家来说没有说服力，也不够名正言顺，会影响买家对产品的信任。

4. 不能承受促销带来的高流量

很多卖家倒在了促销环节上，因为发货太慢或者因为质量不好导致投诉太多。还有很多卖家不了解淘宝规则，通过做活动放大了自己店铺的缺陷，导致活动后流量下降，只能过于依赖促销。

5. 不要去请人刷信誉

你可以选一些产品在一些人气高的论坛里发起团购，用质量和价格来提高自己的信誉。

6. 不要去买别人的账号

有些人图省事，买别人的高信誉的账号，以为这样做起生意来比较容易，但是这样做风险也很高，因为买来的账号的信誉是做起来还是刷来的你是不知道的，而且账号来源你也不知道，万一密码丢失，能不能找回密码都成问题。

第 5 章 借力供销平台，扩大销售渠道

开店指导

由阿里巴巴和淘宝网共同研发的供销平台，旨在帮助商家快速免费搭建、管理及运作网络销售渠道，帮助淘宝供销商开辟稳定的进货渠道，快速获得一手货源。简单地说，供销平台是打通淘宝和阿里巴巴的一个桥梁，直接并快速扩大产品的销售渠道。

5.1 供销平台概述

淘宝供销平台是淘宝网专门为商家提供代销、批发的平台服务，帮助商家快速地找到分销商或成为供货商。这一平台是完全平等开放的，进入的门槛也不高，直线式的供销平台不仅可以减少商品买卖交易中的各种运送成本和保险成本，而且还可以帮助卖家更快地获得相关商品的资讯，使卖家可以更快地掌握行业信息，占据市场份额。

5.1.1 供应商加入供销平台的好处

如果你在开店过程中遇到了以下一些问题，那么可以选择加入供销平台，如图 5-1 所示为供销平台的优质供应商。

图 5-1　供销平台的优质供应商

（1）每年为拓展渠道投入大量的人力和物力，效果却不令人满意。

（2）广告宣传成本高，产出却不似预期。

（3）资金回笼不够快，总有几个方面阻碍资金流动。

（4）库存积压，物流不完善。

（5）找代理商、供销商困难。

（6）管理困难，无法将“分散经营、集中管理，整合资源、协同工作”同时铺开。

供应商加入供销平台后有以下一些好处。

（1）打造属于自己的网络供销体系，提升企业形象，创立网络品牌。

（2）快速招商，建立自己的供销渠道，上下游资源整合，开展批发代销业务。

（3）培养、管理和扶持供销商，完善渠道。

（4）供销和直销兼顾，让批发零售更轻松。

（5）入驻供销平台，帮助你招募更多供销商。

（6）互通多个子站，铺货、订单数据同步，网络连锁、网络供销更容易，库存、下单、打印发货都可以实现自动化，大大简化了流程。

5.1.2　分销商加入供销平台的好处

供销平台主要以代销为主，供销平台让许多没有货源又想在淘宝上开店的朋友能够轻松找到代销货源，做代销不仅有高额的提成而且可以免去收货和发货的麻烦，只需要将订单发给供应商就可以了。

（1）成为分销平台的分销商，可以从分销平台的供应商中选择自己需要的货源，供应商一件代发，分销商无须承担库存风险，可以用最小资金投入赚取利润。

（2）成为分销商就不必再查库存了，对商品的上架、下架、缺货、补货都变得非常容易。

（3）许多商品的供应商都是淘宝商城的卖家，比一般的代理更有保障。分销平台的提供商都是淘宝网认证过的商家，都具备很强的实力，商品质量也有保证，对价格也有很好的控制。由于供应商是淘宝审核的，相对以前的代销要正规得多。

（4）分销商可以直接引用分销宝贝的图片及商品描述文字。一般供应商都有专业的团队来处理宝贝图片的拍摄、后期修改、商品描述等，分销商只需要将宝贝图片下载后在自己的仓库管理中选择对应的宝贝并上架即可销售了。

（5）成为分销商省去了宝贝的发货设置及发货管理。由于分销宝贝的发货设置是上级设置成自动状态的，所以分销商上架宝贝的发货管理都是由上级直接控制和管理的。

（6）成为分销商不用囤积货源，开店无须担心资金压力及风险。

（7）成为分销商不会再为单一发件所产生的快递费用过高而烦恼。参加网络分销的供应商一般销售量都很大，能节省大量的快递费。

（8）分销商只需要做好服务、店铺的特色化和推广就行了。

5.1.3　怎样做好代销

代销的商品价格可以由自己和供货商协定，一般供货商给出的价格都是大大低于市场价格的，这样就为你创造了充分的盈利空间。当然，代销过程中品牌问题可以由商家与供货商协商确定。一般情况下，供货商会将商品的品牌授予代销商，这样在买家问及商品品牌信息时，代销商可以根据情况对买家的提问进行回答，如图 5-2 所示。

通过供销平台代销业务，供应商可以直接招募自己的供销商，无须使用商品数据包，供销商可直接点击商品，一键铺货到网店，做正规的一件代发。

作为供销商怎样才能做好代销呢?

（1）选择合适的供应商很重要。首先看一下宝贝的图片，很多时候，往往在顾客第一眼看到宝贝后就已经决定了是否购买，所以清晰美观的图片非常重要。其次，看一看通过图片和描述是否能够引起自己的购买欲，如果连自己都看不上眼，怎么能指望别人来买呢?

（2）即使是自己进货发货，在商品种类数量比较繁杂的情况下，也会出现库存断货等状况。所以在销售过程中，要时刻与供应商保持沟通，先询问是否有货，做到心里有数再销售。当然很多时候，我们是无法提前知道哪一款商品是没有货的，有可能在买家咨询的时候才知道宝贝没货了。这个时候，要真诚地告诉买家宝贝缺货了，并为买家推荐几款相似或相近的宝贝让买家挑选。要是买家最终决定不买，也不要气馁，还是要真心地感谢他的光临，欢迎他再次光临。

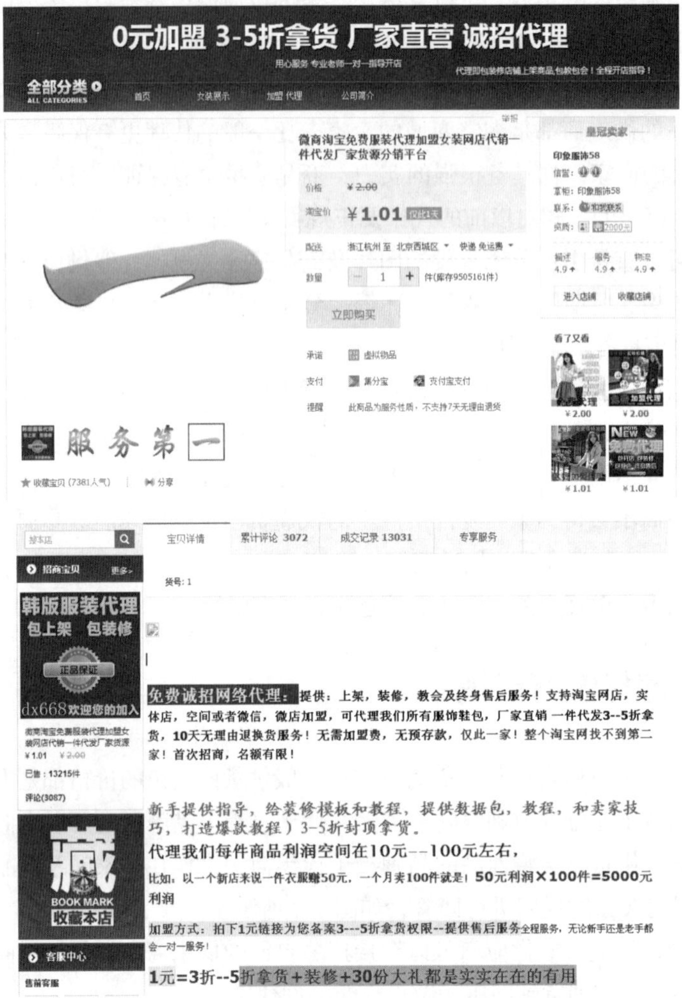

图 5-2　代销

（3）在商品图片上加上自己的店标，在商品说明中使用自己的口吻，时刻注意树立自己的店铺形象，让买家记住你。

（4）在买家询问商品发出状况时，不要立刻去询问供应商，因为供应商发货后会填写支付宝信息，也会给你快递公司的查单地址，自己去查比询问要快得多，不要让买家因为你的懒惰而总是等待，也不要因为自己该做的事情没做，从而导致供应商对你不满。

（5）注意填写所在城市，如果只做一个商家的代理商，索性就把店铺的所在地修改成供应商发货的城市。在网络销售中你在什么城市无关紧要，重要的是让顾客知道商品从哪里发出。

（6）因为代销比较耗费时间，同时又会有相当大的工作量，因此代销者要有良好的沟通能力，要远离批评、指责、抱怨，客观处事、通情达理。

（7）虽然是代销商品，但是不要让买家知道你是代销商，首先调整自己的心态，在销售的时候要自信，树立自己的品牌，把自己的供应商当成自己的仓库管理员。

5.2　供应商如何入驻供销平台

随着网店经营的日益成熟，“如何开网店”已经不是问题了，目前网上开店的焦点主要还是集中在货源上。供应商怎样入驻供销平台呢？

5.2.1　入驻条件

供应商入驻供销平台至少同时具备以下条件：

（1）持有并提交最新有效年检的《企业法人营业执照》副本的原件扫描件，且拟在供销平台开展的经营活动不超过其《企业法人营业执照》核准的经营范围。

（2）持有并提交《组织机构代码证》、《税务登记证》的原件扫描件。

（3）须有已通过实名认证的企业支付宝账户，且该支付宝账户所载的企业名称与其《企业法人营业执照》、《组织机构代码证》、《税务登记证》上记载的公司名称一致。

（4）以自有品牌入驻的，须提供由国家商标总局颁发的商标注册证或商标注册申请受理通知书；以他人授权品牌入驻的，还须提供他人品牌授权文件。

（5）等到申请入驻时，会员无《天猫规则》或《淘宝规则》中规定的严重违规行为扣分及不当使用他人权利和恶意骚扰的扣分。

（6）签署《供销平台供应商入驻协议》。

（7）在绑定的支付宝账户中足额存入入驻保证金。

（8）仅品牌商和授权供应商才能发展天猫商家为该品牌的分销商，同时必须提交符合“天猫申请入驻行业资质标准”规定的相关资质，并在其绑定的支付宝账户中存入天猫分销保证金；供应商入驻保证金和天猫分销保证金累计最高不超过五万元。

（9）还应遵守供销平台其他关于行业的特殊要求。

5.2.2　成为供应商

成为供应商的方法很简单，登录供销平台 http://gongxiao.tmall.com/index.htm，单击“我要入驻供销平台”按钮，如图 5-3 所示。

图 5-3　供销平台

（2）进入招商标准页面，单击“我要入驻”按钮，如图 5-4 所示。

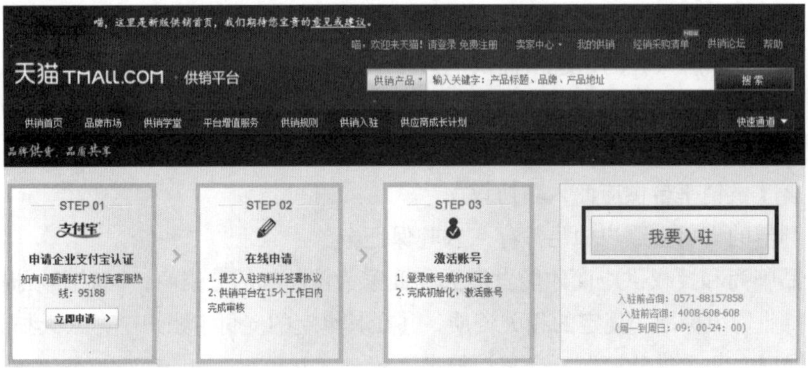

图 5-4　单击“我要入驻”按钮

（3）下面是招商标准，阅读相关条件，如果是供应商，则单击“供应商入驻”按钮，如果是卖家，要找货源，则单击“分销商入驻”按钮，如图 5-5 所示。

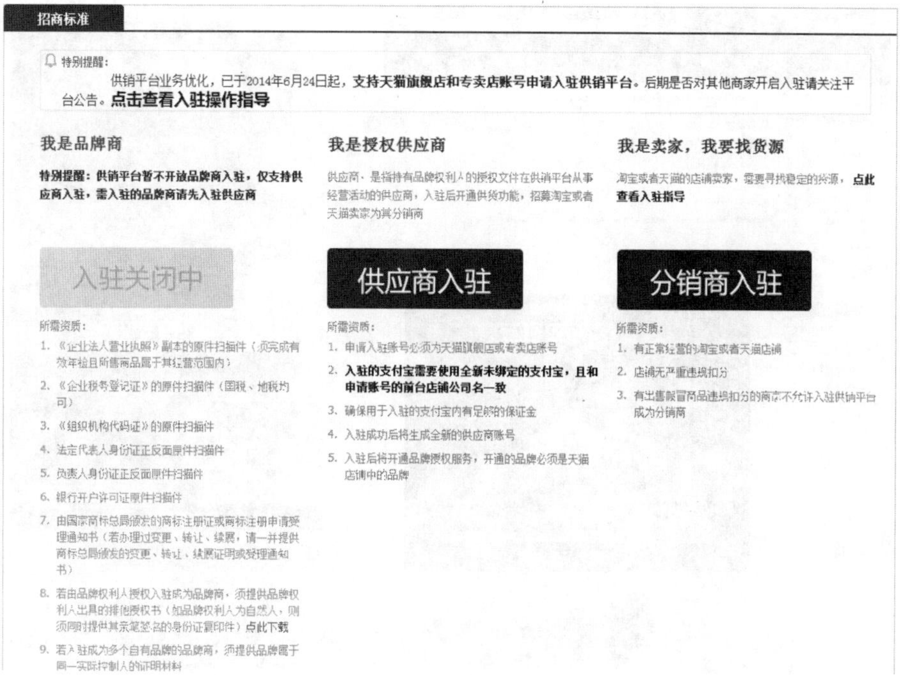

图 5-5　招商标准

5.2.3　写出优质、美观又有吸引力的招募书

一份优秀的招募书必须有店铺名称、品牌、自身优势、供销商申请条件、供销商激励政策、折扣措施、支持政策、售后服务、产品优势、联系方式，在这些条件都具备后再进行招募书的美化工作，选择同一色系，排版规整，字体统一并有意识地突出重点，适当插入图片，让整个招募书图文并茂。下面请欣赏一份优秀的供应商招募书，如图 5-6 所示。

这位供应商的招募书很长，首先着重强调了品牌介绍、品牌优势和主营产品；其次说明了申请成为供销商的条件；最后介绍了返利支持的措施以便提高供销商的积极性。整张招募书风格独特，制作精美，提纲挈领，体现了企业的实力和对供销的关注度。

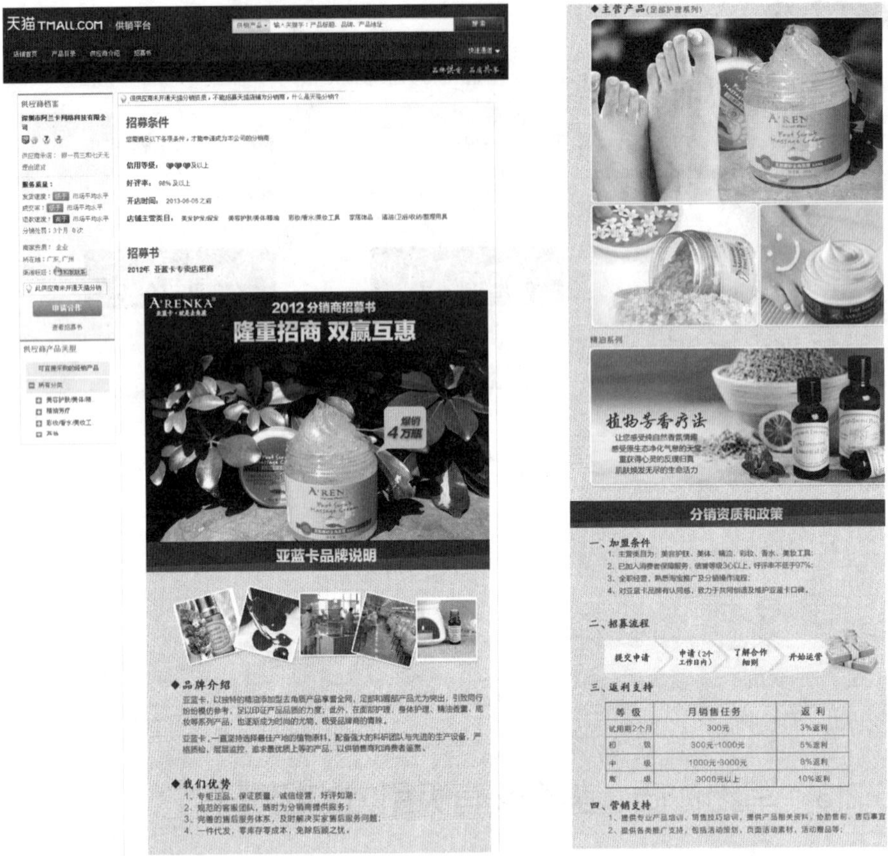

图 5-6　供应商的招募书

5.3　有效管理经销商和代销商

淘宝供销平台出现之后，进货渠道更明朗化、公开化。给供销商的折扣、奖励及处罚等规则都逐渐明确，在商品的价格上更是严格控制。淘宝的供销平台对于平衡物价、减少和杜绝假货起到了促进作用。怎样有效地管理经销商和代销商呢？

1．专人专岗，建立供销商运营团队

做好供销首先必须要有一个供销运营团队，供销运营团队要有一个供销负责人。另外供销必须有专人管理，要做好对供销商或者是代销商的培训和服务工作，主动和他们联系，主动帮他们了解要推广的商品、品牌，以及店铺的政策和活动。

2．管理供销商具体包括审核供销商，主动邀请供销商和管理供销商

定期与供销商沟通，沟通的重点是供销商品和促销方案，定期提供特价品并给予促销，给予核心推销商淘宝店铺推广支持，及时掌握供销商信息，对于不合格的供销商及时取消其资质。

制订一个优胜劣汰的供销政策，将供销平台在有限的数量内做到最大。区别货物来源，招募供销商，专人指导，监督管理。一定要有供销商详细的联系方式，制订合理的方案。每月、每周、每日都要进行统计，例如你的供销商都做了什么？效果如何？哪些是培养对象？哪些是重点的广告位置？考虑做一个额外的奖励计划。

3．供销商培训

做好对供销商的产品培训、设计支持、政策支持和营销配合；对于供销商或者经销商在实际供销过程中相关的设计，都可以给予一定的指导。

4．供销商服务

有供销商申请进来后，关键是做好服务，供销商有什么问题，要及时给予解决。总之，供销商跟定你的三个条件是：有钱赚、有东西学、有发展。

5.4　分销商怎样找到合适的供应商

很多新进的分销商，在进入分销平台后，都不知道如何找到代销的商品和适合的供应商，导致进入分销平台后无所适从。

5.4.1　寻找供应商的途径

下面介绍快速找到商品和供应商的流程，具体操作步骤如下。

1．通过搜索寻找

在供销平台右上角的搜索框中，可以分别搜索产品和供应商，如图 5-7 所示。

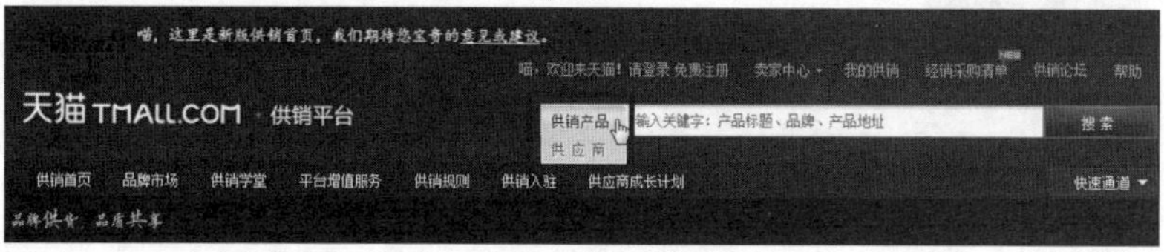

图 5-7　搜索供销商品

2．通过类目找商品

可以通过供销平台首页左侧的供销类目引导，快速找到需要代销的商品类目，如图 5-8 所示。

图 5-8 通过类目搜索

3．通过筛选和排序，选择适合的商品及供应商

通过上面的搜索和类目引导，可以快速地看到符合要求的产品列表，可以利用搜索条件和排序，如图 5-9 所示。

图 5-9 筛选搜索条件

4．先看一看供应商的招募书

招募书是供应商招募供销商最主要的介绍方式，一般包括公司产品信息、加盟资格、供销商等级、利润分配和扶持政策等，如图 5-10 所示。

招募条件也是重要环节，这里面直接体现了供应商对供销商店铺的资质要求，包括信用等级、好评率、开店时间及主营类目。

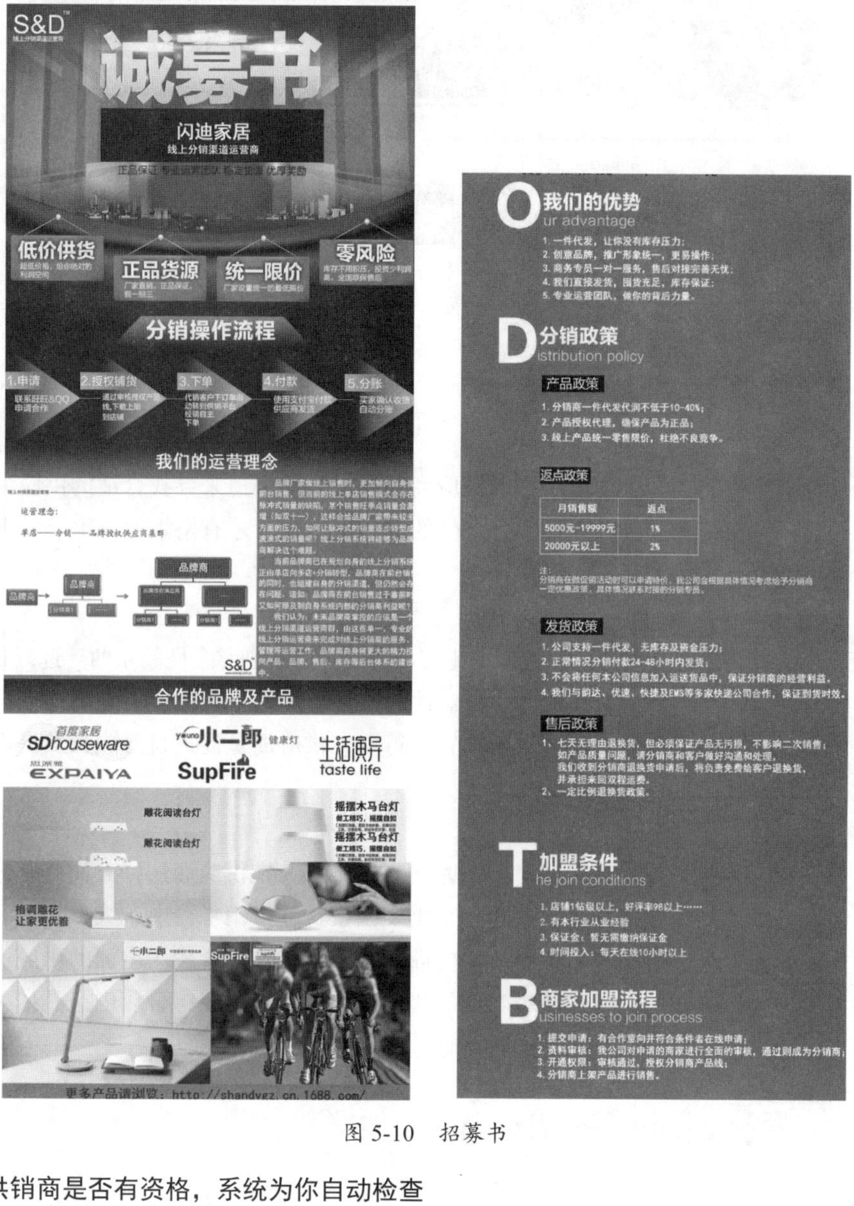

图 5-10　招募书

5．供销商是否有资格，系统为你自动检查

只要供销商在登录状态下查看供应商的招募信息，系统会自动检查供销商的信用等级、好评率、开店时间及类目是否符合你正在查看的供应商的要求，如果不符合，那么导航栏下会显示不满足此供应商招募条件的提示，如图 5-11 所示。

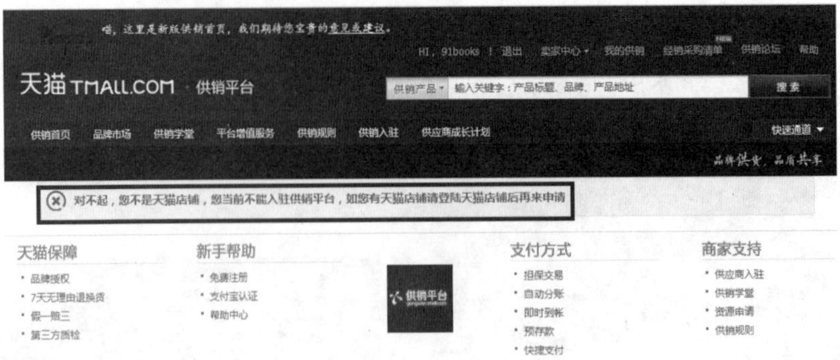

图 5-11　系统为你自动检查是否有资格作为供销商

5.4.2　寻找合适的供应商

作为供销商，有必要了解需要怎样的供应商，通过哪些渠道来寻找合适的供应商呢？找寻合作伙伴的过程类似谈恋爱，直到最适合自己的那一半出现，才有婚姻的产生。一般从以下几个方面来考察供应商。

1．行业类目

申请代销的产品最好是你熟悉的或者是比较新奇、独特、创意个性的东西。选好代销商品，定位好目标客户群，加大力度有效地进行针对性的宣传，相信不久就能看到店铺流量的提升和销售业绩的飙升。选择供应商，要选自己熟知的行业，供应商是促进自身成长及提高订单的必备条件。

2．产品丰富

由于不同供应商的发货地、运费、配送时间有所不同，在供应商选择方面会有数量上的局限，挑选最匹配的产品线是选择供应商的一个重要因素。在供销平台上，大家会看到很多不同产品的供应商，有专注某一个产品方向的供应商，也会有产品整合较为全面的供应商，根据自己的发展需要，挑选与店内所售产品最匹配的代销产品，挑选最能符合店内产品搭配的代销产品，甚至可以让供应商的商品来覆盖整个店铺。

3．产品款式

深受众多淘友喜欢的宝贝才能有好的销量。

4．利润空间

注意分析业内产品的价格走势，结合供应商的代销价格和渠道政策，在同品牌或同类商品中进行比较，确保“有利可图”。

5．产品质量

产品质量好，可以有效地减少退换货和中差评，其重要性不言而喻。保障消费者权益，保证产品质量，是供销商和供应商合作的前提，务必就产品质量问题与供应商深度交流，避免后续出现一系列恼人的问题。

6．售后服务

注意售后，是供应商的一个重要服务项目，确保消费者在收到货后在遇到产品质量问题或运输问题时供应商能够帮其很好解决。

7．配送时间

了解供应商大致的订单处理流程、配送时间，结合自身经营习惯，做好完美搭配。

8．渠道激励

供应商成熟与否体现在除商品毛利之外的销售收入或资源支持。配合供销商进行销售的同时，要考虑自身的长远发展。渠道激励目前大体分为：销售返点、推广支持、节假日促销等。

9．产品描述

有人说过，网络市场之所以能成功在于商品描述得好，当消费者看不到实物时，商品描述对销量的影响将发挥重要的作用。供应商提供完整详细的图片同时，后期供销商对商品的描述修饰也是非常有必要的。

5.5　如何成为一个成功的淘宝分销商

做淘宝的代销商很容易，但要成为一个成功的代销商不容易，怎样才能成为一位成功的供销商呢？有以下几点要注意。

（1）请记住供应商的商品不是只有你一家店铺在卖。可以挑一件供应商的商品去淘宝搜索一下，会搜索出很多相同的产品。有些甚至图片、商品名称、商品价格和商品描述都是一样的。同一件东西几十甚至上百家店铺在卖，买家会选择哪一家？大多数人会选择信用高销量大的店铺，许多供应商本身就有自己的淘宝店，比信用比销量新手供销商是比不过他们的，这个时候如果你的商品图片、商品名称或者价格稍微改动一下效果肯定是立竿见影的。

（2）虽然是做代销，但是店铺的整体装修还是需要的。多去观察自己的店铺，修改自己的店铺。店铺的装修是永无止境的。

（3）不要偷懒，重新做一下淘宝的宝贝描述。有些代销商的宝贝图片上会有供应商的店铺地址，注意一定要去掉。毕竟代销本来利润就不多，如果还把流量送到供应商那里去，岂不是给他们增加流量。

（4）库存问题。供应商都有多家代销商，都在卖同一种东西，另外，也不保证他们的库存是真实的，所以很有可能会发生买家下单了却因库存不足而退货的情况。为了避免这种情况，最好在宝贝发布前就跟供应商沟通好。

（5）要认真研究好的代销商是怎么做的，以及他的店铺整体风格、宝贝描述、促销活动等。大家既是同行也是直接的竞争对手，多观察多总结自己店铺的不足是非常重要的。

（6）新手卖家可以将供销当成一个台阶，一个从“菜鸟”成长为高手的平台。等代销做大了以后可以自己从供应商那里拿货然后自己发货，那样利润会比供应商给你发货的利润大很多。你也可以自己开工厂，直到替换掉绝大多数供应商的商品，到那时你的店铺就真正转型成为自己的店铺了。

（7）和供应商建立一个互相诚信的经营模式。在阿里巴巴上做一件代发供销，经常会出现供应商发错货或者货物破损等问题。这些可能是供应商犯的小错误，如果与供应商沟通得好可以取得对方的理解，让他们下次注意这些问题，以免问题再次发生。多向供应商提问或者与他们聊天可以增进双方的关系以便更好地开展活动。

（8）一定要坚持。不管是不是有生意，即使好多天都没生意，也一定要坚持。

第 6 章 直通车推广，让店铺销量大增打造爆款

开店指导

淘宝直通车是网店推广的得力助手。淘宝直通车具有广告位佳、广告针对性强和按效果付费三大优势。使用直通车就像我们学习开车，没有驾照前就要先学习开车，学习好了才能掌握好开车的技巧。淘宝直通车的核心作用是提升流量、吸引新顾客，通过大量点击提升店铺的综合评分从而增加自然搜索量，所以直通车用得好可以打造爆款。

6.1 直通车概述

淘宝直通车推广带来的流量是其他推广工具和方法无法比拟的。淘宝直通车是根据宝贝设置的关键词来进行排名展示的，然后按照点击进行扣费。

6.1.1 什么是淘宝直通车

淘宝直通车推广在给宝贝带来曝光率的同时，精准的搜索匹配也给宝贝带来了更加精准的潜在买家。淘宝直通车推广用一个点击让买家进入你的店铺，产生一次甚至多次的店铺内跳转流量，这种以点带面的关联效应可以降低店铺整体推广的成本，提高整体店铺的关联营销效果。同时，淘宝直通车还给用户提供了淘宝首页热卖单品活动、各个频道的热卖单品活动，以及不定期的淘宝各类资源整合的直通车用户专享活动。

淘宝直通车推广原理是：根据宝贝设置的关键词进行排名展示，按点击扣费。具体介绍如下。

（1）如果想推广某一件宝贝，首先为该宝贝设置相应的关键词及宝贝标题。

（2）当买家在淘宝网通过输入关键词搜索商品，或按照宝贝分类进行搜索时，就会以图文并茂的形式展现你推广中的宝贝。

（3）如果买家通过关键词或宝贝分类搜索后，在直通车推广位点击你的宝贝，系统就会根据你设置的关键词或类目的出价来扣费。

6.1.2 直通车广告展示位置

淘宝直通车是为淘宝卖家量身定做的推广工具，广告位极佳，在淘宝网和雅虎中国等多处位置显示广告，流量巨大。那么直通车商品具体展示在哪里呢？也就是我们常说的广告图片或者信息会在哪里被买家看到呢？直通车一般展现在如下的位置。

（1）当买家在淘宝中输入你设置的关键词搜索产品时，就会在结果页面右侧“掌柜热卖”一栏看到展示广告。如图 6-1 所示为搜索页面右侧的直通车展示位。

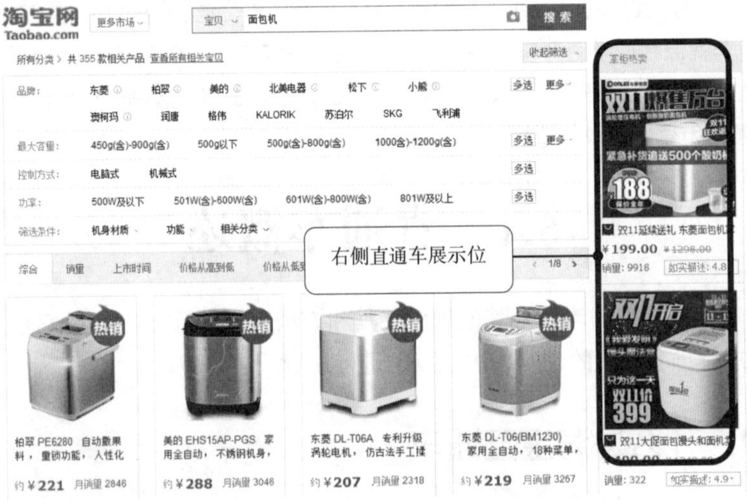

图 6-1 页面右侧的直通车展示位

（2）不但在搜索结果页面的右侧有广告展示，在搜索结果页面的下端也会出现 5 个广告位，如图 6-2 所示为搜索结果页面下方的展示位。

图 6-2　搜索结果页面下方的展示位

（3）当买家不使用关键词搜索，而是直接进入“我要买”或者淘宝首页时，单击宝贝类目中的子目录，单击“遥控模型”如图 6-3 所示。在搜索的列表页面中，掌柜热卖的位置就是直通车的广告位，如图 6-4 所示。

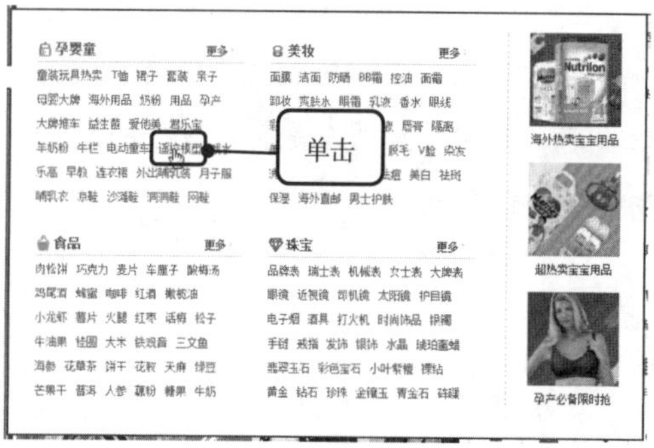

图 6-3　单击宝贝类目

图 6-4　搜索列表的展示位

（4）天猫的直通车展示位在商城搜索结果页面最下方的“掌柜热卖”，只要是天猫客户，并且已经加入淘宝直通车，就有可能在该位置展现，如图 6-5 所示。

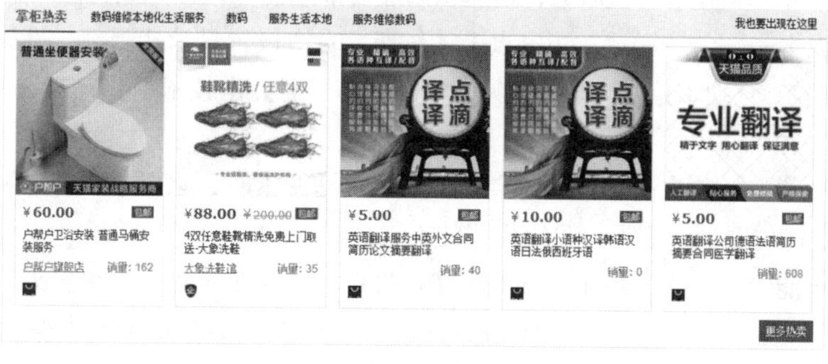

图 6-5　商城搜索结果页面

6.1.3 直通车的计费方式

大家都知道直通车能够给店铺带来不小的流量，但是直通车是怎么计费的呢?

（1）当买家搜索你设置的关键词时，你的宝贝出现在直通车的展示位，买家单击宝贝时才收费，不单击则不收费。

（2）你为关键词设置的价格，是你愿意为该关键词带来的一个点击量付出的最高价格，当宝贝被单击时，扣费将小于或者等于你的出价。

（3）直通车没有任何服务费，第一次开户需要预存 500 元，这就是你全部的广告费，当开始做广告后，点击费用就会从这里面扣除。

（4）卖家关键词的排名有高低之分，同一个关键词，出价高的在上面，以此类推，类似于百度的竞价推广，因此新手需要学习关键词设置技巧及成本控制方法。

可能有的卖家会问，如果有其他人进行恶意点击，那我岂不是花了冤枉钱吗?

淘宝直通车有强大的防恶意点击系统，可以保证每个点击都是真实有效的。为了淘宝直通车的长远发展，也为了让用户感受到淘宝直通车是真正有效的，淘宝绝不会放过任何一个恶意点击和损害用户利益的行为。

6.1.4 开通直通车的优势

用最简单的话总结淘宝直通车的优势就是：把潜在的买家带到店铺中，给店铺带来流量，有了流量，店家就能施展自己的优势，给自己的网店带来订单。

淘宝直通车具体还有以下优势。

（1）超值服务——独享增值服务，迅速积累经营推广能力，让你成为网络销售高手。

（2）节省成本——免费展示，买家点击才付费，自由设置日消费限额、投放时间、投放地域，有效控制花销，合理掌控推广成本。具有强大的防恶意点击技术，系统 24 小时不间断运行，保证点击真实有效。

（3）超准推荐——被直通车推广的宝贝，买家主动搜索时，只要想来淘宝买这种宝贝的人就能看到，在最优位置展示宝贝，只给想买的人看。

（4）直通车能给整个店铺带来人气，虽然你推广的是单个宝贝，但很多买家都会进入店铺里去看，一个点击带来的可能是几个商品的成交，这是直通车推广的最大优势。

（5）可以参加更多的淘宝促销活动，参加后会有不定期的直通车用户专享促销活动。

（6）免费参加直通车培训，并且有优秀直通车小二指导卖家制作优化推广方案，迅速掌握直通车推广技巧。

6.1.5　哪类产品和店铺最适合做淘宝直通车推广

在淘宝中开店想赚钱，流量很重要，在店铺推广上，淘宝直通车是不容错过的一个重要宣传工具，它可以为店铺带来有效流量。怎样使用淘宝直通车才能产生最佳效果？什么样的店铺和产品使用直通车效果最理想？这些是很多卖家都非常关心的问题。

选择做直通车推广的产品最好是店铺中综合质量较高的宝贝，可以综合考虑以下几个要点。

（1）选择有累计售出记录且能在产品介绍里插入多个同类产品介绍的产品，这种产品做直通车可以达到最佳效果，如图 6-6 所示。

图 6-6　有累计售出记录

有些卖家做直通车的产品，累计售出记录为 0 件，这样的销售记录会影响推广效果。大多数客户都有从众心理，即使你的产品是最新上市的，也最好能找几个朋友捧捧场。产品有销售记录，客户买宝贝的时候自然放心很多。另外在产品介绍里，尽量插入其他同类产品的图片和链接，这样买家即使不买你在直通车推荐的宝贝，也有可能买走其他同类产品，成交量自然大大提升。

（2）信用度在一钻以下，好评率低于 97%的买家做直通车效果不太理想。

（3）个性化、特色产品做直通车效果更佳。

所谓个性化产品，不是指偏门产品，而是有独特功能或特点的大众化消费品。有些卖家推荐的产品，虽然质量好、价格低，但毫无特色，自然也卖不出去。即使有销量，相对于高昂的广告费来说，卖家也很难实现盈利。

（4）宝贝详情内容要丰富，图片背景清晰，宝贝突出，如图 6-7 所示。

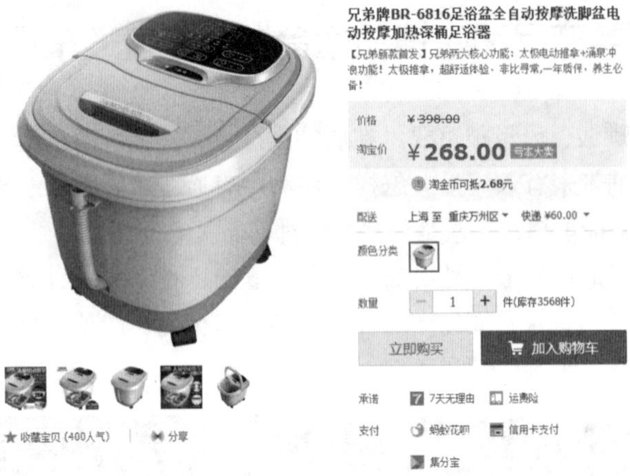

图 6-7 图片背景清晰

（5）能够独家在网上经营的大众产品，也适合选择淘宝直通车推广。

由于在网络上经营成本比较低，如果能够取得某种商品在网上的品牌经营权，再以低于传统市场的价格出售商品，辅助相应的关键词，一定可以取得不凡的成绩。

新手卖家如果直接使用直通车推广，通常转化率会很低，虽然直通车带来了流量，但是来到店铺的客人一看产品没有成交量，并且店铺的信誉又很低，通常看一看就走了，很少会直接购买。

6.2 直通车推广方式

开车是一门学问，就像刚拿到驾照的新手司机只有在多次上路掌握了技术后才可以把车开好，但是如果学不好基本技术就上路，其结果不是翻车就是烧车。可以说，使用好淘宝直通车已经成为想在淘宝网上获得成功的卖家们的一门必修课。下面就介绍直通车的推广方式。

6.2.1 宝贝推广

宝贝推广是淘宝（天猫）直通车最基础的一个推广方式。使用宝贝推广，除了可以获得精准的搜索流量之外，还可以通过对不同人群加价及对不同展位的竞价来获取更丰富的定向流量。

宝贝推广有如下展位。

（1）关键词搜索是在搜索框内输入关键词，单击搜索按钮后进入的页面。展位为搜索页面的右侧 8 个和下方 5 个位置。

（2）类目搜索则是通过类目导航选择进入的页面。展位也为搜索页面的右侧 8 个和下方 5 个位置。

（3）淘客搜索是在页面的右侧和下方，原理同关键词搜索和类目搜索一致。

6.2.2 定向推广

淘宝直通车定向推广是继宝贝推广之后的又一个精准推广方式。利用淘宝网庞大的数据库，通过创新的多维度人群定向技术，锁定目标客户，并将推广信息展现在目标客户浏览的网页上。除了淘宝网站内的热门页面外，淘宝直通车还整合了多家外部优质网站资源，帮助推广的宝贝覆盖到更多目标客户。其展现逻辑是根据潜在买家的浏览和购买习惯，由淘宝直通车系统自动匹配出相关度较高的宝贝，并结合出价进行展现，更精准地迎合潜在买家的需求。

定向推广的优势如下。

（1）定位精准，转化率高：以宝贝找人，以数十万个兴趣节点判断意向买家，转化率更高。

（2）流量丰富，收藏量多：21 个展示位，每天吸引 1.4 亿流量。

（3）操作便捷，省时省力：选好位置，定好出价，设置人群，3 步轻松获得精准流量。

定向推广展示位置覆盖了众多买家的必经之路。参加定向推广后，宝贝将有机会展现在高流量、高关注度的展位上。特别是阿里旺旺焦点图、我的淘宝—已买到宝贝、收藏列表页、物流详情页位置等。如图 6-8 所示是“物流详情页”下的热卖单品展示的商品。如图 6-9 所示是“我的淘宝—已买到的宝贝”页面底部的热卖单品推广展示的商品。

图 6-8 “物流详情页”下的热卖单品展示的商品

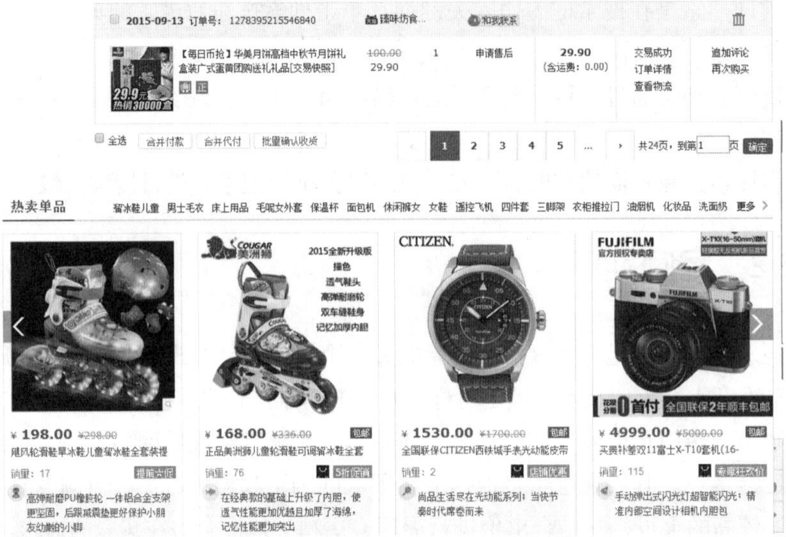

图 6-9 “我的淘宝—已买到的宝贝”底部热卖单品

6.2.3 活动推广

淘宝（天猫）直通车活动是直通车客户特有的能报名的活动，其中最火爆的长期活动能在淘宝首页直接展示，拥有上千万的关注度，能够将你的产品推向网购的浪潮之巅；而专题活动是将商品在最合适的时间，放在最火爆的推广位，给店铺带来持续的目标客户。

“淘宝首页热卖单品”：打开淘宝网首页，最下方是热卖单品的展位，宝贝为轮播方式，如图 6-10 所示。活动没有固定的展位，是为了契合营销时机，占据最火爆的推广位，为客户提供优质的活动资源，具体可在活动专区报名时候做详细了解。

热卖单品活动采用人群定投的原理，根据买家的兴趣展现宝贝。展现概率与宝贝的出价以及点击率的高低有关。同时，所有报名成功的宝贝，会匹配相关性较高的其他宝贝展现在其他活动展位上，包括站外的一些位置。热卖单品活动按点击扣费，根据设置的活动出价，当买家在热卖单品活动区域点击推广的宝贝时，才会进行扣费。根据活动出价多少，扣费多少。

活动专区推广优势：

（1）投放精准：通过自动人群定向功能，锁定目标客户，实现精准投放。

（2）打造爆款：每日 600 多万活动流量，单品形式呈现，帮助卖家打造爆款。

（3）巨划算：活动起价低，花最少的预算，获最大的利润。

图 6-10　淘宝热卖单品

6.2.4　明星店铺推广

当已经拥有了较为成熟的品牌或店铺营销能力后，如果希望能进一步做好品牌营销，可以考虑申请明星店铺功能。明星店铺推广是基于搜索营销的一种新增推广方式。开通了明星店铺的卖家，通过对其推广信息设置关键词（卖家设置的关键词的核心词应与其店铺名、店铺主经营品牌相关，核心词需经审核通过）并出价，当买家在淘宝网上搜索相应关键词时，其推广信息在搜索结果页首页最上方的位置获得展现，如图 6-11 所示。

图 6-11　明星店铺的位置

明星店铺产品占据了淘宝网宝贝搜索结果第一屏位置，截留效果明显，成交转化非常高。明星店铺的产品LOGO，能帮助客户在淘宝网上树立和传递品牌价值。

明星店铺有以下优势。

（1）在搜索结果页最上方的位置，占据黄金推广位，投资回报更高。

（2）可以上传自己的店铺图片或者品牌图片，同时可以自定义4个店铺推广文字链接，并链接到站内的单品、活动、帮派、宝贝集合页面，活动的形式更加丰富。

（3）系统智能化店铺关键词匹配模式，目标用户定位更精准。

（4）淘宝官方推荐，凸显品牌价值。

6.3 开通直通车推广

到目前为止，淘宝直通车是淘宝上带来流量最多的推广工具，有了流量的支撑，再通过网店装修、价格优势等营销手段将流量转换为交易，这无疑比守株待兔要强百倍，因此有些店家把直通车作为自己网店营销的主战场。

6.3.1 加入淘宝直通车

店家在对淘宝直通车的基本原理和运作模式有了基本了解后，就可以加入淘宝直通车了。那么怎么加入直通车呢？具体操作步骤如下。

（1）首先登录到淘宝后台，单击“营销中心”下的“我要推广”，如图6-12所示，进入到淘宝营销中心页面，单击“淘宝直通车”，如图6-13所示。

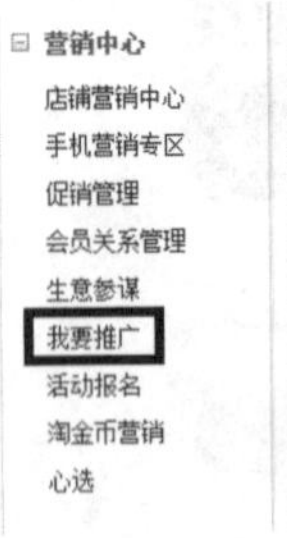

图6-12 单击“我要推广”

图6-13 单击“淘宝直通车”

（2）进入淘宝直通车首页后，在页面右边可以看到“账户未激活”，单击“我要充值”按钮，如图6-14所示。

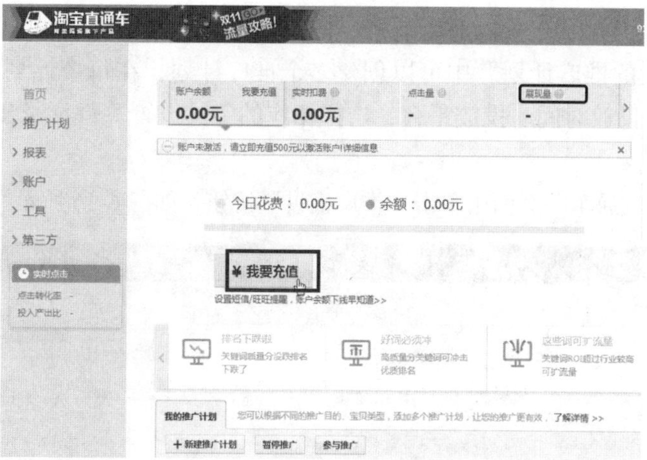

图 6-14　单击“我要充值”按钮

（3）打开直通车充值页面，淘宝直通车第一次开户需要预存 500 元以上的费用，这 500 元将用于在接下来的推广中所产生的花费，选择好充值金额后，单击底部的“立即充值”按钮，如图 6-15 所示。对支付宝进行充值操作以后，返回到直通车主页，账户开通就可以使用了。

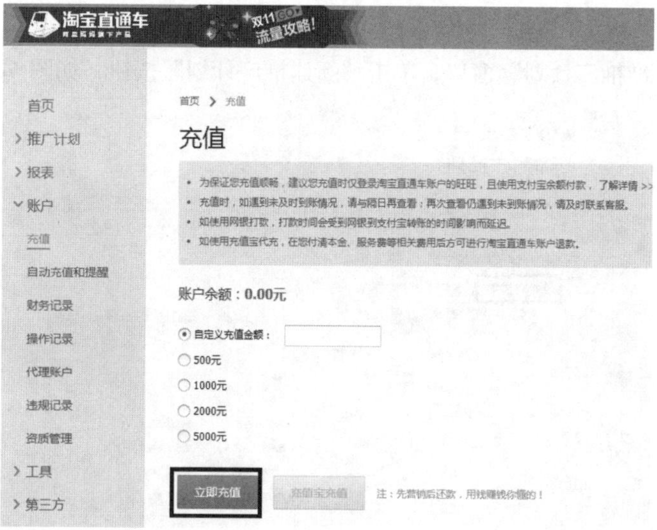

图 6-15　单击“立即充值”按钮

6.3.2　新建推广计划

“我的推广计划”是根据淘宝直通车用户的推广需求，专门研发的针对多推广计划的功能。通过“我的推广计划”可以对所有推广的宝贝进行针对性的管理，使推广更加有效、更加精准。在“我的推广计划”中可以创建多个推广计划，在每个计划中可以独立设置日限额、投放地域、投放时间、投放平台，选择相应的宝贝设置关键词及出价。新建推广计划操作步骤如下。

（1）在“我的直通车”页面中单击“推广宝贝”按钮，如图6-16所示。

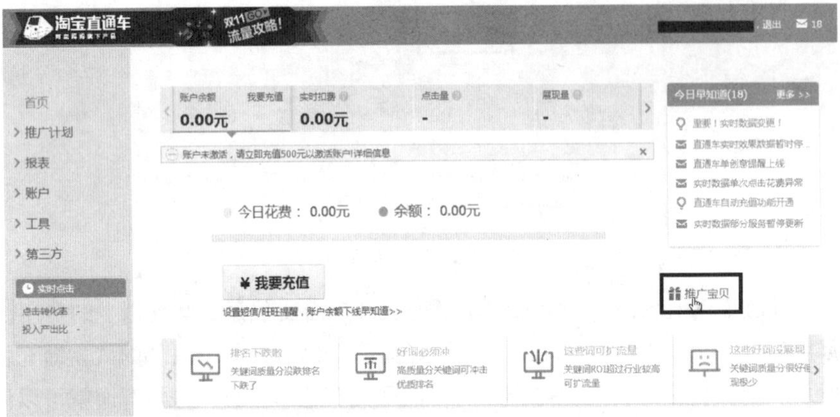

图6-16　单击“推广宝贝”按钮

（2）弹出“标准推广计划”窗口，单击“新建推广计划”按钮，如图6-17所示。

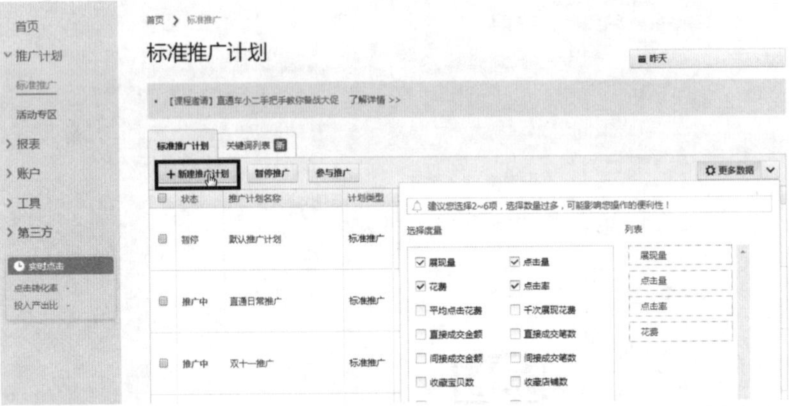

图6-17　单击“新建推广计划”按钮

（3）弹出新建推广计划页面，输入“推广计划名称”，如图6-18所示。

（4）单击“提交”按钮，则一个新的推广计划创建完成，如图6-19所示。

使用“我的推广计划”主要有以下几点好处。

（1）所有推广的宝贝不再受统一设定的限制，不同的日限额、不同的投放地域、时间、平台，加上不同的宝贝，*N* 种推广计划组合，让你更加灵活地制作推广方案。

图 6-18　选择推广计划的类型

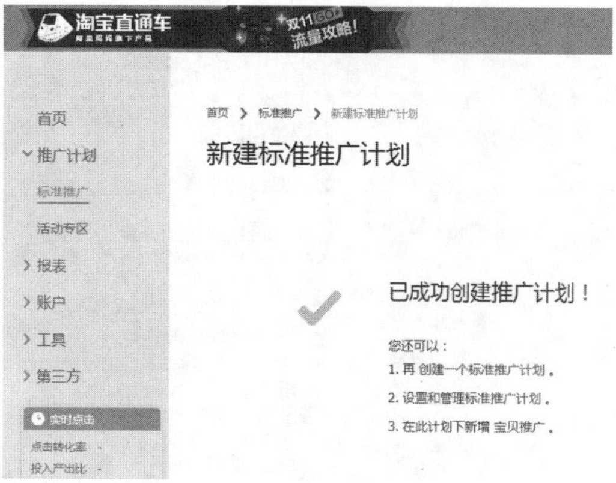

图 6-19　创建推广计划

（2）根据不同买家需求和宝贝特点，可以设置不同的推广计划，将不同类型的宝贝展现给最适合的买家，实现更精细化的推广。

（3）能在有限的预算范围内，赢得更好的推广效果。

6.3.3　推广新宝贝

推广新宝贝的具体操作步骤如下。

（1）进入相应的推广计划后，单击“新建推广计划”按钮，如图 6-20 所示。

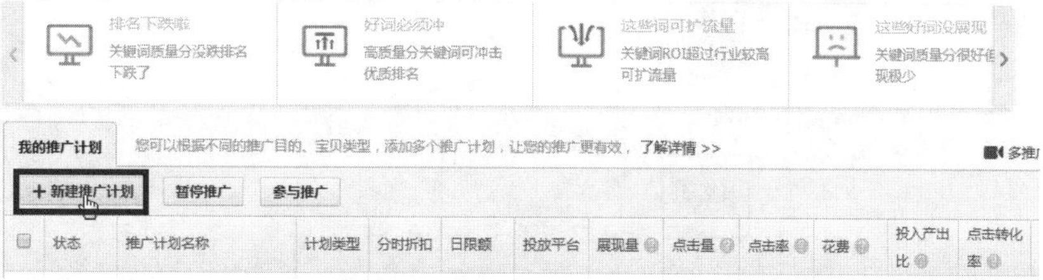

图 6-20　单击“新建推广计划”按钮

（2）进入“选择宝贝”页面，选择有一定成交基础、客户评价较好、有足够库存、具备卖点的宝贝进行推广，如图 6-21 所示。

（3）弹出“添加创意”页面，如图 6-22 所示。可以到图片空间对宝贝主图进行优化，并从宝贝图片中任意选择一张作为创意图片显示。图片里产品的面积占比至少为 30%或以上，同时文字、水印的数量尽量减少，不建议有边框。创意标题建议突出宝贝的属性、功效、品质、信誉、价格优势等，同时也可以添加一些热门词。

图 6-21　选择宝贝

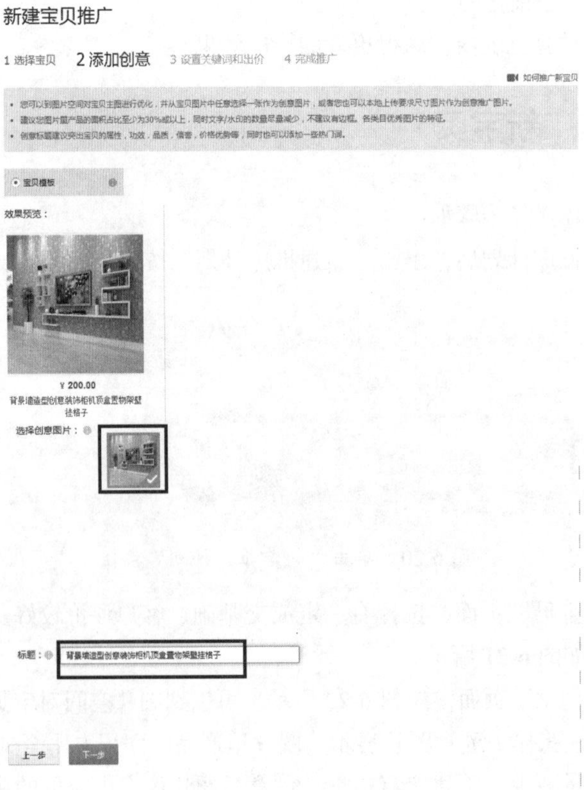

图 6-22　添加创意

（4）单击“下一步”按钮，接着选择关键词，要从买家的角度出发，想想他们可能搜索什么词，选择词的范围包括产品名称、品牌、型号、质地、功能等。还可以设置是否启用宝贝定向，并设置默认出价，推广一个新宝贝的“默认出价”是对该宝贝已设置的关键词和类目的统一出价。如图 6-23 所示选择关键词。

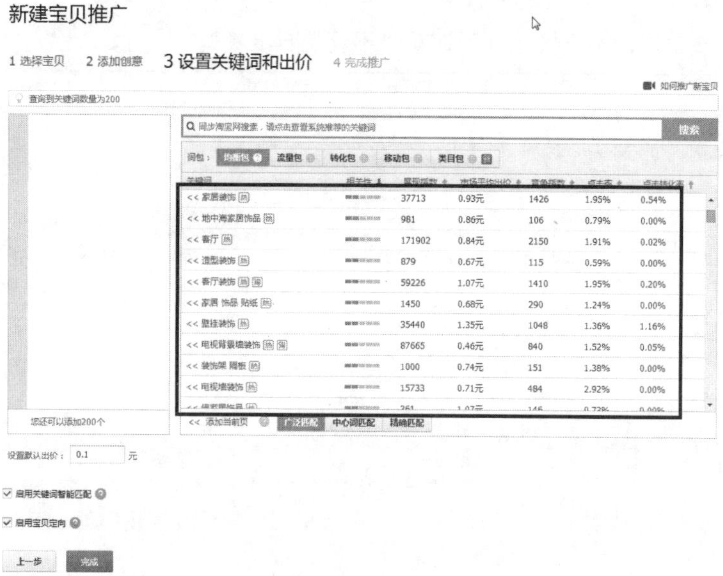

图 6-23　选择关键词

（5）设置完成后单击“完成”按钮即可完成宝贝推广，如图 6-24 所示。

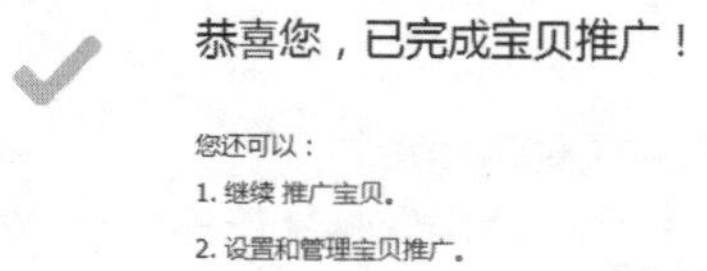

图 6-24　完成宝贝推广

6.3.4　设置推广计划

在“推广计划”中可以设置投放日限额、投放地域、投放时间、投放平台等广告投放条件，如图 6-25 所示，将光标放置在“我的推广计划”下面的“推广中”中，单击右侧的“编辑”超链接，具体操作方法如下。

（1）单击“设置日限额”按钮，如图 6-26 所示。

> 可根据预算为推广计划设置固定的金额，系统默认的最低设置是 30 元，当今日花费达到日限额时，宝贝就会停止做推广。如果希望某个推广计划的宝贝一直在线推广，不下线，也可选择“不设置日限额”。

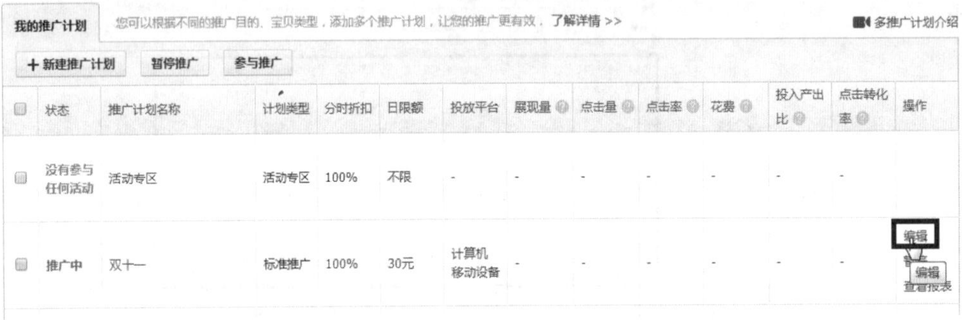

图 6-25　我的推广计划

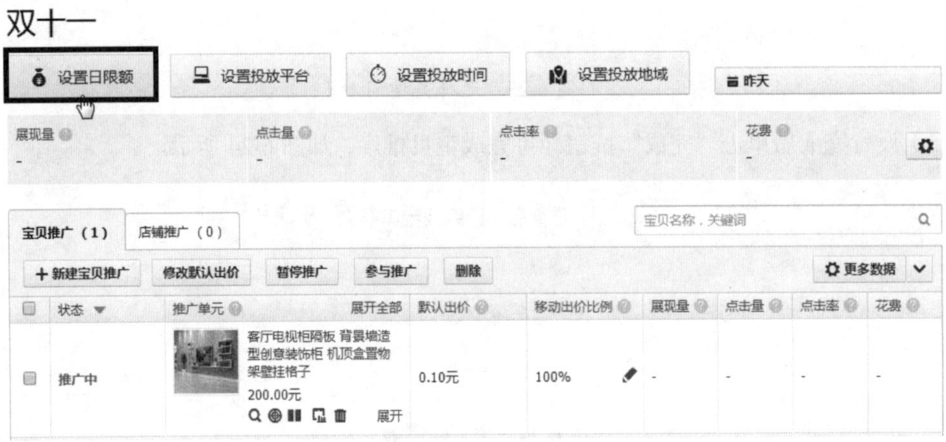

图 6-26　设置日限额信息

（2）为推广计划设置每日扣费的最高限额。如果需要对该计划设置每日限额，并填写具体金额，如图 6-27 所示。

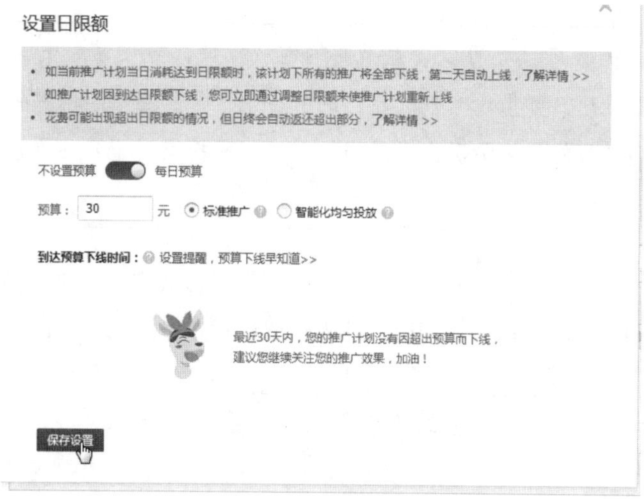

图 6-27　设置每日限额

（3）为推广计划设置特定的投放地域。可以将所有地区“全选”投放。也可以勾选需要的区域，只有在勾选的地域范围内的买家才能看到推广宝贝的信息，如图 6-28 所示。

图 6-28　设置投放地域

> 不同的推广计划可以设置不同的地域投放，方便掌柜更有针对性地选择宝贝，区别推广。如果没有投放自己的所在地，那么在后台的关键词查询工具中就查看不到宝贝的排名情况，同时当你在淘宝网搜索时也不会在展位上找到你的宝贝。

（4）淘宝直通车可以分时段进行推广，如果希望全天投放广告，应选择“全时间投放”；如果仅希望在一天中的某段时间或一周中的某几天投放广告，可以选择“自定义模板”，如图 6-29 所示。

> 投放时间是指在设置的特定投放时间内，你的宝贝才在淘宝网上做推广。如果不在投放时间内，宝贝将无法展示。可以根据自己的需要选择投放的时间段。时间段投放的最小单位是半小时。

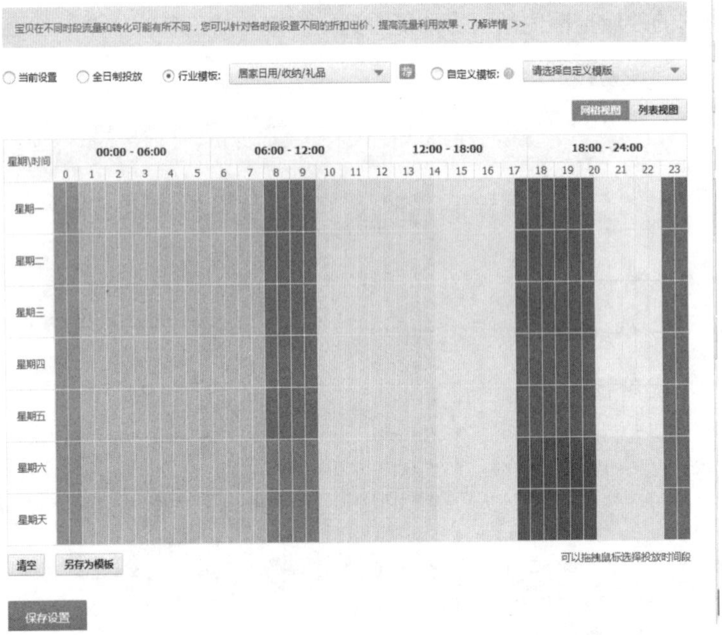

图 6-29　设置投放时间

（5）选择投放平台，淘宝站内搜索是必选的平台，所有宝贝都默认投放。淘宝站外投放则是淘宝站外的其他优质的合作网站，单击“网站列表”链接，如图 6-30 所示，弹出其他的网站列表，如图 6-31 所示。

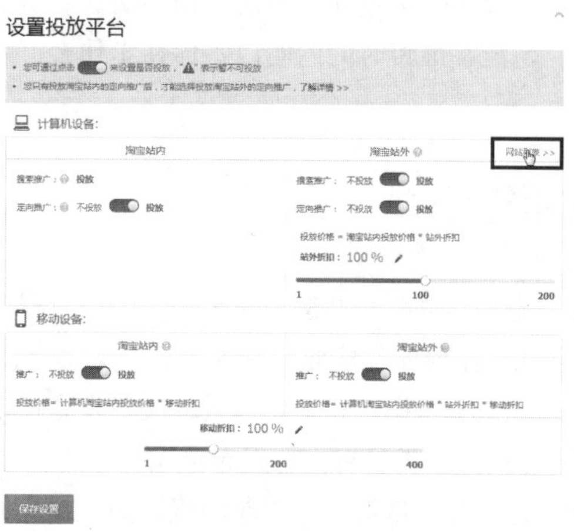

图 6-30　选择投放平台

图 6-31　网站列表

6.4　直通车优化让你轻轻松松“开车”，快快乐乐赚钱

直通车作为一种较为精准的引流方式，在店铺运营中起的作用早已经超过了简单的直接交易。直通车中关键词的设置会影响到宝贝的展现量，因此需要定期监控推广效果，并及时做出优化调整。本节内容就介绍直通车的一般优化方法。

6.4.1　挑选合适的宝贝推广

开直通车就像开跑车一样，只要握好方向盘，车速越快越好，但也要考虑怎样省油，否则会花费很多油钱。很多卖家在使用直通车时不得要领，花了很多费用推广，效果却并不理想。

进行直通车推广首先要选好适合的宝贝，这是推广的第一步。因为参加直通车推广的目的就是让你的宝贝有更多的曝光机会，获得买家认可，顺利地将宝贝卖出去，从而有更好的成交量。

选出来做推广的宝贝，一定要有突出的卖点，能让买家在最短的时间内注意到你的宝贝。卖点可以是性价比高（如价格有优势、有促销活动等）、产品功能强（如产品本身功效好、漂亮等）、品质好（如商品是行货、正品等）。

买家搜寻、浏览商品的速度非常快，看广告的时间就更短了。如果你的宝贝图片不清晰、广告标题不简练、卖点不明确，买家在匆匆浏览之后，是无法对宝贝产生兴趣的。

这样你很可能因此错过一个大买家，也可能因此招来大量无效点击从而浪费钱。所以，好广告的基本要求就是让买家即使眼睛一扫而过，也能在最短时间内明白：你在卖什么，商品的卖点是什么。

6.4.2 如何提高类目出价质量得分

提高淘宝类目出价质量得分是既能少花钱又能多办事的好办法。淘宝类目的质量得分是直通车系统评的，按照淘宝官方的说法主要按以下几点作为评分标准。

（1）产品所属类目：很多卖家对自身宝贝的定位很模糊，容易将宝贝的类目发布错误，这时关键词的质量得分会很低，所以首先要检查自己的宝贝类目有没有发布错误。

（2）产品属性：和宝贝属性是否对应，这也是一个质量得分的判断因素。为了提高质量得分，建议严格遵守淘宝网的宝贝发布规则，正确并且完整填写宝贝属性。

（3）产品标题：根据关键词的点击情况，优化商品标题，让点击率高、展现量大、转化好的关键词出现在标题中，即优化标题的组合。

（4）产品详情页：图片好、有优惠、性价比高、详情页设计清晰的淘宝类目质量得分才会高。

（5）其他相关因素：除了关键词相关性、类目相关性、属性相关性之外还有一些影响质量得分的因素，例如是否参加消费者保障服务、是否存在某些严重违规行为、是否受过处罚等。

类目的质量得分是与类目属性和宝贝本身信息的相关性有关，宝贝在淘宝上推广时买家的点击反馈，由成交转化率、收藏量和点击量等因素决定的。类目出价质量得分偏低可能与宝贝在类目推广中买家的点击反馈偏低有关，建议对宝贝推广图片和推广标题等进行优化。

6.4.3 如何正确选取关键词

关键词是淘宝买家的搜索词，当买家搜索该关键词时，被推广的宝贝将展现在直通车推广位置上。既然关键词这么重要，那么怎么选择关键词呢？有哪些选择方法呢？

（1）可以将淘宝直通车提供的匹配关键词作为自己的关键词，如图 6-32 所示。

宝贝匹配的推荐：系统根据以宝贝相关性信息提取的关键词推荐。

相关词查询：在搜索框中输入任意词，查询本词及相关词的流量等情况。

其他宝贝使用的关键词：当前账户中其他宝贝的关键词。

（2）可以使用宝贝标题中的关键词，如图 6-33 所示。

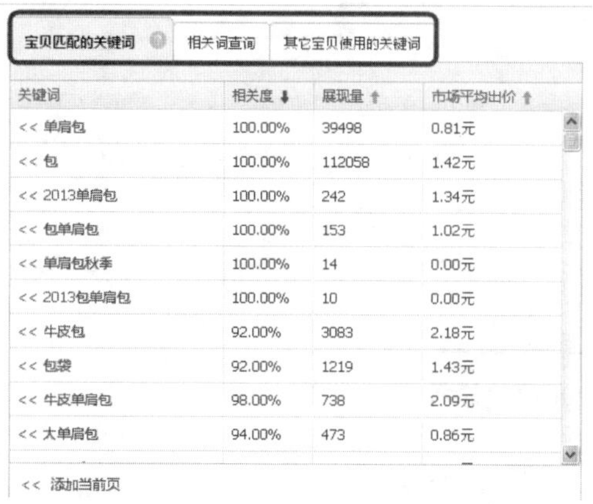

关键词	相关度	展现量	市场平均出价
<< 单肩包	100.00%	39498	0.81元
<< 包	100.00%	112058	1.42元
<< 2013单肩包	100.00%	242	1.34元
<< 包单肩包	100.00%	153	1.02元
<< 单肩包秋季	100.00%	14	0.00元
<< 2013包单肩包	100.00%	10	0.00元
<< 牛皮包	92.00%	3083	2.18元
<< 包袋	92.00%	1219	1.43元
<< 牛皮单肩包	98.00%	738	2.09元
<< 大单肩包	94.00%	473	0.86元

图 6-32　淘宝直通车提供的关键词

图 6-33　使用宝贝标题中的关键词

（3）使用宝贝详情里的属性词，如图 6-34 所示。

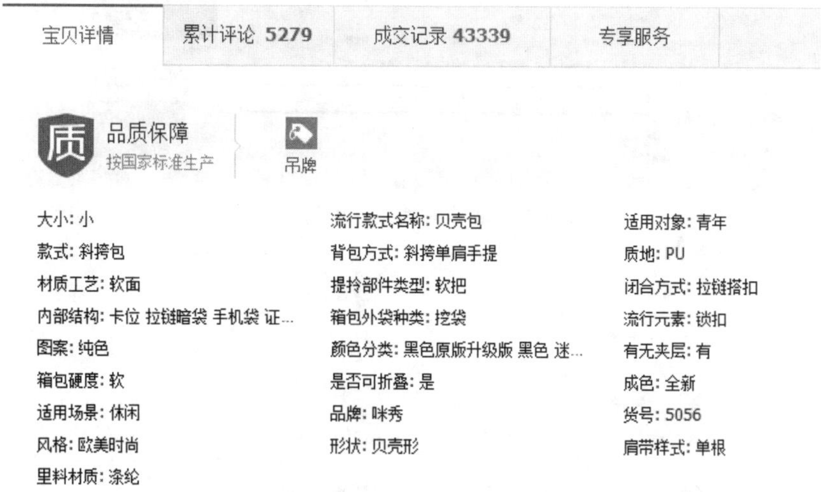

图 6-34　宝贝详情里的属性词

（4）使用淘宝首页搜索下拉框中的关键词，如图 6-35 所示。

（5）使用搜索结果页面中的“你是不是想找”以及更多筛选条件中的关键词，如图 6-36 所示。

（6）使用“类目词”中的关键词，如图 6-37 所示。

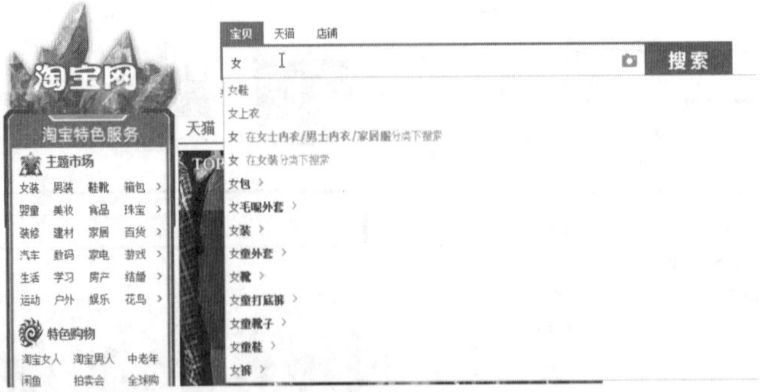

图 6-35　搜索下拉框中的关键词

图 6-36　更多筛选条件中的关键词

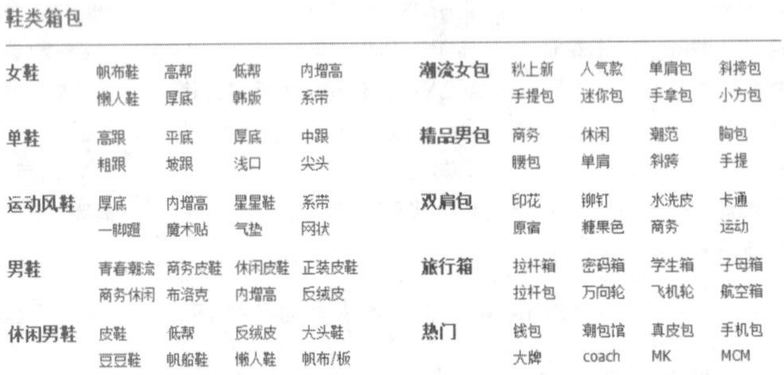

图 6-37　“类目词”中的关键词

6.4.4　为关键词合理定价

很多掌柜都不知道关键词到底该如何出价。下面就介绍如何为宝贝定价，确保收益最大化，以及根据该定价下的流量价值合理调整出价。

1．根据流量价值调整出价

首先介绍两个重要概念：转化率和流量价值。

转化率=成交量/点击量

流量价值=利润转化率=宝贝利润/成交需要的点击量

比如：一个宝贝的利润是 20 元，每带来一笔成交需要 50 个点击，那么转化率就是 2%，每个点击平均带来 20÷50=0.4 元的利润，这 0.4 元就是该宝贝的流量价值。也就是说对这个宝贝设置的关键词价格只要小于 0.4 元，那么流量越多，你赚的利润就越多。

点击转化率随着排名的上升而提高，但是排名之间转化率的提升幅度不一，转化率的提升幅度就是流量价值的提高幅度。

2．合理定价

上面讲到流量价值决定了出价，宝贝的定价又在很大程度上决定了流量价值。下面介绍一种方法，帮你合理定价，达到收益最大化。

总收益=单笔利润成交量

大家都知道，在成本已知的情况下，宝贝定价越高，单笔利润越高，而每个定价又有相对应的成交量，所以在定价范围内，可以找到一个定价，使总收益=（定价−成本）×成交量，这个值是最高的。也就是说在这个定价上，掌柜的收益是最高的。

比如：宝贝的成本是 100 元，该宝贝定价为 120 元、150 元、180 元时的平均成交量分别为 240 件、160 件、80 件，那么三种定价的总利润分别为 4800 元、8000 元、6400 元。所以该宝贝在定价为 150 元的时候，总利润是最大的。

6.4.5　如何最大化推广效果

要做好推广效果最大化，需要建立一个专门的表格来跟踪各个产品、各个关键词、各个位置的表现，取得各个位置的点击率和展现的第一手数据，这样才具备“少花钱，多做事”的基础，如果我们连某个位置的详细情况都不了解，那么对提高点击率，节约成本便无从谈起。我们应该对关键词与相对应的产品进行匹配，哪些词是这些产品的核心关键词依次进行一个初步的排位分工，有了这些基础后，再按交叉占位的方式进行出价，一定要避免同一个关键词两个产品去竞争两个相邻位置的情况，这样就白白浪费了自己的推广费。除了第一和第二的位置外，个人觉得第十和第十一位是最好的位置，理由是一旦客户需要翻页，当他的目光去寻找下一页的时候，在这个区域最显眼的地方就是与“下一页”按钮相邻的第十和第十一位的广告了，如果图片处理得好，肯定能把顾客的目光吸引过来。

第7章　利用淘宝客为你推广店铺

开店指导

开了网店就得马不停蹄地做推广，不然就是浪费时间。大家知道，网上开店最大的成本就是时间，浪费的时间累积起来会消磨我们开店的信心。自己做推广又是极其浪费时间的工作，其实还有更好的方法——就是交给别人替我们做。谁会替我们做推广呢？那就是淘宝客了。淘宝客推广是很多淘宝卖家常用的一种推广方式，这是一种省时省力的推广手段。

7.1　淘宝客概述

淘宝客推广是一种按成交付费的广告模式。让淘宝客获得高佣金，并且在成交后店主才需要支付广告费，一个人只能向一百个人推销，但一百个人可以向一万人推销。在互联网上，我们不难看到有些淘宝客创造了月入过万的神话。

7.1.1　什么是淘宝客推广

大淘宝战略实施后，原淘宝客推广平台与淘宝交易平台进一步整合。淘宝客目前已经逐渐融入人们的生活，任何人都可以帮助淘宝掌柜销售商品并从中赚取佣金。网上的“营销大军”超过百万，淘宝客一跃成为最大的网络职业人群，如图 7-1 所示为淘宝联盟下的淘宝客推广。

图 7-1　淘宝联盟下的淘宝客推广

淘宝客推广是一种按成交计费的推广模式，淘宝客只要从淘宝客推广专区获取商品代码，任何买家经过淘宝客的推广（链接、个人网站、博客或者社区发的帖子），进入淘宝卖家店铺完成购买后，淘宝客就可得到由卖家支付的佣金。帮助淘宝卖家推广商品并按照成交效果获得佣金的人就是淘宝客。买家通过支付宝交易并确认收货时，系统会自动将应付的佣金从卖家收入中扣除并计入淘宝客的预期收入账户。

简单地说，就是你去申请自己的网店做淘宝客推广后，在淘宝客推广专区就会有你所推广的商品的代码。一些流量高的网店或独立网站就会把你所推广的商品的代码做成广告放在自己的网店或网站上，如果有人通过这些广告进入了你的店铺并且成功购买了宝贝，那么你就要支付设定的佣金到这些网店或网站了。

7.1.2　淘宝客推广的优势

淘宝客可以说发展得如火如荼，有非常多的站长或新手选择淘宝客作为他们网赚的第一站，淘宝客由于其信用好、产品丰富、客户信任度高等特点大受新手们的追捧。淘宝客推广的优势在哪里呢?

（1）最小成本：展示、点击、推广全都免费，只在成交后支付佣金，并能随时调整佣金比例，灵活控制支出成本。

（2）最大资源：拥有互联网上更多流量、更多人群的帮助推广产品，让你的买家无处不在。

（3）海量与精准的完美结合，在互联网各个领域有数百万的淘宝客可以帮你推广。

（4）无与伦比的投资回报比，淘宝客推广总体平均投资回报比约为 1∶15。

（5）按成交付费，不成交不用花钱，但店铺及产品获得了更多免费被推荐的机会。

（6）走可持续发展的道路，建立稳定的基于淘宝客的网络销售队伍。

7.2 怎么做淘宝客推广

淘宝客推广是很多淘宝卖家常用的一种推广方式，这是一种省时省力的推广手段，当然，淘宝客推广也是有技巧的。

7.2.1 登录淘宝客推广

淘宝客提供单个商品或店铺的推广链接，你可以指定推广某个商品或店铺，做到推广内容和推广途径的完全自定义，推广信息、网站内容、推广途径充分结合。首先登录淘宝客推广，具体操作步骤如下。

（1）登录我的淘宝，单击"营销中心"栏中的"我要推广"超链接，如图 7-2 所示。

（2）进入我要推广页面，单击"淘宝客推广"按钮，如图 7-3 所示。

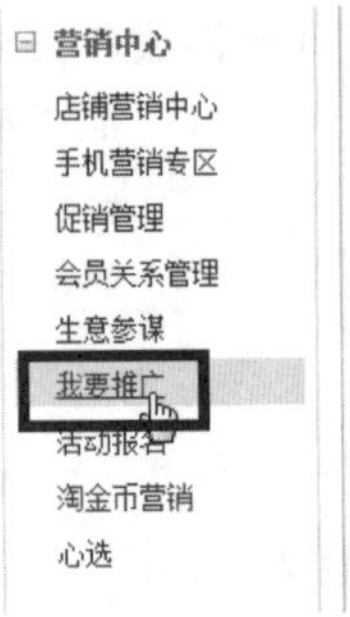

图 7-2 单击"我要推广"

图 7-3 单击"淘宝客推广"按钮

（3）打开淘宝联盟页面，单击“进入我的联盟”按钮，如图 7-4 所示。

图 7-4　单击“进入我的联盟”按钮

（4）进入“我的联盟”页面，可以看到当前的推广状况，如图 7-5 所示。

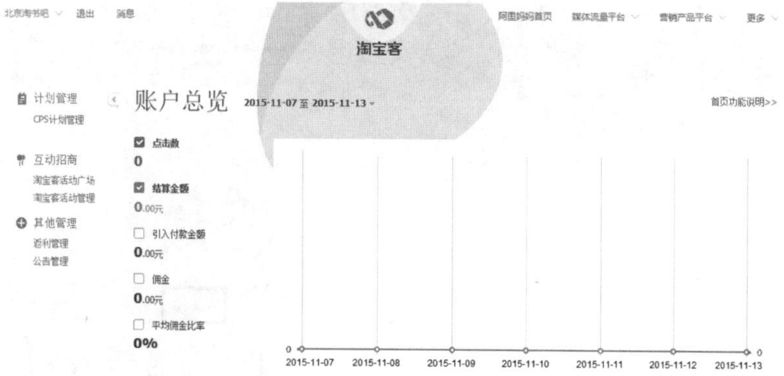

图 7-5　“我的联盟”页面

7.2.2　如何写好掌柜推广计划

如何写好掌柜推广计划呢？下面介绍一些注意事项。

（1）在写计划的时候，一定要淘宝客留下联系方式，如阿里旺旺、QQ、联系电话、E-mail 等，以便我们日后管理、回访，增进感情。

（2）给出佣金收入的计算公式。要告诉淘宝客为你的产品推广是如何赚钱的，怎么赚钱的，这样说对淘宝客更有吸引力，而不是直接说每天会让淘宝店赚多少钱。

（3）写出自己的联系方式，让淘宝客主动联系你。

（4）最好提供广告素材链接，因为有些淘宝客是很低调的，他们不愿意让人找到他们，也许你的佣金很吸引人，产品计划很诱人，但是他们不想联系你，如果你直接将一些素材给他们，他们就直接帮你推广了。

下面新建推广计划，具体操作步骤如下。

（1）进入“我的联盟”页面后，单击“新建定向计划”按钮，如图7-6所示。

（2）弹出“新建定向计划”页面，在页面中设置计划名称、计划类型是否公开、起始日期和结束日期等，如图7-7所示。

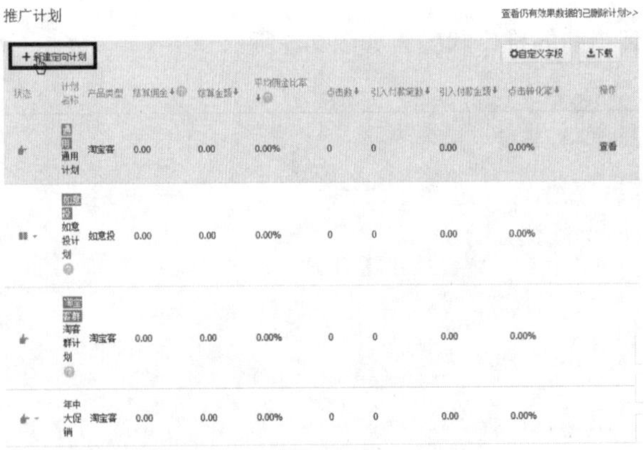

图7-6 进入“我的联盟”页面

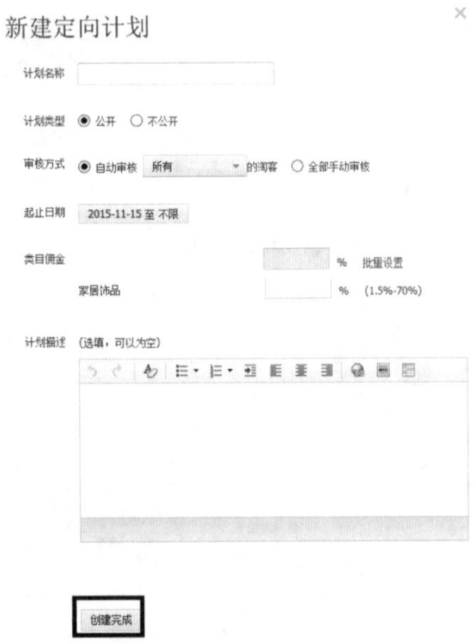

图7-7 新建定向计划

7.2.3 设置佣金

不同商品、不同行业的利润都是不同的。掌柜可以在规定的范围内自由设定佣金比率。由于佣金的高低直接影响推广效果，所以应该给予淘宝客更多的佣金。只有这样才能激发淘宝客们推销商品的热情。在“新建推广计划”页面中可以设置完成佣金比例，如图7-8所示。

图 7-8 设置类目佣金

卖家可以设置个性佣金比率来展示商品，也可以设定一个统一佣金比率用来结算淘宝客带给店铺内其他商品成交的佣金。

- 佣金比率：指淘宝卖家愿意为推广商品而付出的商品单价的百分比。
- 个性化佣金比率：淘宝卖家加入淘宝客推广后，可以在自己的店铺中最多挑选 30 件商品作为推广展示商品，并按照各自的情况设定不同的佣金比率，这些商品的佣金比率称为个性化佣金比率。
- 类目佣金比率：淘宝卖家加入淘宝客推广后，除了设定个性化佣金比率外，还需要根据商品所在类目为店铺中其他商品设置类目佣金比率，用来支付由于推广展示商品带到店铺其他商品成交的佣金。

如何设置佣金比例，高效获得产品推广？

（1）对主推商品设置较高的佣金比率。

要想吸引更多淘宝客来推广商品，主推商品的佣金比率一定不能太低，不然商品再好也可能会被淹没。在能接受的范围内，将更多的佣金回馈给淘宝客，这样才能带来更多成交。

（2）设置合理的店铺佣金比率。

店铺佣金比率是除主推商品外其他商品统一的佣金比率。可以通过衡量店铺的利润情况，设定一个合理的店铺佣金比率，有吸引力的佣金对成交有很大的促进作用。

（3）调整推广心态。

即便因为现在支付给淘宝客更多佣金而减少了利润，但长远来看：淘宝客带来的绝不仅仅是一个买家，而是这个买家身后千千万万更多的买家。只有淘宝客和掌柜相互合作，互相信赖，才能达到双赢的目的！

佣金计算规则如下。

（1）卖家可以在佣金范围内直接调高佣金比率。

（2）卖家不能直接调低佣金比率，但可以通过先删除推广计划，再新建推广计划的方法调低佣金比率。

（3）买家从淘宝客推广链接进入，此后 15 天内完成的购买均为有效购买，淘宝客可以从中得到由卖家支付的佣金。如果掌柜退出淘宝客推广，在掌柜退出前，用户点击过的推广链接对该用户在 15 天内继续有效，在点击后 15 天内拍下的商品仍计算佣金。

（4）如果实际交易金额减去邮费大于或等于拍下时的商品单价，则按实际交易金额减去邮费乘以佣金比率进行计算。

（5）如果实际交易金额减去邮费小于拍下时的商品单价，则按商品单价乘以佣金比率进行计算。

（6）如果买家通过淘宝客推广链接直接购买了商品，则按照该商品对应的佣金比率结算佣金。

（7）如果买家通过淘宝客推广链接购买了店铺内其他展示商品中的某一件商品，则卖家应按照该商品对应的佣金比率结算佣金给淘宝客。

（8）如果买家通过淘宝客推广链接购买了店铺内非展示商品中的某一件商品，则按照店铺统一佣金比率结算佣金给淘宝客。

7.2.4 主推商品的选择

淘宝客推广说到底就是让别人帮你推销商品，成交了就分佣金给帮你推广的人，不成交就不用花钱。这个佣金怎么设置是很有讲究的，有很多卖家把淘宝客的佣金设置得非常高，但仍然不会有人帮你推广，这时就要看一看自己的商品是不是有什么问题。

参加淘宝客推广的卖家在每个推广计划中最多可以选择 30 件商品对其设置个性化佣金比率，这些商品为主推商品。淘宝客主推一些性价比较高的商品，因为这些商品很容易就能成交，成交后他们就能获得佣金，反之，商品的性价比若较低，商品对消费者的吸引力也会降低，影响推广效果。那么淘宝客到底主推哪些商品呢？

1. 选择店铺热卖商品

只有具有火爆销售记录的商品才能给淘宝客和买家带来信心。选择店铺中最热卖的商品作为主推商品，将买家引入店铺后才能进一步带动其他商品的销售。

2. 选择有一定利润空间的商品

要想吸引更多淘宝客来推广你的商品，则需要对主推商品的佣金比率设置不能太低，不然商品再好也可能会被淹没。因此尽量选择有一定利润的商品，在你能接受的范围内，将更多的佣金回馈给淘宝客。

3. 选择当季、适合的商品

春天都到了，你却还在推广厚厚的冬装？这样的推广即使商品很吸引人，但推广效果也是有限的。将淘宝客推广当成你的第二间店铺，经常更新内容，再根据效果来调整商品设置，这样才能保证销量。

选择主推商品的具体操作步骤如下。

（1）打开“佣金管理”页面，单击“新增主推商品”按钮，如图 7-9 所示。

图 7-9　单击“新增主推商品”按钮

（2）弹出“选择主推商品”页面，选择要主推的商品，重新设置佣金比率，如图 7-10 所示。

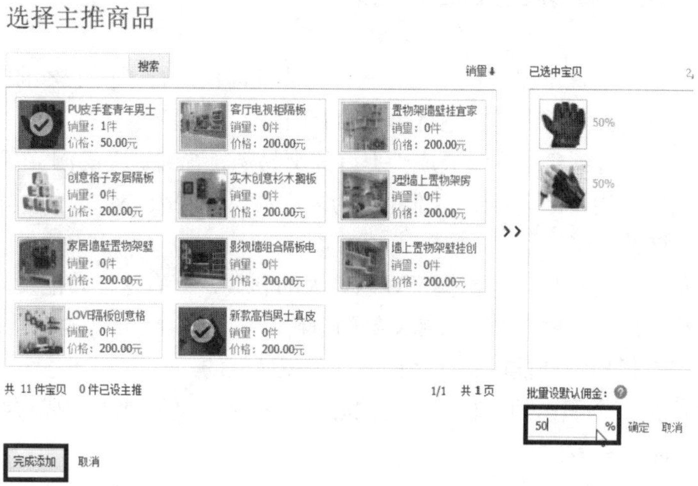

图 7-10　勾选主推商品

（3）单击“完成添加”按钮即可完成佣金的设置，这样就完成了主推商品的设置，如图 7-11 所示。

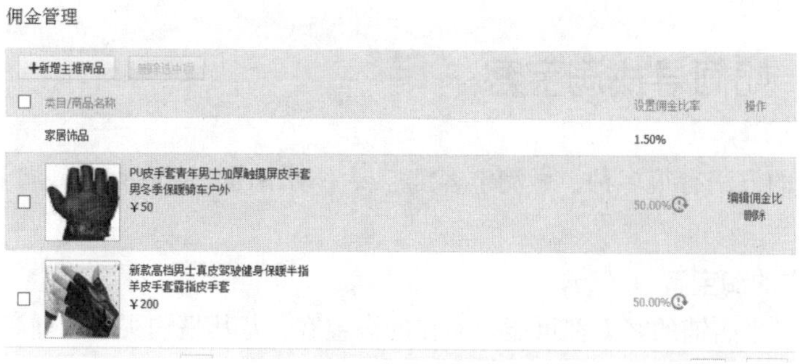

图 7-11　设置主推商品

7.3 怎样才能做好淘宝客推广

淘宝客是专为淘宝卖家提供淘宝网以外的流量和人力的工具，帮助卖家推广商品，成交后卖家才支付佣金报酬。淘宝客推广是一个有持久推广效果的方法，并且只有成交了才付费，这也是很多人为什么喜欢淘宝客推广的主要原因。那么怎样才能做好淘宝客推广呢？

7.3.1 关于卖家的心态调整

淘宝客的推广效果虽然不错，但是为什么一些店铺即使进行了淘宝客推广，并且其设置的佣金比率也不低，但很长时间却连一笔订单也没有呢？

作为新手卖家，当看到皇冠店每天成千上万的交易额，看到别人的淘宝客带来无数的流量，看到同时开店的卖家信用不断升级时，难免要为之心动，难免要心急如焚。在使用淘宝客推广的初期要调整好自己的心态。

（1）在你的能力承受范围内，给淘宝客以最大的利益，只有这样才能发动淘宝客无限的推广力量。淘宝客给你带来了更多的买家和良好的口碑。

（2）世界上没有任何一种推广是立竿见影、一蹴而就的。

做淘宝客推广是一个积累的过程。只有用心学习总结，吸取他人的成功经验，找到最适合自己的推广方法才是最有效的。

（3）淘宝客要有正确的心态。

相信有很多卖家都用过淘宝客推广，但是真的成交后，看到这么多的利润都被淘宝客分了去，心里又很不甘。对于新手卖家来说，能把商品卖出去，就是初步胜利。开始可以把商品的佣金设置得很高，甚至几乎不赚钱，把利润尽量让给淘宝客，目的是先提升店铺的流量和人气。做生意要有一个良好的心态，世上没有不付出的成功。

7.3.2 如何寻找淘宝客

淘宝客推广的方法有很多种，做淘宝客推广要主动出击，主动去招募淘宝客，吸引淘宝客为你推广。

1．挖掘潜在的淘宝客

身边的朋友、来店铺的客人都可能是潜在的淘宝客，尤其是购买过店铺商品的顾客的宣传，对你来说是最佳的资源。

2．身边的朋友

找身边的朋友帮忙推广店铺是不错的方法，肥水不流外人田，同时由于朋友之间相互信任，所以推广的时候就更加省时省力，对发展新买家来说是很有说服力的。

3. 利用阿里妈妈社区进行宣传

阿里妈妈社区是淘宝客集中的地方，月赚上千元上万元的淘宝客高手会集在那里。卖家应该把重心放在阿里妈妈社区，采取论坛发帖招募的方式，其中社区里面有一个“找淘宝客”的板块，这里是淘宝客高手云集的地方，去那里发帖肯定会有意想不到的收获。阿里妈妈社区如图 7-12 所示。

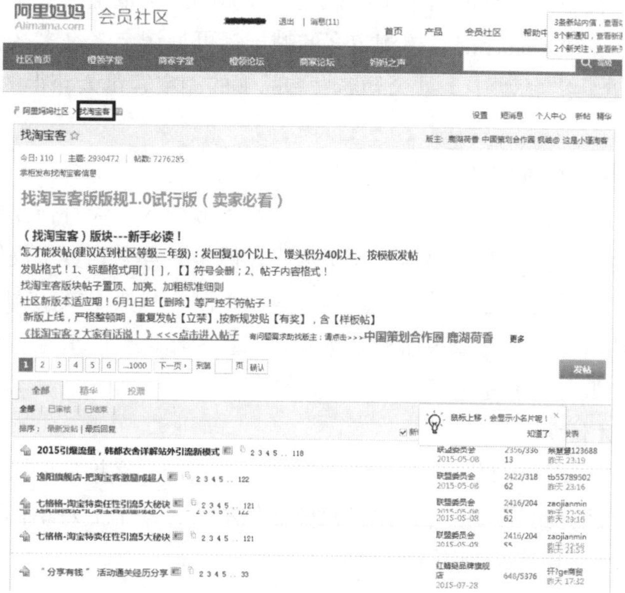

图 7-12　阿里妈妈社区

4. 主动寻找淘宝客

可以通过查询优秀淘宝客通讯录、优秀淘宝客排行榜找到优秀的淘宝客，如图 7-13 所示为优秀淘宝客排行榜。

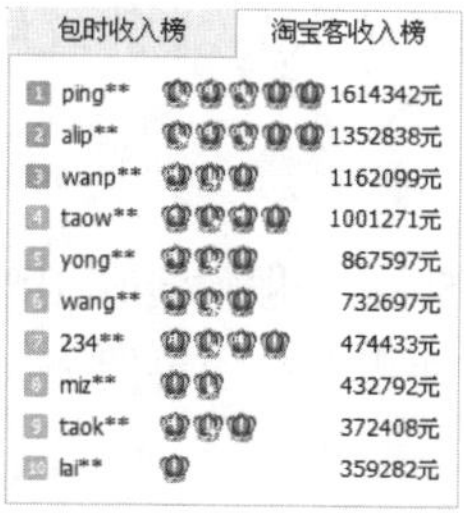

图 7-13　优秀淘宝客排行榜

7.3.3 我们为什么选择淘宝客

开网店就要推广，不推广就没有访客，没有访客就没有成交量，没有成交量就赚不到钱。下面介绍为什么选择淘宝客进行推广。

1. 淘宝客的力量非常强大

有数据显示，即使皇冠级别的店铺也有很大一部分的成交量是来自于淘宝客的，我们在淘宝联盟中可以看到很多知名品牌都有招淘宝客的帖子，可见淘宝客是多么受欢迎。据不完全统计，在2013年的“圣诞”活动中，某个知名女装品牌的淘宝客每天获得的佣金就有50万元之多。

2. 淘宝客推广是一个推广效果持久的方法

像直通车这样的推广方式，一般小卖家根本想都不敢想，每天都像是在扔钱一样的广告位谁敢买？就算你有足够资金，天天使用直通车推广，但是一旦遇到资金周转不足的情况，就不得不停止推广活动，效果则马上就没有了。淘宝客却不同，只要不关闭淘宝客推广，你的流量就会一直存在，而且随着生意的增多而越来越好，愿意为你推广的淘宝客也会越来越多，如果你善于管理淘宝客，那么这些淘宝客也会一直为你推广。

3. 只有成交了才付费

淘宝客推广只有成交了才付费，这是大部分卖家喜欢淘宝客推广的最重要的原因。做淘宝客推广，就算部分利润分给了淘宝客，但是只要保住本钱，基本上每单都能赚到一些利润，并且能够提高商品的人气和销量，何乐而不为呢？

7.4 如何吸引更多的淘宝客来推广你的商品

淘宝客是一种可以先看到效果再付费的形式。不过优质的淘宝客却不是那么好寻找的，因为优秀的淘宝客需要的是能给自己带来更多收入、更好分成的淘宝卖家。做淘宝客的人成千上万，只要你的产品质量好，佣金比率设置得高，自然会有很多淘宝客为你的产品宣传推广。下面是吸引淘宝客来推广商品的方法。

1. 设置合理的佣金

淘宝客推广的最低佣金比率是1.5%，一般设置在10%以内的产品被淘宝客推广的不多。淘宝客们的收入还要支付阿里妈妈技术使用费，如果佣金太低，那么基本没人会为你推广。合理的佣金比率应10%～40%。

2．挑选优秀的商品

商品具有良好的销售记录绝对是有效推广的有力保证之一。淘宝客推广绝对不应该成为卖家滞销品的仓库。

3．设置优秀的标题、简介

突出商品销售价值点。比如这件商品正在搞促销或者有赠品活动，这些最好能在标题和简介里面明确体现出来，这样能在第一时间吸引淘宝客的目光。

4．额外奖励刺激

如果希望有更多优秀的淘宝客帮助你推广商品，除提供高佣金之外，还可以对淘宝客进行推广激励。

5．店铺的转化率很关键

店铺的转化率也很关键，当你的产品佣金很有吸引力时，店铺的转化率也会随之提升，淘宝客推得才起劲。他们的收入越多，店铺的销售情况就越好，这是一个良性循环。

6．做一些活动，吸引淘宝客的眼球

可以举办一些活动，比如对当月推广成绩在前三名的淘宝客给予奖励，以此吸引淘宝客们。当然发奖金时不要忘了宣传一下，写一个帖子宣传一下自己的店铺。

7．设计美观的图片

为了避免淘宝客拿你的图片给他人的店铺做推广，请在图片上最明显的位置写上店铺的地址、电话联络方式等。

8．注重商品描述

在互联网中，人与人不能面对面地交流，只能用商品描述和图片解释商品，所以要十分注重对商品的描述和对商品图片的展示。淘宝客推广中销售最火爆的商品，都可以用顾客的好评、交易记录等来说明该产品的好。而有的店家虽然信誉高、货源充足，但是没有详细的商品描述，照片也很含糊，淘宝客一般不喜欢这样的商品，即使佣金再高也不会推广的。

9．硬广告加软广告的宣传

在硬广告中写上招募淘宝客，然后放在显眼的广告位上，或者是写软文进行推广，花一点心思写文章，既经济又实惠。

10．店主本人投身到淘宝客的队伍中

我们可以自己做淘宝客推广自己的店铺，原因很简单，产品只要时不时地有人推广，才会吸引更多的人愿意来推广你的产品。

11．店铺信誉问题

淘宝客对卖家的信誉度很看重。信誉度高的卖家有实力，有充足的货源，这让淘宝客有安全感。

第 8 章　聚划算引发团购狂潮

开店指导

大家都知道，销售量是建立在流量之上的，如果光临店铺的“上帝”都没几个，那么达成购买交易的又会有多少呢？所以无论是大卖家还是刚起步的小卖家，都是挖空心思地探索各种办法来提高店铺流量。聚划算因为利用的是淘宝网的流量，所以获取流量的成本极低，这为聚划算的成功提供了基础。越来越多访问淘宝网的人开始被聚划算吸引。

8.1　聚划算概述

如今网上购物已经是一件稀松平常的事，随着互联网的普及，不同地域的消费者们可以通过互联网组成团体向商家购买产品，这种消费模式即网络团购。

8.1.1　聚划算的定义

随着团购的火热，作为拥有商家最多的淘宝网怎么能错过这个机会呢？于是，淘宝网推出了自己的团购频道——聚划算。聚划算成立于 2010 年，并在 2011 年 10 月成为独立业务，是中国最大的以消费者为驱动的品质购物网站。每天有数千万消费者发起品质团购，涵盖在线商品到地域性生活服务各个方面，聚划算已经成为展现淘宝优质卖家服务的互联网消费者首选的团购平台，确立了国内最大团购网站的地位。

依托广大的商家和买家，聚划算一经推出就受到了很多人的关注。淘宝网的卖家把它当成推广网店、打造人气宝贝的好方法；网购买家能花很少的钱就淘到自己中意的宝贝，聚划算实现了淘宝网店卖家和买家的双赢。如图 8-1 所示为聚划算平台。

图 8-1　聚划算平台

聚划算是一个定位精准，以小搏大，以 C2B 驱动的营销平台，除了主打的商品团和本地化服务外，为了更好地为消费者服务，聚划算还陆续推出了品牌团、聚名品、聚设计、聚新品等新业务频道。

聚划算带来的流量有一个相当明显的特征——IP 和流量保持平行性较为明显，这说明了一个非常重要的问题，买家的购买注意力高度集中。因此，在聚划算的宝贝描述里，做关联销售是十分重要的，但是展示店铺形象和品牌文化也很重要。参加过聚划算之后的客单价会持续上升。如果服务态度很好且服务及时到位，这会给店铺带来不少好评，这些好评可以同时影响这个产品乃至整个店铺的口碑。如图 8-2 所示聚划算的关联营销。

图 8-2　聚划算的关联营销

8.1.2　聚划算有哪些入口

聚划算带来的单品销量巨大，这是显而易见而且相当重要的。聚划算拥有强大的粉丝团，再加上十几个官方大流量入口，这保证了其买家流量是巨大的。聚划算的入口主要有以下几种。

（1）淘宝首页顶部导航中的“聚划算”栏目，如图 8-3 所示。

图 8-3　淘宝首页导航中的“聚划算”

（2）淘宝首页底部的导航栏目中也有聚划算，如图 8-4 所示。

图 8-4　底部导航栏目中的“聚划算”

8.2　卖家参加聚划算有什么好处

淘宝网发展至今已经拥有大量的客户流量，越来越多访问淘宝网的人开始被聚划算吸引。

团购网成功的根本就是让更多的商家愿意让利并且把信息放到团购网站上面来，另外还要有足够多的用户能到这个团购网站来订购。这样一来，用户才能在网站上有更多实惠的选择，而厂商也能薄利多销。

8.2.1 巨大的品牌曝光

团购给买家带来了很大的好处：一是团购价格低于产品市场最低零售价，二是产品的质量和服务能够得到有效的保证。因此聚划算吸引了几十万的买家疯狂团购，同时店铺品牌和产品品牌被放大曝光。很多商家参与聚划算其中最主要的目的是为了在短时间内迅速增加店铺的流量和曝光度，而不是依靠团购单品赚钱。因此参加聚划算的单品定价非常低，甚至亏本销售。买家在参加聚划算团购的注意力会更为集中，不只会看宝贝的品质，更多的是看该商家的品牌是否值得信赖。

8.2.2 提升流量销量，短时间内爆款

一旦你的商品出现在聚划算的页面上，就预示着巨大浏览量的出现。开团的那一刻销售速度是非常快的，因为聚划算上有经验的买家都会提前浏览宝贝，然后通过咨询卖家宝贝的细节后确定是否购买。也就是说，开团后的 1 个小时是最疯狂的时刻，也许不到 10 分钟 5000 件团购商品就会被一抢而光。

因此参加聚划算能迅速提高店铺流量，使店铺快速曝光，单品销售量比没有参加聚划算的单品高出几倍至上千倍，如图 8-5 所示参加聚划算的商品单件销售达 50000 多件。参加聚划算一般都能让商家的商品加入爆款的行列。

图 8-5　参加聚划算的商品单件销售达 50000 多件

8.2.3　快速成长

聚划算一天的活动将带给卖家上万流量和上千件单品销量，引爆店铺超强人气，带动关联销售、后续口碑及二次销售良性的可持续发展。超高的咨询量和成交量对店铺的运营能力是一个考验，需要各部门的高效配合。如图 8-6 所示为参加了多次聚划算的卖家在短短几年间达到了双黄冠级别的案例。

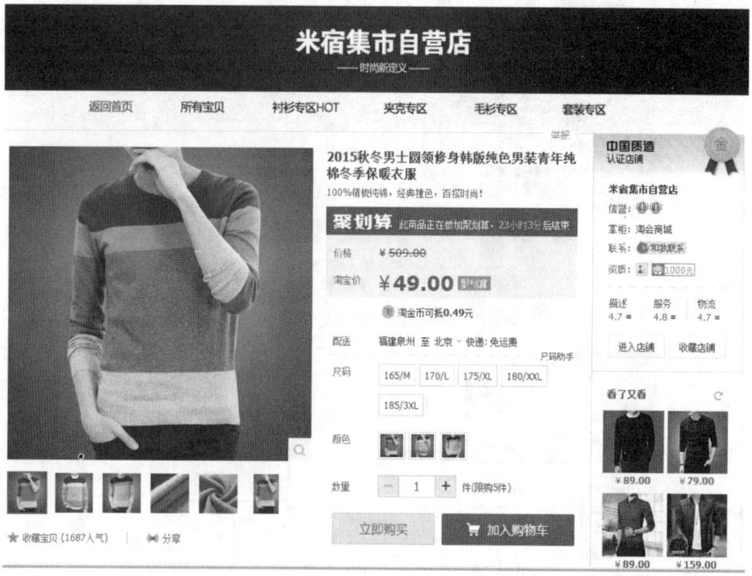

图 8-6　快速成长

参加聚划算活动的好处是显而易见的，单品能够在几分钟或几个小时内创造几千件的销售量，而一天内能够创造几十万到几百万元的支付宝成交额。但是也有一些店铺通过聚划算活动暴露了弱点，例如以下这些问题。

（1）服务跟不上，买家咨询量大，阿里旺旺无回应。

（2）发货跟不上，无法保障 7 天内完成发货。

（3）只顾赢利，降低了产品的品质，把自己好不容易积累的口碑做差了。

（4）售后服务未能跟上，造成退款率及投诉率上升。

8.2.4　组合营销

通过聚划算每天进店的客流量有时能达到几十万，如何利用和放大这些资源是每个卖家需要考虑的问题。通过聚划算这个平台，可以激活店内的各项活动。通过聚划算带来的巨大流量会带动店内其他商品的销售。可以结合店内促销、抽奖或其他事件共同营销，带动消费者的二次消费。比较常见的组合营销有“满 100 元免运费或送小礼品”、“同时购买两件免运费或送小礼品”等，如图 8-7 所示为店铺的组合营销。

图 8-7　店铺的组合营销

聚划算可以帮店铺赚到更多的信誉及更多的人气。

8.2.5　招揽回头顾客

聚划算是一种很好的推广方式，通过超高的商品性价比让买家体会到购买你的产品真的很划算，另外从产品介绍到产品质量、客服态度、发货速度等一系列步骤给予买家良好的购物体验，让买家真正了解你的产品并成为回头客。

聚划算从某种意义上说更像是一种广告媒介，卖家通过聚划算集聚人气，在短时间内增加流量。一次成功的聚划算活动带来的远远不止是一次流量，商家更看重的是买家后续的关注及二次消费。

8.3　聚划算如何更快通过初审

聚划算是每一个淘宝卖家梦寐以求的展示平台，但是报名参加聚划算的过程又很复杂，怎样才能快速通过初审呢？

8.3.1　宝贝原因

因为宝贝原因没能通过聚划算审核的常见问题如下。

（1）报名参加聚划算的商品原价虚高，全店同类商品正常销售价与报名商品的原价差距大，如图 8-8 所示的同款商品，大多数店铺标价为 50 ~ 58 元，但是这个店铺的商品标价为 95 元，原价明显虚高。

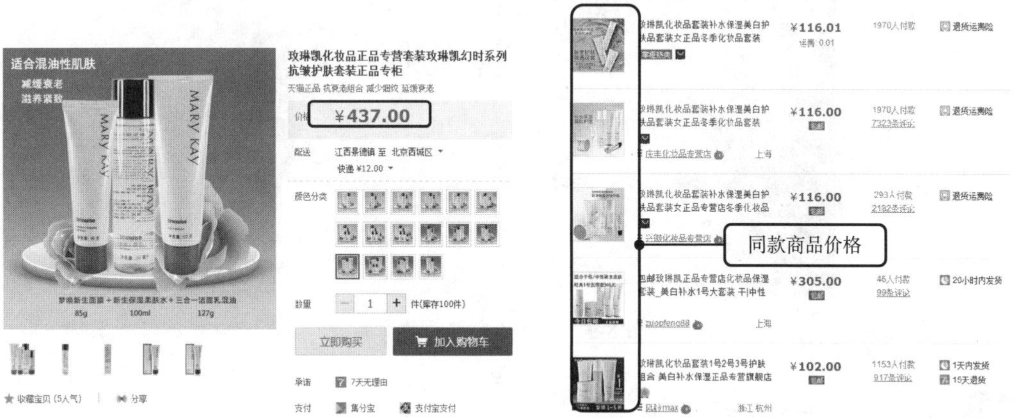

图 8-8　与同款商品相比报价虚高

（2）宝贝销售记录中有销售价格低于或接近聚划算价格的记录，商品性价比不高；曾经参加过超低价促销且成交笔数较多；价格差异明显，记录混乱，要重新报价后再次报名，或者选择其他未出现类似现象的宝贝进行报名。

聚划算的后台可以看到所有商品的最低成交记录，包括每个店铺的所有成交信息，每个商品、每笔成交记录等。

（3）选款不恰当，一般是指过季、非当季热销单品、非主推单品、受管制的商品、具有特殊功效却又没有功能报告的商品，以及受争议的商品等。

（4）报名商品的买家评价不好或近期成交量过低。销售时间段过于集中，同一个账号买多件商品，销售记录不足或者不真实，如图8-9所示为没有成交记录的商品。

（5）报名宝贝必须保证是全新的商品，并且不能是违禁品、保健品、无证食品、成人用品、二手闲置物品、清仓货、茶叶或其他淘宝违规商品。

（6）凡食品类商品报名参加活动，商品页面必须展示其具有卫生许可证。报名时出示食品生产日期和保质期，距保质期还差3个月的商品不允许报名。

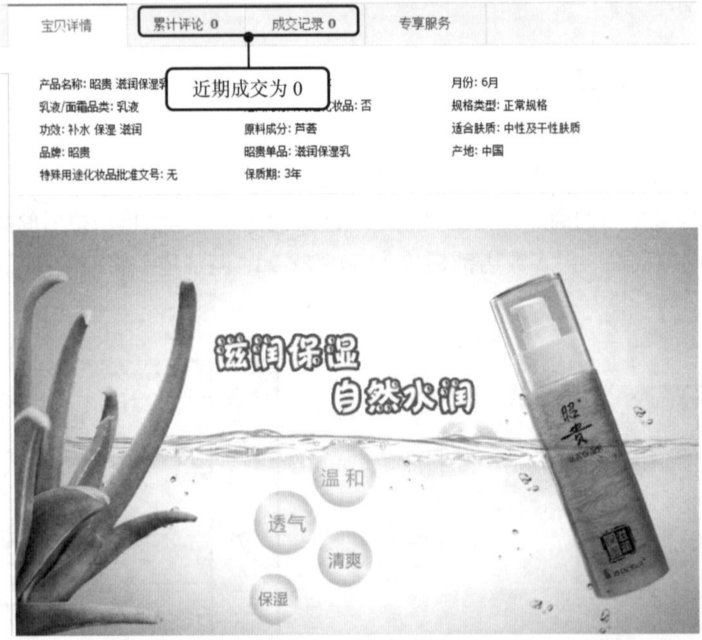

图8-9　没有成交记录的商品

8.3.2　店铺原因

由于店铺的原因没有通过审核的常见问题如下。

（1）店铺综合条件不满足，如DSR评分、好评率、销售数量等；店铺后台数据，比如流量、销量等；店铺的运营能力、营销活动情况等。建议经营一段时间提升店铺的综合竞争力之后再来报名。

（2）店铺的所有商品价格定位不一致，高低差别明显，且报名商品采用区间价格定位。建议统一调整店铺价格，明确定位，调整报名商品价格后再来报名。

（3）商家以前参加过聚划算活动，再次报名时，发现店铺评分有下降趋势，好评率也有下降趋势，淘宝会视情况进行驳回。

（4）店铺不得在处罚期内。店铺不得涉嫌信用炒作，若店铺是虚拟物品转实物交易，虚拟物品交易比例应小于 50%。

（5）店铺需要加强运营，或店铺近半年运营情况不理想。店铺开店时间过短，不足一个月的开店时间。

（6）聚划算对店铺有疲劳期的时间控制。一般情况下，一个月内最多参加两次活动。商家参加活动后至少间隔一个自然周才能参加下一次活动。店铺必须过了疲劳期再来报名。

（7）奢侈品、护肤品必须是天猫商城店铺，C 店需要开通假一赔三服务。

8.3.3 类目原因

类目满足以下个性化要求后，可以增加初审审核通过概率。

1. 鞋类和箱包类

- 真皮类商品必须有质检报告才可以进行报名。
- 承诺七天无理由退换货，有商品细节实拍者优先。

2. 美容护肤类

- 自有品牌 3.5 折以下优先考虑。
- 一二线品牌价格低于全网正品热销度前 5 名最低价者优先。
- 美容类目商品必须加入假一赔三服务方可报名。

3. 运动户外

- 品牌类（经授权）商品优先考虑。
- 承诺假一赔三、七天无理由退换货者优先考虑。

4. 服装服饰

- 有细节实拍者优先考虑。
- 品质专区的店铺优先考虑。
- 承诺七天无理由退换货者优先考虑。
- 加入消费者保障服务，承诺假一赔三者优先。

8.3.4 其他原因

除了宝贝、店铺、类目原因外，还有其他一些原因造成宝贝未能通过聚划算审核。

（1）报名商品信息不对称：如报名宝贝属性与宝贝页面属性不符等。

（2）图片问题：著名卡通图像、公司商标需提供使用授权书，店内使用杂志图片、明星图片、盗图等，这些会涉及图片侵权。

（3）如果是品牌商品，需要把该宝贝品牌授权添加到宝贝推荐理由中再报名。

（4）商家进行聚划算报名时，填写的信息必须是确定无误的，原则上不允许以后进行修改。

（5）初审报名时，确保商品是上架状态并设置成拍下减库存。

（6）商品页面禁止出现违禁内容或者反动言论等。

8.4 聚划算活动规则

既然要参加聚划算活动就必须了解活动规则，知己知彼，百战不殆。

8.4.1 活动上线前

（1）所有报名参加聚划算的卖家需要在店铺首页挂上聚划算的标志图片，悬挂时间为报名后的一个月内，如图 8-10 所示。

（2）活动报名信息，如团购数量、宝贝原价、团购价格，一旦通过初审就不允许擅自提高团购价格或降低商品数量。

（3）店铺应提前准备好货物及保证金，并且运营人员做好准备工作，不得在活动时间确定后再临时做准备，店铺不得临时提出取消活动或更改上线时间。

8.4.2 活动上线中

（1）活动进行时，参加活动的宝贝链接，包含原价和团购价链接，不允许自行下线，需要保持阿里旺旺在线。

（2）活动上线后原则上不允许修改宝贝描述信息，若要修改，需经聚划算小二同意，修改后的内容不得违反聚划算报名时的宝贝描述及店铺内信息的要求。

（3）活动进行中杜绝一切对聚划算活动有负面影响的行为。

图 8-10　店铺首页有聚划算的标志图片

8.4.3　活动下线后

（1）活动下线后需要按店铺做活动时的承诺及时给买家发货并提供相应优质服务。

（2）店铺宝贝参加聚划算活动后一个月内，不得以聚划算活动的价格或接近该价格的价格直接销售。

（3）由于聚划算活动而产生投诉的店铺将视情节严重与否，取消该店铺之后参加聚划算活动的资格。

（4）活动下线后店铺需要做好数据总结工作，积极分享活动经验的店铺将获得再报名参加活动的优先资格。

8.5 聚划算成功经验

若店铺能够参加聚划算活动，不仅参加活动的宝贝销量会有几十倍的增长，而且带来的一些关联销售也是不容忽视的。参加聚划算活动怎样才能取得成功呢？下面是一些卖家的成功经验。

8.5.1 提前备货

很多卖家在报名参加聚划算活动成功后，都会考虑一个问题，“我在上线前需要做好什么准备工作？为什么很多大卖家可以完成那么高的团购数量，那么高的转化率？我该怎么把聚划算活动做到效果最大化？”其实，成功不是偶然而是精心准备的必然结果。

活动上线前，必须确保备货充足，没有备货却来参加聚划算纯属无稽之谈。有些商家可能会问“需要多备多少的货呢？”根据成功卖家的经验，一般可以多备 10%～20%的货。

（1）把货拿到手是关键，货已备齐不代表万事俱备了，还要有充足的安全库存。卖家供应的大部分货量在 2000～8000 件，因为无论从压货资本还是从活动押金方面来说，给卖家带来的压力都是巨大的，如果想要从竞争中胜出，货量储备一定要在 5000 件以上，有些常卖的单品参加活动时储备量甚至超过了两万件，如图 8-11 所示参加聚划算活动的商品一般销量都很好。

图 8-11　参加聚划算的商品库存很多

（2）保证货品的质量，如果货品质量不行，一人一个中差评很快就能把店铺拖进“地狱”。

8.5.2 关于价格

价格是一个让人纠结的问题。价格优势不是不计成本地打折，而是在能力范围内拿出最好的资源来争取聚划算客户，聚划算的目的是为了争取客户来体验产品，为店铺培养长期客户，让更多人认识你的店铺树立品牌。

聚划算的定价是需要长期揣摩的，如果定价低了，很快就会卖断货，白白浪费了流量资源；如果定价过高，买家不感兴趣，卖家也会因此积压不少库存。

要想有一个准确的定价，首先要评估好自身产品和参加活动的顾客群体。这其实是一种供求关系，需要在多次尝试后找到其中的平衡点。不要把聚划算当做一次性的赚钱工具，价格可以从“成本”、“扣点”、“物流成本”、“利润”等方面考量，追求一点点利润即可。

8.5.3　做好宝贝描述

一个好的宝贝描述能够替代至少 10 位客服，参加聚划算时，一个好的宝贝描述应包括如下几点。

（1）关于参加聚划算的须知，如图 8-12 所示。

图 8-12　参加聚划算须知

（2）店铺能够提供的物流，如图 8-13 所示。

图 8-13　店铺能够提供的物流

（3）买家需要做哪些配合工作，如请买家把要购买的款式、物流等信息在拍下的时候备注清楚。

（4）宝贝的细节展示，要实拍，拍清楚，要让买家看清楚产品，不要出现售后投诉等问题，如图 8-14 所示。

（5）店铺的相关推荐，做好关联销售等，如图 8-15 所示。

图 8-14　宝贝的细节展示

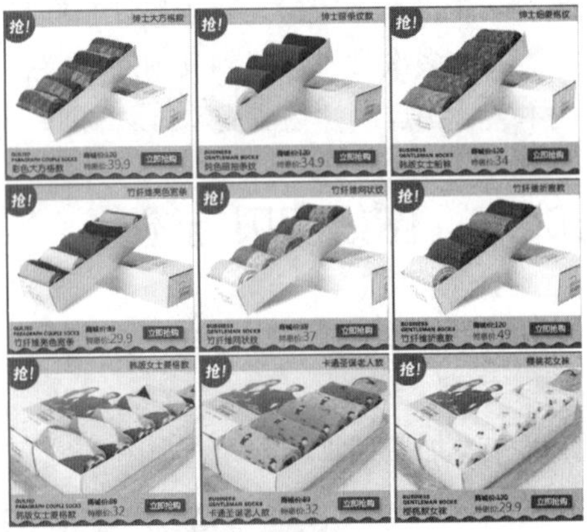

图 8-15　店铺的相关推荐

（6）店铺的团队、公司的实力及品牌文化展示，给客户有更多再次购买的理由，如图 8-16 所示。

图 8-16　店铺实力品牌

（7）其他页面的聚划算导航，让其他不知道有聚划算活动的买家知道你在做活动，让他有额外的消费。

8.5.4　客服培训

对客服的培训也是非常重要的一个环节，基本上在参加聚划算活动的当天，会要求有至少 5 到 10 名客服，多多益善。很多店铺在活动一开始，计算机就开始狂闪狂响，计算机死机或者客服无法应对，这都是较为普遍的问题。

针对活动当天可能会出现的商品咨询要提前做好快捷回复短语。客服的响应速度和服务态度会对客户的购物体验直接造成影响，可能会产生好的影响，也可能产生差的影响。所以卖家必须提前做好客服培训工作，确保在客服这一环节能够留住客户。

如果准备充足并且宝贝描述详细，整个聚划算活动一般不会出现阿里旺旺“爆屏”的现象，一切都会很有秩序。这样商家也可以有更多时间来处理一些订单并与客户交流。

8.5.5　整合营销

（1）店铺装修。

店铺装修要结合客户群的特点。比如团购商品的客户群是以年轻、时尚的 18 ~ 30 岁女性为主，那么装修风格应该较为轻松、可爱；如果客户群为 30 ~ 45 岁中年男性，那么店铺的装修风格应该专业、沉稳。给人眼前一亮的店铺装修可以刺激买家的购买欲。

（2）店铺活动。

一般卖家会配合聚划算当天的流量，做一次全店的促销，比如“全场满 200 包邮”、“全场 8 折”、“第二件 7 折”等活动，商家可视自身情况而定。

（3）关联销售。

关联销售也是一门大学问，关联什么商品？关联价格控制在多少？对这些问题商家可以根据团购商品的性质、团购当天的客户群来衡量。

（4）服务营销。

团购包裹里的小赠品、问候卡片，商品精心的包装，售后的温馨提醒等都是细节工作，细节决定成败，其中的道理相信大家都知道。

8.5.6　团购后的发货

保证在 7 天内发货是聚划算规定卖家必须做到的，为了提升买家的满意度，卖家最好在 3

天内发货。

所以卖家在参加聚划算前一定要确保及时发货，在衡量自己店铺的发货能力和吞吐量后，一般可以提前和物流公司打好招呼，告之团购的具体时间，若需要较大的发货量，应提早找好物流公司安排人员和车辆。

店家可以把距离远的买家、加急的买家、特殊情况的买家分离出来，提前发货，距离较近的买家可以适当延迟发货，尤其注意收货时间有特殊要求的买家，合理安排发货时间，可以提升客户的满意度。

聚划算是一把双刃剑，能够让店铺的成交量大幅提升，也可能把你以往的努力一下摧毁得什么都不剩，所以卖家一定要重视聚划算活动，让它成为帮助你的店铺发展的加速器。

第9章 钻石展位优质展位，展示流量滚滚来

开店指导

钻石展位是由阿里巴巴旗下的淘宝网通过资源整合推出的一种全新的、以定向能力为核心的广告产品。凭借着淘宝网的海量用户数据，钻石展位开放多种维度的定向功能，能够帮助卖家精确锁定潜在客户，找回流失人群。竞价结果不仅可以在联盟网站上显示，还可以在淘宝网上展示。

9.1 钻石展位概述

钻石展位对于店铺的成长帮助非常大，可以通过这个工具让更多的买家看到店铺，让更多的买家进入店铺，让更多的人知道这个品牌。

9.1.1 什么是钻石展位

钻石展位提供了丰富全面的统计数据，让我们对每一分钱的投入都清清楚楚。同时，钻石展位还提供了广告优化的服务，无论是广告投放设置还是后续行为，钻石展位都会对此进行监测和分析，让我们了解如何优化广告投放，最大限度地提升广告投放效果。

钻石展位是专为有更高信息发布需求的卖家量身定制的产品，精选了淘宝最优质的展示位置，通过竞价排序，按照展现计费，其性价比较高，更适于店铺、品牌的推广。如图9-1所示为淘宝首页最优质钻石展位的位置。

图 9-1 钻石展位

钻石展位具有如下优势。

（1）范围广：覆盖全国 80%的网上购物人群，每天超过 15 亿次的展现机会。

（2）超炫展现：展现形式更绚丽。钻石展位不仅支持图片格式，还支持 Gif、Flash 等动态格式。可以把自己的展示图片做得非常漂亮，同时钻石展位的尺寸都比较大，视觉冲击力强，可以最大程度地吸引买家进入我们的店铺，如图 9-2 所示为钻石展位。

图 9-2 绚丽的钻石展位

（3）超优产出：按照展示次数收费，不展现不收费，自由组合信息发布的时间、位置、费用等。统计报告和效果优化服务让每一分钱的投入都明明白白。

（4）定向准：目标定向性强，可定向 13 类主流购物人群，直接生成订单。

（5）实时竞价投放，计划随时调整，并实时生效参与竞价。

9.1.2　钻石展位的展现在哪里

那么钻石展位在哪里呢？在淘宝首页上看到的大多数图片的位置都属于钻石展位。在淘宝一些流量较大、人气较旺的页面，如淘宝首页底部通栏、首页第二屏的右侧大图、二级频道首页等位置均有。

（1）淘宝首页底部的广告，如图 9-3 所示。

图 9-3　淘宝首页底部的广告

（2）首页第二屏的右侧大图，如图 9-4 所示。

图 9-4　淘宝首页第二屏的右侧大图

（3）二级频道首页，如图 9-5 所示。

图 9-5　二级频道首页

（4）美妆频道、时尚内页图，如图 9-6 所示。

图 9-6　美妆频道内页

9.1.3　钻石展位的分类

钻石展位为客户提供品牌展位和智能优化两种产品服务。

品牌展位版基于淘宝每天 6000 多万访客和精准的网络购物数据，帮助客户更清晰地选择优质展位，更高效地吸引网购流量，达到高曝光、高点击的传播效果。

为客户提供近 200 多个淘内最优质展位，包括淘宝首页、频道内页、门户、帮派、画报等多个淘宝站内广告位，每天拥有超过 8 亿的展现量，还可以帮助客户把广告投向站外，涵盖大型门户、垂直媒体、视频站、搜索引擎、中小媒体等各类媒体展位。

智能优化版是以实时竞价为核心的全网竞价产品，是高效的跨媒体流量中心，导入更多优质的全网流量，每个流量被明码标价，我们通过兴趣点定向、访客定向和人群定向技术使流量与广告主进行有效匹配。客户只要提交需求，系统将智能化地帮助你匹配更精准的人群，有效地提升广告主投放的点击率和 ROI。

9.1.4　钻石展位的投放流程

1．新建计划流程

输入计划基本信息→添加创意→设置定向和出价→创意审核通过后，计划自动进行投放，如图 9-7 所示。

2．效果优化流程

创建优化→在网站上部署效果跟踪代码→计划投放→查看报表分析数据→优化计划，如图 9-8 所示。

图 9-7　新建计划流程

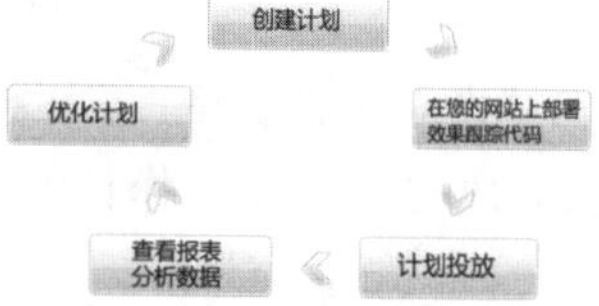

图 9-8　效果优化流程

9.2　如何开通钻石展位

作为商家，如何开通淘宝钻石展位？具体操作步骤如下。

（1）首先登录进入淘宝后台，单击“营销中心”栏目下的“我要推广”选项，如图 9-9 所示，在打开的营销中心页面中单击“钻石展位”按钮，如图 9-10 所示。

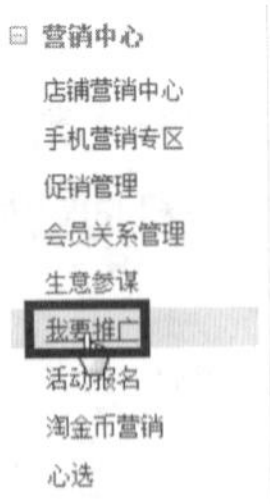

图 9-9　单击“我要推广”选项

图 9-10　单击“钻石展位”按钮

（2）这时系统将自动转入“钻石展位”首页，如图 9-11 所示。

图 9-11　“钻石展位”首页

（3）单击“进入我的钻展”按钮，进入报名页面。如果想要开通这个工具，则首先要参加培训课程，报名成功后 3 个工作日内淘宝会安排店家参加考试。考试合格后就会给你开通钻石展位的权限了。

9.3　淘宝钻石展位省钱增效的投放技巧

很多卖家认为钻石展位是大卖家的天下。其实不然，只要使用好，钻石展位对于任何级别的卖家都有效果，并且效果非常明显。

9.3.1　推广什么

钻石展位不仅适合发布宝贝信息，而且适合发布店铺促销、店铺活动，进行店铺品牌的推广。钻石展位可以在为店铺带来充足流量的同时增加买家对店铺的好感，增强买家黏度。

1．推广商品

如果主推的是商品，就一定要把商品做到最好，因为钻石展位是按照流量付费的，广告是否成功，很大程度上是用点击率来衡量的，当商品有绝对优势和吸引力时，才能吸引买家点击，若商品没有优势，点击率就会少或没有点击，那么这个广告就是失败的。如图 9-12 所示是一个商品推广的经典案例，图片是动态广告，吸引了很多人点击。

2．推广店铺

成功的钻石展位推广往往能引爆店铺的销量，前提是先把店铺装修好，各种促销活动要吸引人，才能把引进的流量转化为成交量。如图 9-13 所示是店铺推广的一个典型案例。

图 9-12　推广商品

图 9-13　店铺推广

3．推广促销活动

促销活动很容易抓住买家的眼球，尤其是一些优惠力度很大的活动，做钻石展位也可以带来很大的流量，如图 9-14 所示。

图 9-14　推广促销活动

9.3.2 准备好素材是关键

钻石展位，一般是中大卖家，在淘宝首页或各个特卖频道购买的相应广告位，费用相对比较高，因此卖家一般很重视钻石展位的图片质量。对于普通卖家经验很重要，做钻石展位碰到最难的问题就是准备素材，也就是准备广告图片。

钻石展位的图片很重要，图片一定要吸引眼球，如果你的图片不能吸引买家点击，那么展示机会再多也没有用，这样只能更多地浪费钱财。另外做活动的素材一定要突出卖点，牢牢抓住客户心理，做到相得益彰。

以整体店铺促销活动为主题，配合店铺几款热销的商品，这类图片通常是根据图片的长度来决定添加的数量，如图 9-15 所示。

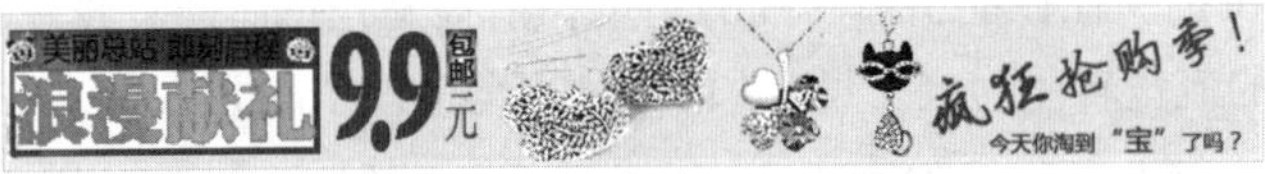

图 9-15　钻石展位素材

其实不管做什么样的宣传图片，无论大到海报还是小到广告图，它们包含的元素大部分是一样的，一般包括店铺名称、商品图片、促销主题、辅助信息，有的还有人物图片，只是侧重的元素略有不同。

那么怎么才能准备好图片素材呢?

1．店铺品牌或名称需要展示

一般当卖家的店铺壮大到一定程度时，会更注重店铺名称或店铺品牌，所以这个元素是一定要放上去的。

2．宜用表情夸张的漂亮人物图

爱美之心，人皆有之，宜选用漂亮的人物图。最好的人物素材图，就是表情夸张的漂亮人物图，这类图做广告图是最好不过的了，容易吸引人的目光。但是一定要注意不要用名模或明星的图作为素材，因为这样会有侵权的风险。

3．重点主题突出

钻石展位的最核心问题就是颜色的使用，因为钻石展位的图片尺寸较小，如果在颜色方面不够突出，则其他方面即使做得再好也是白搭。黄橙色比较适合做文字背景，但文字颜色一定要选择黑色或其他深色。

钻石展位图片上的文字，文字需要足够地吸引人，越新颖越好。一定要用粗体，字体效果可以使用特殊文字。

4．商品图片要清晰

在一张小小的钻石展位图里，商品图片是不可能展示商品所有细节的，但是起码要挑选能让大家看得清是什么商品的图片，如果图片模模糊糊的，看都看不清，买家都不知道你卖的是什么东西，就自然不会被吸引。

5．辅助信息

辅助信息是可有可无的元素，是为了让整幅图看起来更加和谐而存在的。辅助信息可以使用文字或是小图片。

9.3.3　竞价技巧

淘宝的钻石展位是以浏览量计费的，如果设置得不好，那么花钱就如流水。出价是很讲究技巧的，若出价高则肯定会上推广，但却不是最划算的。要找到一个最划算的价格。首先要明白，出价购买的是千次展现量，不管是 10 元排在第一，还是 2 元排在最后，只要能展现出来，效果是基本相同的。下面是竞价的一些技巧。

1．竞价时一定要冷静

建议在开始竞价前先研究自己选中的广告位的特征，以及最近的出价数据，看准了，计算好了再出手，切忌不顾一切地去抢广告位，有时候因为一时冲动竞价，结果却抢到了不合适自己商品的展位。

2．科学出价

合适的出价，才可以在相同的预算下拿到最多的流量，获得最高的点击量。

当然，有些卖家是挑时间段的，比如他一定要在下午 19:00 ~ 21:00 投放广告，在一个比较短的时间段内的流量是有限的，那么能否取得优先权就很关键。

3．快速竞价

每天在 15:00 之前几分钟是竞价最激烈的时候，很多卖家往往在前几秒出价或加价，所以创建了投放计划后，可以利用创建快速竞价迅速抢位。

4．什么时间最好

时间的选择也很重要，在非高峰的时间段和你竞争的人少，价格也相对低一些。当然，这个时间你最好在线，如果客户来了，没人接待，那么就可能丧失卖出宝贝的机会。选择白天还是晚上展示，不同时段的流量也不一样。在购物高峰期时流量相当大，那些排在前面的预算可能很快就用完了，然后就轮到后面那些出价比较低的卖家展示了，因此这里面有个小技巧，当我们做预算时可以选择流量比较大的时候，在这段时间出价可以相对较低，但是预算要足，这样我们才能出价又低，又能买到大流量。有些卖家只求出价低，但是却买不到流量，或者展示了没几分钟就下来了，这样就是失去了钻石展位的意义了。

9.3.4　钻石展位使用误区

利用好淘宝的钻石展位，可以取得和淘宝直通车一样的效果。如果要推广得好，就要掌握使用钻石展位的一些技巧。不少卖家在分析钻石展位效果时，存在着以下一些误区。

误区 1：用“点击数”、“点击率”来考查钻石展位的效果。

说到钻石展位效果好不好，很多人都会用“点击数”、“点击率”这两个指标来衡量。但“点击数”不能解答这些问题：买家通过钻石展位进入店铺之后，有多少人最终下单了？又带来多少成交额呢？并不是点击率高就一定能带来高成交额。

考察钻石展位时应该参考钻石展位的投入产出比，即投入了多少广告费，赚了多少钱，其计算公式如下。

钻石展位的投入产出比=钻石展位消耗金额/钻石展位带来的成交额

误区 2：只看钻石展位投放当天的成交金额。

其实，钻石展位存在着延续性效果，应该考察钻石展位投放后 7 天的延续性效果，这样统计才更全面。

因为买家通过钻石展位进入店铺，对推广的宝贝产生了兴趣，但由于种种原因没有立即完成支付。于是买家将宝贝加入了收藏夹、购物车等，或者拍下未付款，直到第二天、第三天……才付款购买，并完成支付。因此，这部分买家带来的成交金额也应该被计入钻石展位带来的效果。

误区 3：大部分人还停留在引流阶段，而忽略了广告宣传。

钻石展位作为淘宝比较高端的一种营销工具，其优势在于除了直接引入流量达成销售之外，还有一种广告理念的灌输。

类似于电视台广告、报纸、杂志广告。长久、有规律地投放钻石展位，可以将自己品牌的概念很好地灌输给消费者，从而形成一种视觉洗脑的累积效应。由于目前大部分钻石展位的广告投放还停留在引流阶段，因而忽略了这种累积效应。

9.4　直通车与钻石展位的区别

大家都知道，钻石展位是一个烧钱的玩意儿，直通车也是。直通车和钻石展位都是通过广告位展示的形式来展现所要推广的宝贝的。直通车按照商品的形式展现在搜索页面的右侧和最下方；钻石展位的位置则有很多个。他们都是用广告位的形式展示的，同样有广告轰炸的效果。

直通车与钻石展位的区别主要有如下几点。

（1）从收费方式上看，直通车是按照点击收费的，每一次 IP 点击，就会扣一次费用，就像军事上所说的精确打击。相比地毯式轰炸的钻石展位，直通车的优势在于精准，最大限度地避免了无效点击流量。钻石展位是按照展示次数收费的，即广告所在的页面展示在用户面前一次就计费一次。一千次展示，没准只有几秒钟，一个点击都没有，钱就花出去了。

（2）钻石展位与直通车竞价不同。直通车竞价是争抢商品排名，而钻石展位只是为了获得优先投放的权利。这两种展位的区别很好理解，直通车展位是出价最高的广告排在最前面；而钻石展位是出价最高的广告获得被优先投放的权利，也就是说出价最高的广告先被投放，投放完毕后才轮到出价在第二名的广告进行投放。至于广告的展示时长，和广告竞价的高低无关，需要看预算，预算充足，展示的时间就长一点。

（3）直通车广告是多家店铺的商品进行集中展示，你拥有的并不是独家广告的权利，没有聚焦点，容易分散买家的注意力，产生的点击率不高。虽然直通车是按点击付费，有点击才计费，但既然选择投放广告，最大的目的不就是希望有大量用户通过广告点击进入你的店铺，从而进一步产生购买行为吗？如图 9-16 所示为搜索结果页面最下方的直通车展示截图，除非你的产品和价格足够吸引人，否则点击率不会很高，很难使店铺流量猛增。

图 9-16　直通车广告是多家店铺的商品做集中展示

（4）广告形式不同。直通车广告的形式比较单一，采用直接调用你所选择的产品进行展示，无法在图片上对产品的卖点进行提炼和突出，或者放上品牌形象广告。而钻石展位的广告尺寸够大，可以更好地展示自己的广告，曝光率也够高，加上精美的广告设计效果，能够博得大量的用户点击，使你的店铺流量在瞬间猛增。图 9-17 展示的是直通车广告，图 9-18 展示的是钻石展位广告图。

图 9-17　直通车广告

图 9-18　钻石展位广告图

装修篇

第10章 商品图片拍摄基本技术

开店指导

在网上开店，图片的拍摄非常关键，因为商品图片的效果直接影响到买家的购买欲望。如何让买家看到最清晰、逼真的图片，如何让买家买到自己称心如意的商品，是网店经营者很关心的话题。有时候能吸引顾客眼球的精美的商品图片甚至比好的货源还重要，一幅好的图片可能会让网页的点击率成倍增长。

10.1 摄影器材的选择

对摄影器材的选择最重要的一点就是要选好数码相机，现在的数码产品在不断地推陈出新，面对着琳琅满目、品种繁多、样式新颖的数码相机产品，究竟哪一款更适合我们呢？很多人对此产生了疑问。

10.1.1 数码相机的分类

根据用途的不同，数码相机可以简单地分为：单反数码相机、卡片数码相机、长焦数码相机和家用相机。

- 单反数码相机指的是单镜头反光数码相机，这是单反相机与其他数码相机的主要区别。
- 卡片数码相机在业界并没有明确的定义，小巧的外形、轻薄的机身及时尚的设计是衡量此类数码相机的主要标准。
- 长焦数码相机指的是具有较大光学变焦倍数的机型，而光学变焦倍数越大，能拍摄到的景物就越远。
- 家用相机的定义不是很清楚，这类相机一般对成像没有特别高的要求，主要用来拍摄人物的相机都可称为家用相机。

1．卡片数码相机

如图 10-1 所示为一款经典的卡片数码相机——索尼 W320。

图 10-1　卡片数码相机——索尼 W320

卡片数码相机可以随身携带，在正式场合把他们放进西服口袋里也不会坠得外衣变形；而女士们的小手提包也很容易找到空间放下它们；在其他场合把相机塞到牛仔裤口袋或者挂在脖子上也是可以接受的。

虽然它们的功能并不是最强大的，但是最基本的曝光补偿功能，以及超薄数码相机的标准配置，再加上区域或者点测光模式，可以完成一些摄影基本创作。卡片数码相机至少可以让你对画面的曝光有个基本的控制，还可以调节色彩、清晰度、对比度等选项。

2．长焦数码相机

长焦数码相机的代表机型为：美能达 Z 系列、松下 FX 系列、富士 S 系列、柯达 DX 系列等。一般镜头越长的数码相机，内部的镜片和感光器的移动空间越大，所以变焦倍数也更大。如图 10-2 所示为长焦相机富士 S205。

长焦数码相机的原理其实和望远镜差不多，通过镜头内部镜片的移动来改变焦距。当我们要拍摄远处的景物时或者当被拍摄者不希望被打扰时，长焦的好处就发挥出来了。另外，焦距越长则景深越浅，这与光圈越大景深越浅的效果是一样的，浅景深的好处在于能突出主体而虚化背景，这样可以使照片拍出更加专业的效果。

3．单反数码相机

单反数码相机指的是单镜头反光数码相机，即 Digital（数码）、Single（单独）、Lens（镜头）和 Reflex（反光）的英文缩写 DSLR。目前市面上常见的单反数码相机品牌有：尼康、佳能、富士等。如图 10-3 所示为单反数码相机。

图 10-2　长焦数码相机富士 S205

图 10-3　单反数码相机

单反数码相机的一个显著特点就是可以更换不同规格的镜头，这是单反相机天生的优势，是普通数码相机所不能比拟的。

另外，由于单反数码相机属于数码相机中的高端产品，因此在关系数码相机摄影质量的感光元件（CCD 或 CMOS）的面积上，单反数码相机的感光面积远远大于普通数码相机，这使得单反数码相机的每个像素点的感光面积也远远大于普通数码相机，因此每个像素点也就能表现出更加细致的亮度和色彩范围，使单反数码相机的摄影质量明显高于普通数码相机。

10.1.2　数码相机的选购技巧

目前许多在网上开店的店主都有选购数码相机的打算，可是在选购时由于各种各样的原因，也产生了一些误区。下面介绍选购数码相机时的一些注意事项。

（1）品牌。影响相机成像效果的主要因素是厂家在成像质量方面的整体技术水平。购买数码相机时，很多人会考虑什么牌子的机器好，随后就认准这个品牌的产品购买，却忘了考察它好在哪里，与其他品牌同档次的产品又有何差异，最终可能落个“名牌不实用”的评价。其实数码相机的品牌信誉度固然重要，但是对于普通消费者来说，在购买前应该对各厂商的产品进行全面了解，多看资料，多去现场试一下机器，做到知己知彼，百战不殆。“适用才是最好”，买数码相机不仅是为了面子问题。

现在国内市场上的数码相机厂商非常多，索尼、佳能、奥林巴斯、尼康、柯达、柯美、富士、松下、三星等品牌的产品质量都相当不错，功能方面各有所长。每个厂商的产品都有自己的特色，根据自身需要选对了机型，就可以为商品拍摄等带来无尽的乐趣，而盲目地追求品牌效应是不实际的，一个品牌好并不代表它所有的机型都好。

根据自己的需求选择符合自己需要的数码相机才是最重要的。如果需要自动功能多，那么可能尼康有几款机器适合你；如果喜欢手动功能丰富的，那么可能佳能有几款比较适合你，等等。选购要根据实际情况出发，盲目相信品牌害处很大。

不要买那些刚推出的新品，而要买那些在市场上推出时间比较长的机型，因为新的机型价格高，降价空间大；而成熟机型降价空间不大，购买后不会像新机型那样大幅度降价。

（2）像素。数码相机最重要的技术指标就是它的像素。近年，提高像素的技术发展，异常迅猛，目前许多产品已经突破了千万像素的大关。很多人买相机时都抱着“唯像素论”的观点，只问像素多少，片面追求高像素，而对其他配置不闻不问，这在很大程度上也是受了商家的误导。

对于这种购买误区，必须指出的是：按需购买，才是正路。以单纯追求高像素为购买原则，买到的不一定就是好数码相机。现在主流的数码相机已达千万像素。当然像素越高，照片质量就会越好，但是拍摄网络图片，1000 万像素就足够用了。如图 10-4 所示为佳能 EOS 600D 数码单反相机，1800 万有效像素的 CMOS 图像感应器。

图 10-4　佳能 EOS 600D 数码单反相机

如果拍照的目的并不是想将照片做成海报、挂历之类的大幅图片，一般没必要追求数千万像素！要知道，现在的市场上，很多同一系列相机的新型号经常只是增加了像素，而其他配置根本没有变化，价格却比旧型号高出许多，再加上商家的误导，我们的钱就这么被骗走了。

（3）购买时要在计算机里观看照片。在选购数码相机时，相信大家都会随便拍几张，在数码相机的液晶屏上看过后觉得效果可以就算了，其实这种方法是不正确的，因为数码相机的液晶屏很小，效果好坏并不能看出来。正确的方法是：拍出来后要在计算机屏幕上确认一下，并注意看照片有没有偏色。因此尽量到配备了计算机的经销商处购买相机。

（4）认清相机中的变焦功能。变焦情况也是相机的一个重要技术指标，因此许多用户在选购时也非常看重，并且希望变焦倍数越大越好，以便能够在远距离拍摄的情况下保证拍摄的质量。

不过在选购数码相机时，变焦倍数一定要看仔细，千万不要被一个简单的高倍数迷住了双眼。要知道，数码相机的变焦分为两种：光学变焦和数码变焦。实际上，影响拍摄效果的关键因素是光学变焦，它能够通过镜头的变化，将拍摄的景物拉近；数码变焦只是简单地将像素点扩大，因此在实际拍摄的过程中，数码变焦对拍摄的效果并不能起到太大的作用。

（5）使用电池的类型也是购买数码相机时需要弄明白的项目。一般来说，使用专用锂电池、镍氢电池的数码相机不仅能为使用者节省大量资金，还能大大延长拍摄时间。一般的电池不能重复充电，消费者必须不断购买才能保证正常使用，日久天长，这笔开支绝对不会是个小数目。

消费者在购买时应根据自己的喜好选择电池类型，就目前情况来看，建议家庭使用还是选镍氢充电电池，其成本较低，兼容性好。对于要求数码相机轻巧的消费者来说，锂电池是个不错的选择。

（6）许多用户在选购数码相机时往往认为自带的存储卡的容量越大越好，认为大容量的储存卡可以存储更多的照片，使用方便。其实数码相机和普通相机最大的不同之处就在于它无须冲印便可以看到拍摄的效果，如果不满意，则完全可以立刻删除，相机内留下的照片应该是精品，因此使用数码相机往往会比使用普通相机留下的作品要少。更何况，相同容量自带存储卡能存储的照片数量往往与相机的像素成反比，如果选择较低的像素，则存储的数量会成倍地增加。如果自带存储卡不够用，则完全可以通过外插存储卡来扩充容量。同时需要指出的一点是如果有笔记本电脑，并且是时刻都不离身，那么更不需要追求自带高容量的存储卡产品了，拍完后直接传输到笔记本电脑中就行了。

（7）认为“国货”不如“洋货”。这个误区不但在数码相机上有，在其他产品上也有。的确，在某些高端和专业级的产品上，我国的数码相机和国外的产品相比是略逊一筹，还不能达到一些“洋货”的高性能和高指标。但是相对而言，我国目前绝大部分的产品，已经非常成熟了。和“洋货”相比，我们的“国货”毫不逊色，并且在价格上也有一定的优势。因此，如果你是一位普通用户，想购买一款实惠好用的产品，不妨关注一下我们的国货。

（8）选数码相机，服务一定不要忘记。售前服务、售中服务、售后服务，这些在你想购买数码相机的时候，就都应该考虑进去。难道选择数码相机时只考虑参数、外观、成像就够了吗？如果机器出了问题怎么处理？这都是很容易被忽略的问题。随着数码相机的日益普及，问题的严重性已经暴露无遗。这些都是属于服务范畴的问题，希望读者在购买数码相机的时候千万不要忽略。

（9）防抖。现在的主流机型一般都具有光学防抖功能，而不防抖的机型就不怎么受欢迎了。笔者认为，不防抖的相机与防抖的相机功能也差不了多少，只要学会最基本的持机方式，都可以拍出清晰的照片。不防抖的相机价格要低不少，所以可以选择不防抖的机型。

（10）图像处理速度。拍完照片后，数码相机必须把图像存储在存储卡里。图像处理的时间从几秒到几十秒不等，在此期间，相机无法正常工作，并且对震动非常敏感，所以时间越短越好。

购买时，也要注意商家是否为正规经销商，是不是正品行货，是否全国联保等。这些是解除我们后顾之忧的保证。

如果大家是在苏宁、国美之类的大型商场购买，质量保证问题应该可以放心。但如果是在数码卖场里的店铺中购买，则要多花些心思，否则很容易就会买到翻新机，而且要注意检查标准配件是否齐全，保修期是多久等。最好找懂行的朋友一起去，货比三家。

10.1.3 数码相机的日常保养

很多人对相机的保养知识并不是很了解，总是等到机器出问题了才四处找维修站，询问该如何爱护自己的相机，这可能也是在大部分数码相机用户中普遍存在的现象。

如果掌握了数码相机的日常保养知识，则可以大大延长数码相机的使用寿命。毕竟数码相机的价格不菲，应小心保养，尽量延长数码相机的使用期限。与传统相机一样，数码相机也存在防水、防尘、防震等问题，一定要了解相机的日常保养知识，并对相机的保养和养护等给予足够的重视。

下面总结了一些保养、维护相机的方法，希望能对大家有所帮助。

1. 严格按照说明书操作

数码相机属于精密仪器，操作复杂，因此必须严格按照说明书中的操作步骤进行操作，否则极易出现故障和死机等现象。

2. 存放相机避免潮湿

数码相机与其他的电子产品一样，水自然是万万不能沾上的，否则有可能让它立刻“毙命”。湿气也是它最大的敌人之一，这对生活在南方的朋友来说是个比较大的问题。在潮湿的环境下，内部元器件容易慢慢地被腐蚀氧化。如果阴雨天在室外拍摄使用，则需要格外注意，不要让水滴进入机器内。

3．保护存储卡

数码相机的存储卡都很小，而且很薄，极易折断，其上的金属接口片极易被污染和划伤，所以最安全的方法就是将存储卡放入专用包装盒内或相机内。平时一定要将存储卡存放在干燥的环境中，已存有图像文件的存储卡还要尽量避磁、避高温存放。

> 在插拔存储卡时，一定要在关机之后进行操作。有些相机因为存储速度较慢，拍摄完成之后还需要一些时间进行数据写入，如果这时拔出存储卡，不但会使写入一半的数据丢失，还可能对存储卡造成永久损坏，因此关机后稍等一小会儿再拔卡，才是正确的操作。

4．保护液晶屏

一般数码相机都有液晶显示屏，在使用过程中，可能会粘上一些不易拭去的指纹或者其他污垢，除了用软布轻轻擦拭外，还可用透明粘贴纸粘在液晶显示屏上，以免屏幕被刮伤而影响图像的观看。

5．连接计算机时要断电

在将数码相机中的图像下载到计算机上时，需要将数码相机与计算机用导线连接起来。在连接之前，最好关闭计算机和数码相机，以免带电操作而损坏数码相机。

6．电池保养

现在数码相机使用的电池主要有两种：一种是专用锂电池，另一种就是 AA 充电电池。使用锂电池时不需要注意太多，用得差不多没电了直接充电就可以。只要充电器显示充满之后，再用小电流补充半个小时到一个小时即可。

7．把相机放在包里

首先，你需要一个结实、好用的摄影包来装相机、数码存储卡和电池套件，如果再奢侈一些，则可以购置辅助镜头或小型便携式三脚架。

如果想购买新款摄影包，则最好找稍大一点的。如果你买的摄影包在每次取东西时，都要把里面的东西全部拿出来，那你肯定不会喜欢。因为这样会错过许多很好的拍摄机会，而且也很麻烦。在买摄影包时，最好把相机和附件带上，看一看哪种包最合适。

如何背挎包也非常讲究。调整好摄影包上的带子，不要使相机离身体太远，否则它会从身上弹起，碰到别人或撞到其他物体。最理想的方法是：将摄影包挂得稍高一些，这样手臂可以防止它受碰撞，而且还可以防小偷。

8．保持相机干净

手指经常碰到镜头是不可避免的，灰尘和沙砾也会落到光学装置上。镜头上的这些污渍会严重降低图像质量，使图像出现斑点或减弱图像对比度。

这就是我们为什么需要对相机进行清洗的原因。清洗工具非常简单：镜头纸或带有纤维布的精细工具、镜头刷和清洗套装。千万别用硬纸、纸巾或餐巾纸来清洗镜头，这些物品会严重损害相机镜头上的易碎涂层。

长期存放相机，有必要将相机与皮套、包装等分开存放在干燥的地方，防止相互滋生细菌出现霉变。另外，不要将相机放在阳光直射的高温地方，而且要远离灰尘、沙子等细小颗粒集中的区域。电视、冰箱、音响周边也不是存放相机的好位置，这样机器很容易被磁化，尤其对金属机身的产品更加不利。

10.2　拍摄照片的准备工作

要想拍摄出精美的商品照片，首先要对拍摄照片的工具和灯光布置有一定的了解。本节将介绍拍摄商品照片的准备工作。

10.2.1　了解拍摄工具

在拍摄商品照片之前，首先要了解拍摄商品的工具，如相机、摄影棚、台灯等。

1．相机

选择的相机最好带有手动功能，手动功能可以在拍摄过程中，根据光线和拍摄需要自由调节相机的设置，以满足拍摄的需要。如图 10-5 所示为一款典型的数码相机。

图 10-5　数码相机

2．摄影棚

摄影棚如图 10-6 所示，主要用来拍摄一些小商品，如小型数码产品、护肤品等商品。用户可以在摄影棚的上、下、左、右对商品进行投光，当光线透过摄影棚投射到商品上时，光线会变得很柔和，有助于拍摄出精美的照片。

3. 台灯

台灯如图 10-7 所示，通常和摄影棚一起使用，是商品拍摄时主要的光源。台灯的灯泡最好使用节能灯，因为节能灯所散发出来的光线投射到商品上，不会使商品的色泽发生较大的变化。通常情况下，拍摄商品时需要使用到 3 ~ 4 盏台灯。

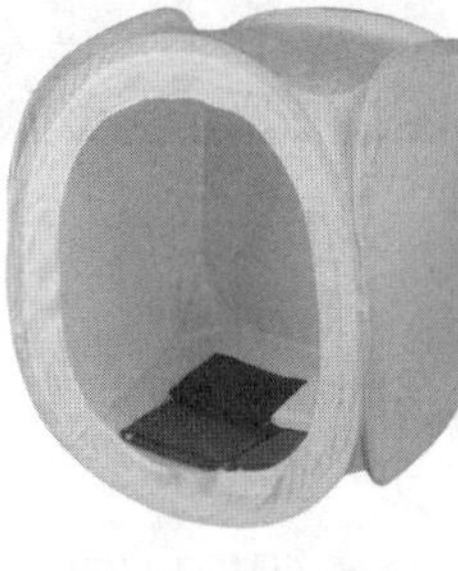

图 10-6　摄影棚

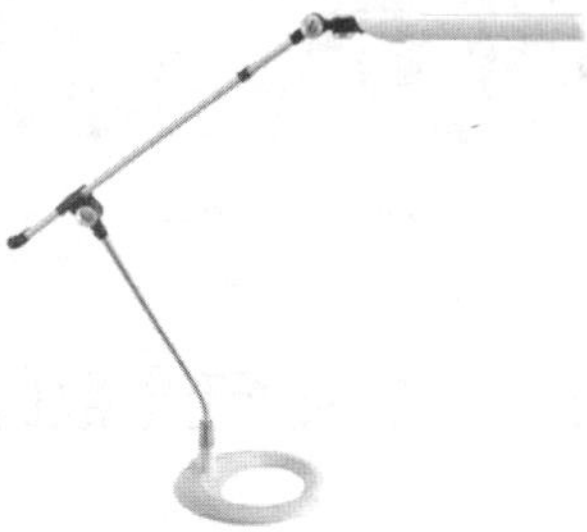

图 10-7　台灯

10.2.2　拍摄场景布置

还有一个需要准备的就是拍摄场景，这一点至关重要。在给商品拍摄照片时，不是把商品随便放在那里拍就行，对拍摄场景的选定也是讲究技巧的，首先要了解商品的基本环境要求。

第一，拍摄场景要单一，背景要简洁。背景色最好以黑色和纯色为主，这样的背景色应该适合大部分商品的拍摄需求，切忌使用很复杂的颜色。场景的布置可以利用墙纸或其他布料，不必刻意去准备，手头现有的一切东西只要适合都可以用，如图 10-8 所示。

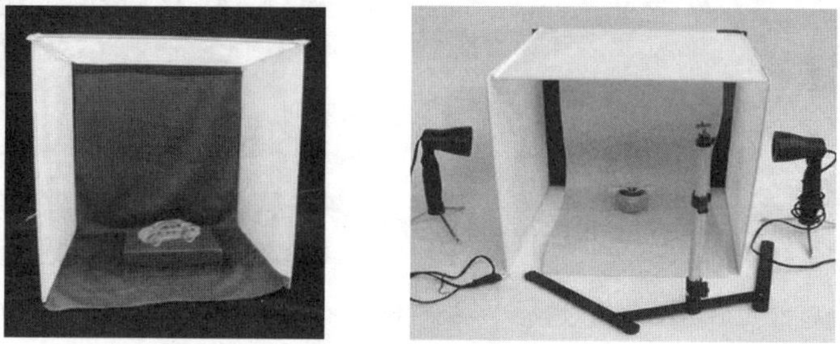

图 10-8　拍摄场景

第二，商品周围不要放太多其他东西，颜色要适合商品拍摄的需要，不能把商品放在一大堆杂物中拍摄，这样拍出来的照片会出现主次不分明，甚至喧宾夺主的情况，如图 10-9 所示。除了层次之外，还要很好地表现出主次关系，如图 10-10 所示。拍摄项链时，应该把项链的坠子放在最前面，这样主次关系就很明确了。

图 10-9　将商品放在杂物中拍摄

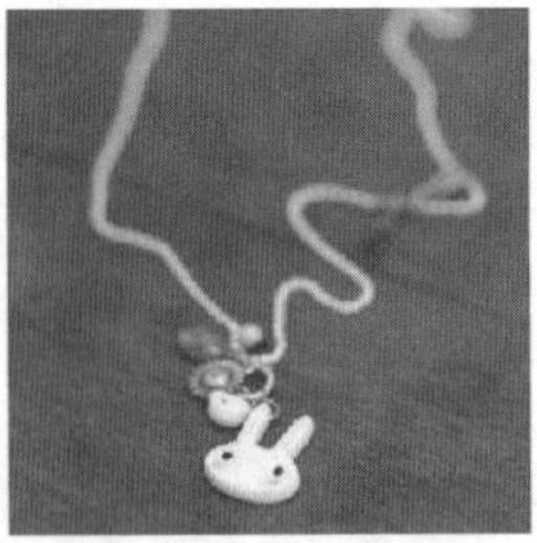

图 10-10　拍摄项链

10.2.3　怎样用普通数码相机拍出好照片

网上销售最重要的一点就是商品是通过图片来展现的。好的图片是吸引买家点击和购买的最重要因素之一。所以拍摄出漂亮、真实的图片可以说是网店销售至关重要的一个环节。只要掌握好技巧，完全可以拍摄出精美、吸引人的图片。

要拍好照片，需要注意如下几个方面。

（1）一般拍摄产品照片时最好用 M 手动模式，把相机微距打开，这样产品的细节就可以很清楚地表现出来。如图 10-11 所示为使用 M 手动模式并把相机微距打开时拍摄的物品。

（2）在拍摄的地方放一张白纸，将相机设置为手动白平衡，然后将镜头对着白纸，使白色充满相机屏幕中间的框，按下设置键（不同的相机有不同的设置键，在相机屏幕上会有提示），如图 10-12 所示。

图 10-11　打开相机微距拍摄的物品

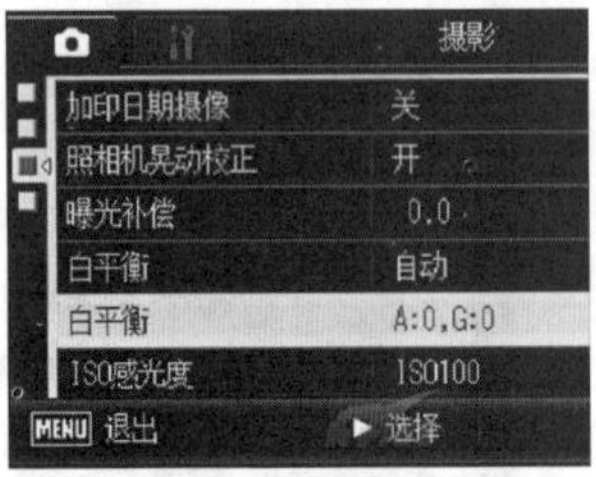

图 10-12　设置白平衡

这时你会发现，在相机中看到的白纸和刚刚看到的白纸相比，颜色有了变化，这说明设置成功了。然后在刚刚放白纸的同一个地方，放上要拍摄的商品，这时白平衡就是正确的了。如果换一个地方拍摄，那么就需要重新设置白平衡。

很多照片拍不好都是因为晃动相机造成的。拍照时，可用右手拿稳相机，左手轻扶相机底部。在拍照时，不要让配件或手指遮住镜头及闪光灯。

（3）缩小拍摄距离。有时候，只需要简单地离宝贝近一些，就可以得到比远距离拍摄更好的效果。在给宝贝拍摄照片时，并不一定非要把整个宝贝全部照下来，有时候对宝贝的某个具有特色的地方进行放大拍摄，反而会拍摄出具有强烈视觉冲击力的照片。

（4）注意正确的曝光，注意光线是否充足。在拍摄时，应尽可能避免逆光拍照，应让光线照在拍摄物上，拍摄者要站在光线来的方向。在阴天或阴影处，应使用柔和光源。在不同的光线条件下，应选择适当的光圈及控制按快门的速度。光圈的大小是以数字表示的，数字越大光圈越小，数字越小光圈越大，光圈越大，进入镜头的光线越多。光线不足处就要使用闪光灯，但应注意所使用闪光灯的有效范围，一般闪光灯的有效范围只有三四米。

（5）变换拍摄风格。当拍摄了很多宝贝后，你会发现它们很可能都是一种风格，看多了就会给人一种一成不变的感觉，所以在拍摄过程中应该不断地尝试新的拍摄方法或变换新的拍摄场景。比如可以分别拍摄一些宝贝的全景、特写镜头或多个宝贝组合等。

（6）相机的曝光补偿功能可以在拍摄时进行调节，避免在光线不足或光线过于强烈时引起曝光不足或过度曝光等情况。如图 10-13 所示为使用曝光补偿功能拍摄的照片。

图 10-13　使用曝光补偿功能拍摄的照片

（7）摄影缺少了光线就不能称为摄影，摄影是光与影的完美结合，所以在拍摄时需要有足够的光线照射到被摄物体上。最好也是最简单的方法就是使太阳处于背后并有一定的偏移，前面的光线可以照亮宝贝，使它的色彩和阴影变亮，轻微的角度则可以产生一些阴影来显示出宝贝的质地。

（8）每个卖家都不希望自己拍摄的宝贝看起来像个平面，没有立体感。所以在拍摄时，就要适当地增加用于显示相对性的参照物。通过对比，可以显示出宝贝的大小。

10.3　拍摄小型商品

前面介绍了选择数码相机和使用普通数码相机拍出好照片的方法，下面就来介绍小型商品的拍摄技巧。

10.3.1　摄影棚和灯光的布置

前面已经介绍了摄影棚的作用，下面就介绍摄影棚和灯光的布置方法。

首先，按照摄影棚使用说明书上的说明将其搭建好，并将摄影棚放置在平稳的桌面上，尽量保证光线可以从不同的方向投射到商品上。

其次，进行灯光的布置。比较标准的摄影棚一般要配置3～5盏灯，可以让光的效果更丰富，但是初学的朋友千万别以为灯越多越好，因为灯越多，越难控制。如图10-14所示就是常见的灯光布置方案，将商品放置在摄影棚中，然后在摄影棚的左右两侧分别打开两盏灯，此时可以通过调整两盏灯的强度来调节光线，最后进行拍摄。

图10-14　常见的灯光布置方案

光线的方向不同，所拍摄出来的商品效果也是不一样的。顺光可以体现出商品的质感；侧光可以体现出商品的立体感；逆光可以体现出商品的轮廓；角度较低的逆光能够体现出商品的透明感；角度较高的逆光可用于拍摄商品的轮廓形态。

10.3.2　对小型商品进行单独拍摄

对小型商品进行拍摄的方法有很多种，例如可以放在盒子里拍，让模特拿着或者戴着拍等都可以，但也需要注意一点，那就是一定要体现出商品，而不是衬托商品的背景和其他杂物。

下面就以首饰类商品为例介绍小型商品的拍摄技巧。

1. 选择正确的对焦点以突出商品

可将首饰和包装一起放入摄影棚中，拍摄时需要注意对焦点的选择，对焦时一定要将对焦点对到需要表现出来的地方。在拍摄的时候，对焦点应在首饰上，同时还要注意对焦段的控制，如图10-15所示。将精美的包装盒一起拍摄下来有时候能够提升商品的档次。

2. 设计精美的造型

在拍摄小型商品的同时，也需要注意商品的造型。例如，将项链摆成一个圆形，这就是摄影构图中的一种，能给人带来一种雅致的感觉，如图10-16所示。

3. 其他拍摄技巧

首先，背景是很重要的，背景要与主体反差鲜明。反差有很多种，如颜色、材质等。切忌平淡或者将商品淹没于背景中，这是最失败的。要根据商品的特点搭配合适的背景，如图 10-17 所示。生活中能够用于布置场景的材料有很多，要开拓思路寻找各种道具。例如，美化家居用的花纹墙纸非常适合用来充当小型商品照片的背景画，通常装饰市场就有大量的墙纸专卖店。

图 10-15　选择正确的对焦点

图 10-16　注意商品的造型

图 10-17　其他拍摄技巧

其次，要多拍些宝贝的特定部分，以给人一种精致的感觉。

最后，拍出的宝贝要有光泽，就必须要有光源且光源尽量是无色的。

10.4　在简易摄影棚中拍摄

简易摄影棚又称为“亮棚”，它是一种周围覆盖着柔光布的折叠软箱。当家中的环境空间不够宽敞时，使用亮棚拍摄纯色商品图片则不失为一种快捷方式。在摄影器材店中，亮棚的售价不高，如果商品不是很大，可以买一个现成的简易棚。如图 10-18 所示为淘宝上卖的简易摄影棚。

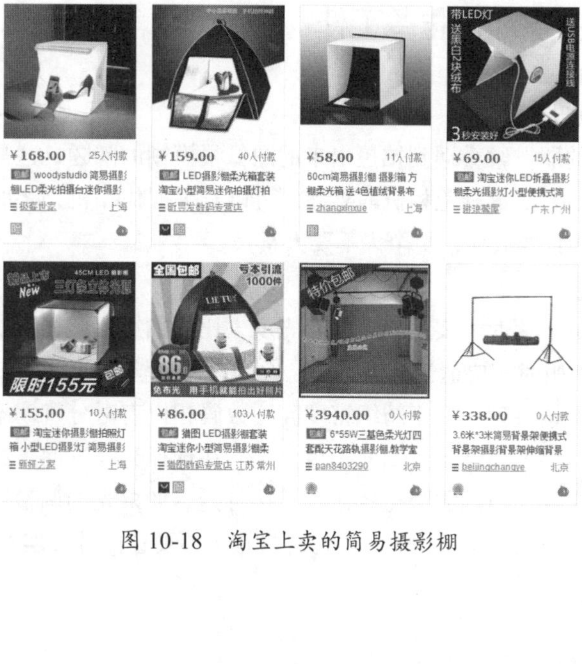

图 10-18　淘宝上卖的简易摄影棚

在淘宝上买一个摄影棚要 100 元左右，对于一切都紧巴巴的新开店的人来说，这无疑又是一笔不小的支出。若店家自己能做一个，肯定是最好不过了。如图 10-19 所示为一个自制的摄影棚，其主体是一个内部贴着白纸的大箱子。在使用时，还需要 A0 卡纸两张、灯罩、20W 节能灯管、插头及灯座，另外还需要一个用于固定灯座的饮料瓶口，安装时卡紧在箱子上开的孔里。

图 10-19　自制的摄影棚

10.5　服饰类商品的拍摄与处理

对于在网上开店的销售服装的人来说，当衣服多起来之后，就很难抽出时间来对照片进行后期处理了。因此，一些有经验的店家在拍摄时就已经考虑好了构图、明暗等因素，后期最多加点文字之类的。争取一步到位，不要寄希望于后期的处理。

10.5.1　拍摄前的准备工作

1．保持相机的稳定

许多刚学会拍摄的朋友常会遇到拍摄出来的图像很模糊的问题，这是由于相机的晃动引起的，所以在拍摄过程中要尽量避免相机的晃动。可以双手握住相机，将肘部抵住胸膛，或者靠着一个稳定的物体，并且要放松，整个人不要太紧张。

2．注意调节光线

在拍摄不同类型的衣服时，要适当调整曝光度，比如拍摄深色棉质衣服时，需要适当增加曝光，而拍摄纯白色衣服时需要适当减少曝光。丝制、棉加丝类或者毛衣这类衣服比较难拍摄，在拍摄时有反光或者大量纹理，由于纺织密度高，数码相机有时分辨率不够或者因为反光等原因会出现太阳纹。这时要适当调整光圈或拍摄角度。在选择光线方面，细腻质料的服装比较适合用柔和点儿的光，粗糙质料的服装比较适合直接打光。如果光的调整还不是非常完整，那么就要借助图片处理工具修饰一下了，注意在修饰过程中不要让图片和实物有太大的差别。

3．选定拍摄样式

采用不同的方式举握相机，拍摄出来的图像效果也会不同。最简单的就是竖举和横举相机，竖着拍摄照片可以强调宝贝的高度，而横举则可以突出宝贝的宽度。

4．增加景深

景深对于拍摄来说非常重要。每个卖家都不希望自己拍摄的宝贝照片太过平面，没有一点立体感。所以在拍摄过程中，要适当地增加一些用于显示相对性的参照物。最好通过对比来显示宝贝的大小。

5．正确的构图

要拍摄好宝贝照片，构图非常关键。摄影上比较常见的构图有三点规则。先将画面分为三个部分（水平和垂直），然后将被拍摄的宝贝置于整个画面的三分之二的位置，这样的构图显得图片比较饱满，被拍摄的商品看起来比较舒服。

10.5.2　从细节开始做起

服装网店要想博得买家的好感，拍摄出精美的宝贝照片是非常重要的。同样的产品为什么有的卖家日销几十件，而有的卖家几十天也卖不出一件呢？主要原因就在于展示宝贝的照片上。要拍出精美的照片还是应该从小处着手，从细节开始做起。

1．产品拍摄前要整理熨烫好

这是很重要的一个细节。刚进的衣服由于折叠的关系通常会比较皱，需要熨烫，使用普通的家用熨斗就行，当然如果有更专业的熨斗更好，如图 10-20 所示。

2．商品摆放要一步到位

商品摆放要一步到位，如图 10-21 所示。拍摄服装图片时，有的卖家可能觉得有一点儿不整齐没人会看出来，问题不大，或者可以通过后期修图来处理。其实这么做通常往往得不偿失，因为这样拍摄出来的照片需要花不少时间来进行后期处理。摆放好商品是很简单的事，摆放好了后期处理就非常简单了。

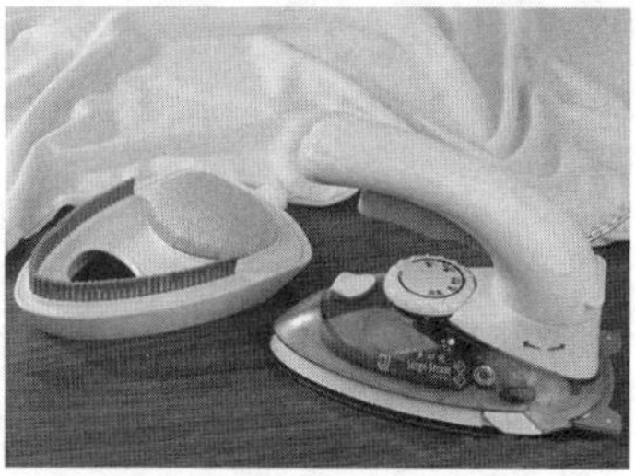

图 10-20　拍摄前要整理熨烫好宝贝

图 10-21　商品摆放要一步到位

3. 搭配风格

不同的服装要有不同的配饰来搭配。摆放衣服时，一要有搭配，二要摆得生动，三可加些小装饰做点缀。如图 10-22 所示的服装图片，店主在摆放衣服时选择了不同的配饰，如小礼帽、鞋、小配件等。如果店主的服装是想走清新风格，可以选择一些可爱的小饰品。如清新的花朵等做点缀；如果是想走爵士摇滚风格，可以加一些礼帽、乐器等做搭配。不同的搭配会带给顾客不同的购物感受。

图 10-22　搭配图片

4. 拍摄时细节图不可忽略

服饰类商品都是需要进行细节拍摄的，以体现服饰的材质和做工。一般来说，只需要拍摄出买家最关心的几个位置就可以了，例如衣领、衣袖、扣子等位置，如图 10-23 所示。要想展示出服饰细节，需要使用到相机的"微距"拍摄功能。

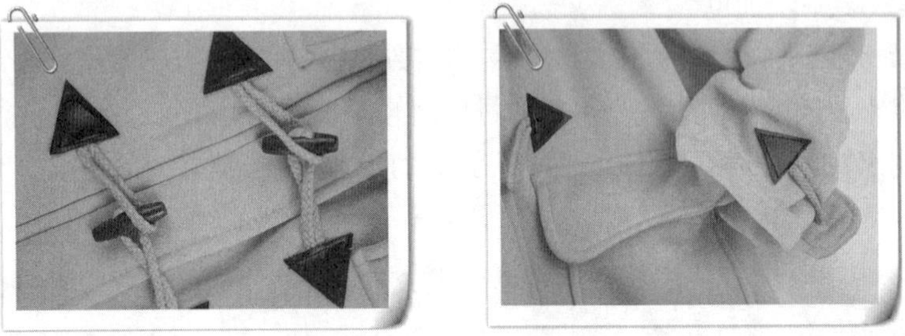

图 10-23　拍摄细节图

10.5.3　拍摄服装要注意的问题

开服装网店，最重要的就是把服装更好的一面呈现给买家，给买家展示最真实、最漂亮的服装，这样有助于店铺的销售。服装产品图的拍摄非常有技巧，在拍摄服装时需要注意以下几点。

（1）展示衣服最好使用模特，找不到真人也可以使用假人。这样才能完全表现出衣服的立体造型，激起买家的购买欲。毕竟，一件衣服摆在地上和穿在身上的效果是完全不同的。

（2）在背景处理上下些功夫，因为皱皱巴巴和黯淡的背景会让人看了不舒服。

（3）在光线布置上，为了突出衣服的面料、质感及整体设计造型，最好采用主光与辅光结合的方式，即一般在衣服的前上方 45° 角上放置一盏灯作为主光，再在衣服的正前方放一盏光线弱一些的灯作为辅光，淡化主光带来的阴影。如果有条件，还可以在衣服的背面放一盏灯来照亮背景。

（4）由于一般家庭用的灯光色温不是偏高就是偏低，所以拍完后需要处理一下，把照片的色温调到正常。最简单的方法就是把照片里衣服的颜色与日光下的比较一下，如果基本一致就行。这样就不会与客户发生衣服颜色不符的纠纷了。

（5）模仿不是剽窃，初学者要多学习优秀店铺的成功经验，多向店家中的拍摄高手取经，看看他们拍的精美的图片，学习和模仿他们的搭配方法，从中领悟和创造更好的拍摄效果。

10.5.4　服装挂拍技巧

在拍摄服装时，可以选择如下几种服装拍摄方式：挂拍、平铺和穿在模特身上拍。挂拍虽然看上去简单，其实也是非常需要技巧的。

如果使用衣架辅助拍摄，则最好选择在木质的地板上或者以墙壁为背景拍摄，这样拍摄出来的衣服在画面上不会显得呆板，可以让衣服显得时尚。

如图 10-24 所示的服装挂拍，店主直接将衣服挂在衣架上拍摄，没做任何的修饰，拍出来的图片显得很沉闷。这种图片会直接影响到买家的购买欲望。

如图 10-25 所示的服装挂拍，可以看出店主花了很多的心思拍摄宝贝，衣服虽然看上去很普通，可是仍然让买家觉得很舒服。将衣服挂在窗户边拍摄，用自然光来辅助细节是聪明的选择。

图 10-24　没做任何修饰的挂拍

图 10-25　花心思的挂拍

服装挂拍光线布置如图 10-26 所示，准备就绪以后就能拍出完美的服装图了。

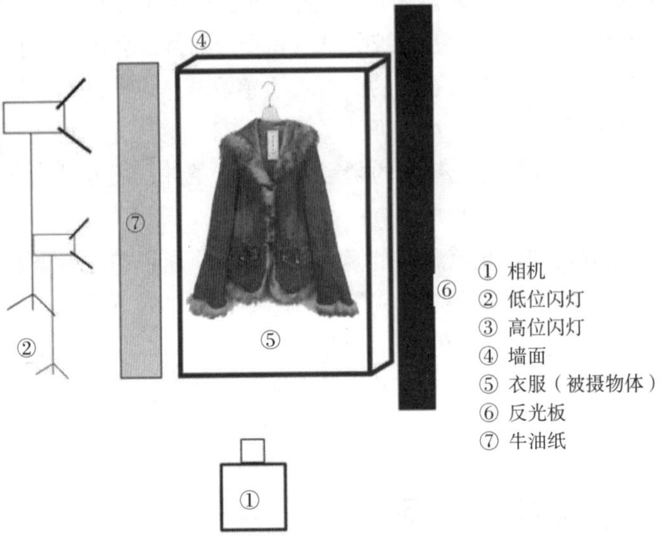

图 10-26　服装挂拍光线

10.5.5　平铺服装拍摄注意事项

拍摄服装时，背景要简洁，皱皱巴巴和黯淡的背景会让买家看了不舒服。可以根据衣服的颜色，采用色彩的高反差来突出衣服的效果，如图 10-27 所示，白色的衣服和黑色的底板形成了鲜明的对比。

图 10-27　底板拍摄

不是每个店铺都有找模特的条件，也不是每个店主都具备做模特自拍的条件，所以平铺拍摄是大多数实物拍摄的最佳选择。怎样才能把一件平铺的衣服拍得既美观又真实呢？

1. 光线均衡

由于拍摄平铺衣服需要的场地比较大，经常会出现光线不均匀的现象。所以在室内拍摄建议最好有 2～3 盏台灯，这样拍摄时光线会比较均衡。如图 10-28 所示在光线均衡条件下的拍摄效果。

在室外拍摄时，可选择天台、空旷的公园等场地，这些地方周围没有阻挡光源的物体，被拍摄的衣服可以很均衡地吸收光线，不会产生暗点、阴影。注意不要在阳光强烈的时候进行拍摄。

2. 适当点缀

为了避免画面单调无趣，可以使用一些点缀物，如用帽子、眼镜、包包、饰品、鞋子等进行搭配，注意不要都搬出来，选择一两件就可以了，切记不要太复杂，否则容易让人产生喧宾夺主的感觉。如图 10-29 所示为平铺时适当点缀后的效果。

图 10-28 平铺时光线均衡

图 10-29 平铺时适当点缀

3. 平整舒适

首先背景布要平整。可以选择一些不容易皱的背景布，如果还是不够平整，拍摄前可以先将背景布烫平。不要在乎这点时间，因为这会减少不少后期的工作量。

准备拍摄的衣服不要急于摆设，先将衣服熨平整一些。新衣服一般都有折痕，直接摆出来很影响美观。

4. 细节放大

平铺衣服的整体图一般只能看到款式，料子的质地就要用细节图来表现了。看不到细节图不知道衣服是什么布料的，买家往往很难下定决心去买它。

10.5.6 模特拍摄技巧

除了最常见的底板拍摄和衣架拍摄外，在衣服展示上最好还是使用模特，这样才能完全表现出衣服的立体造型，从而激起买家的购买欲，如图 10-30 所示。毕竟，放在地上的衣服和穿在身上的衣服给人的感觉是完全不同的。

图 10-30 模特拍摄

如今在网上开店图片越来越重要了，很多有实力的卖家都会请模特进行实拍，那么如何才能拍出好的图片呢？

使用模特摄影时，首先要计划到底要拍什么感觉的照片。如果事先不做任何计划，只按照临时想法或单纯依靠模特，不但会拖延摄影时间，而且也无法得到满意的效果。模特的使用时间越长，费用也越高，给卖家增加经济上的负担。

拍摄服饰类商品的方法有很多种，其中利用模特实际穿着衣服的拍摄方法最自然，因为衣服就是用来穿的东西。模特摄影大致可以分为室内摄影和室外摄影两种，二者最大的区别就是照明，也就是自然光和人工光的区别。

在实地拍摄时，要进行多角度拍摄。从上向下拍摄会使模特和衣服给人比较矮小和比较短的感觉，从下往上拍则会给人身材高挑、衣服比较长的感觉。因为前后左右拍摄都有不一样的效果，所以如果想要给买家一个最直观的感受，那么我们就要从每个角度都拍摄出一个系列，然后从中挑选出效果最佳的来做展示。商品展示图越多越全面，买家看到后的购买欲望就会越强烈。所以拍摄时不要心烦气躁，要拿出 100%的耐心，有好的心态才能拍摄出好的照片。

10.5.7 服装模特拍摄地点

让模特穿上衣服，并摆出不同的姿势来展示商品，这样最能够展示出商品的立体效果。下面就介绍通过真人模特来展示服装的方法。

1. 室外拍摄

在室外拍摄时，一定要让模特在不同的角度摆出不同的姿势，一般有正面、左侧面、右侧面和背面就可以了。如此一来，就可以从不同的角度来展示服装，买家在欣赏图片时就像自己在照镜子一样。

公园随处设立的长凳可以成为理想的拍摄场地，例如利用公园长凳拍摄女式上衣时，可以在公园中找到一处树荫场景，通过明暗过渡、相互交替的情景，将商品细节完美地表现出来。公园的过道、草丛随时都能成为拍摄场景。如图 10-31 所示为室外拍摄。

图 10-31　室外拍摄

2. 室内拍摄

如果有条件进行室内拍摄，那么就要注意光线的方向和强弱。一般来说，有光的地方就会有影子，但如果出现影子，那么整个画面就显得不是很好看，所以背景最好使用单一的深色，例如灰色，如图 10-32 所示。

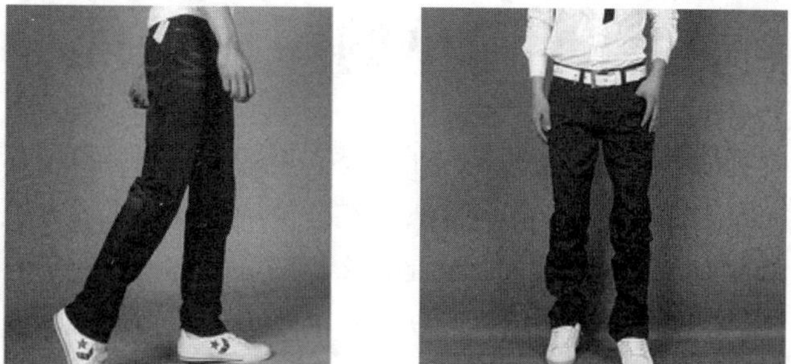

图 10-32　室内拍摄

第 11 章 处理吸引顾客眼球的商品照片

开店指导

顾客在购买的那一刻是感性的，一张好图胜过千言，无论是在淘宝开店还是其他的网上商店都少不了商品图片。一张漂亮的图片可以让店铺的宝贝脱颖而出，可以为店铺的宝贝带来人气，可以让买家心情愉悦，可以让买家怦然心动。本章介绍如何利用图片处理软件处理出精美的商品照片。

11.1 简单的照片处理

网上商店精美的产品图片使人产生愉悦的快感，增加产品销售成交率。淘宝商品图片分为两种：一种是宝贝标题图片，也就是买家在搜索结果及广告等各个地方看到的你的产品的缩略图。他们通过这个图片来大致了解你的产品是什么样的。另一种就是宝贝的描述图片，这部分图片对标题图片起到了补充的作用，图片可以更大，并且限制较小。

11.1.1 调整拍歪的照片

商品照片拍歪是经常遇到的情况，本节将讲述如何利用 Photoshop①处理拍歪的照片，具体操作步骤如下。

（1）启动 Photoshop，打开一张拍歪的照片，如图 11-1 所示。

① 本书中对 Photoshop 的使用演示，以 Photoshop CS5 版本为例。

（2）选择“图像”|“图像旋转”|“任意角度”命令，如图 11-2 所示。

图 11-1　打开图像

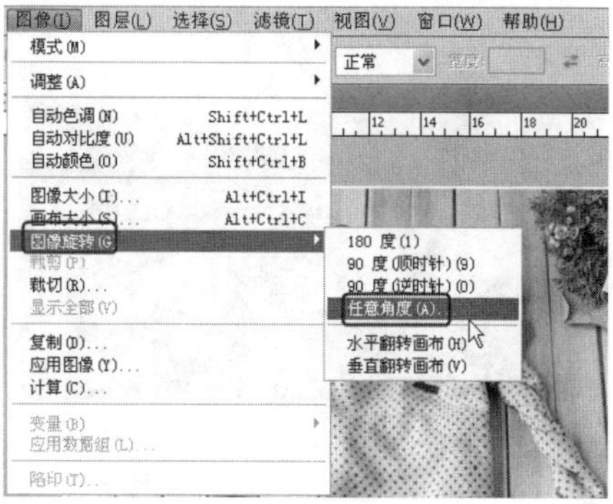

图 11-2　选择“任意角度”命令

（3）弹出“旋转画布”对话框，将“角度”设置为“7”，选中“度（逆时针）”单选项，如图 11-3 所示。

（4）单击“确定”按钮，即可将拍歪的照片调正，如图 11-4 所示。

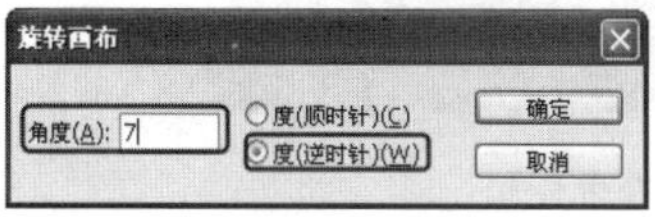

图 11-3 “旋转画布”对话框

图 11-4　调整图像

11.1.2　放大与缩小图片

在经营网店的过程中，经常碰到有些照片由于文件太大而无法上传的情况，这时就需要将其缩小一些。本节将讲述调整照片大小的具体操作方法。

（1）启动 Photoshop，打开图像文件，如图 11-5 所示。

（2）选择“图像”|“图像大小”命令，弹出“图像大小”对话框，在该对话框中将“宽度”设置为“500 像素”，并选中“约束比例”复选框，如图 11-6 所示。

图 11-5　打开图像

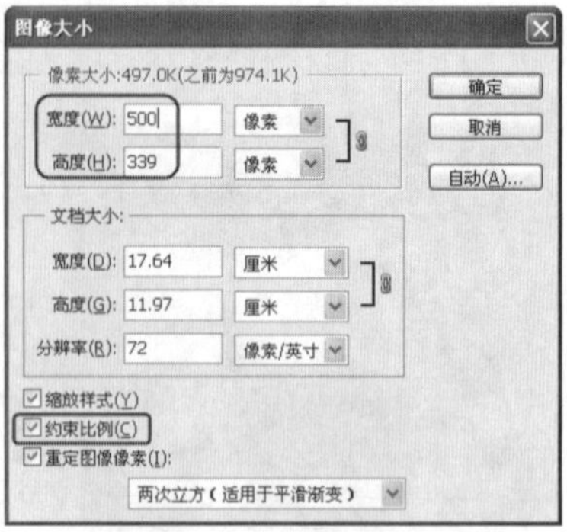

图 11-6　“图像大小”对话框

（3）单击“确定”按钮，调整图像大小，如图 11-7 所示。

图 11-7　调整图像大小

11.1.3　自由裁剪照片

上传到店铺中的图片需要设置成一定的尺寸才能完美地显示。有些照片直接缩小并不能达到想要的效果。下面介绍一下如何自由裁剪图片以得到想要的尺寸，具体操作步骤如下。

（1）启动 Photoshop，打开照片，选择工具箱中的“裁剪工具”，如图 11-8 所示。

（2）单击鼠标左键在图像中拖动，以选择要保留的区域，如图 11-9 所示。

（3）调整好裁剪的区域后，双击鼠标左键确定裁剪区域，如图 11-10 所示。

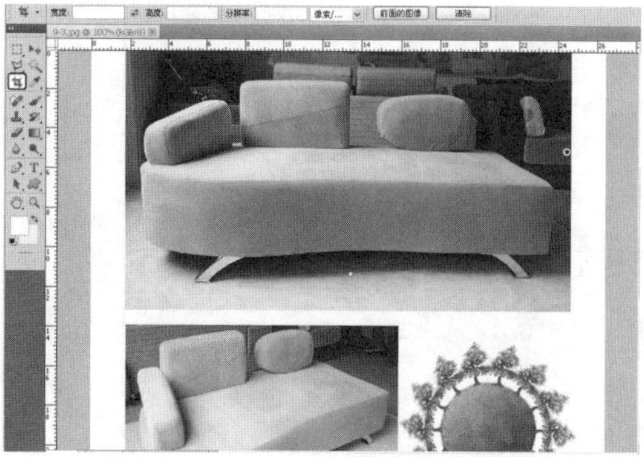

图 11-8　打开图像

图 11-9　选择区域

图 11-10　裁剪图像

11.1.4　调整图片符合淘宝发布的要求

淘宝对于图片的尺寸大小，在不同的地方上传有不同的规定，另外图片大了也会影响页面的打开速度，所以常常要压缩图片。下面介绍一下产品图片的压缩方法，具体步骤如下。

（1）启动 Photoshop，打开一张图片，如图 11-11 所示。

（2）选择“文件” | “存储为”命令，弹出“储存为”对话框，选择文件位置、文件名等，选中“作为副本”复选框，如图 11-12 所示。

（3）单击“保存”按钮，弹出“JPEG 选项”对话框，如图 11-13 所示。这里将品质设置为“8”即能满足网上图片的显示质量要求。

（4）单击“确定”按钮，即可成功压缩图片，如图 11-14 所示。

图 11-11 打开图像文件

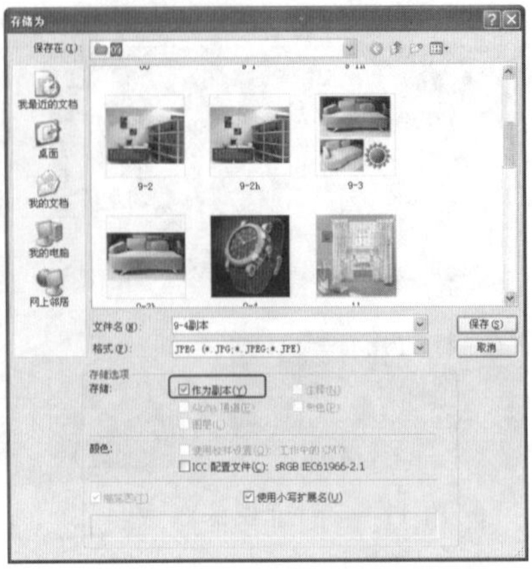

图 11-12 “存储为”对话框

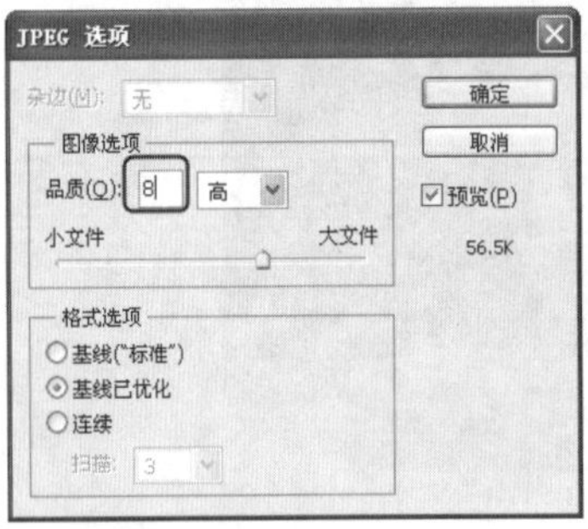

图 11-13 “JPEG 选项”对话框

图 11-14 成功压缩

11.2 调整照片效果

在拍摄图片时，由于某种原因，拍出来的图片可能没有那么完美。这时就需要用专门的软件处理一下，然后再上传。从本节开始将介绍网店行家常用的几种 Photoshop 功能，即使以前不会使用 Photoshop 的人，只要根据下面介绍的操作步骤一步步操作，也能制作出令人满意的图片来。

11.2.1 调整曝光不足的照片

通常由于技术、天气、时间等原因或条件所限，拍出来的照片有时会不尽如人意，最常见的问题就是曝光过度或者曝光不足。下面就向大家介绍如何在 Photoshop 中简单、有效地处理曝光不足的照片，具体操作步骤如下。

（1）打开一张曝光不足的照片，如图 11-15 所示。

（2）选择“图像”|“调整”|“曝光度”命令，弹出“曝光度”对话框，如图 11-16 所示。

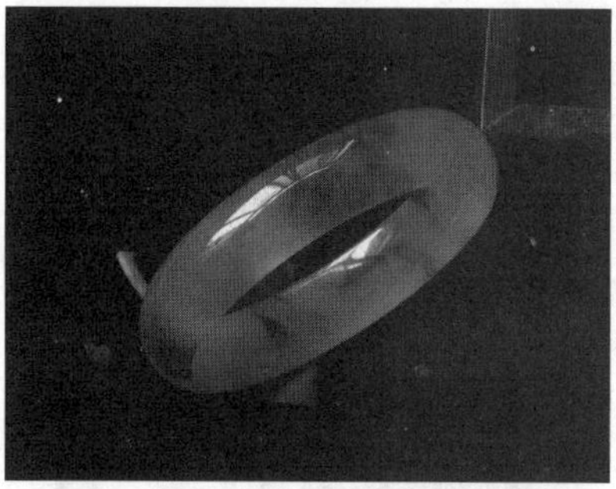

图 11-15　打开图像文件

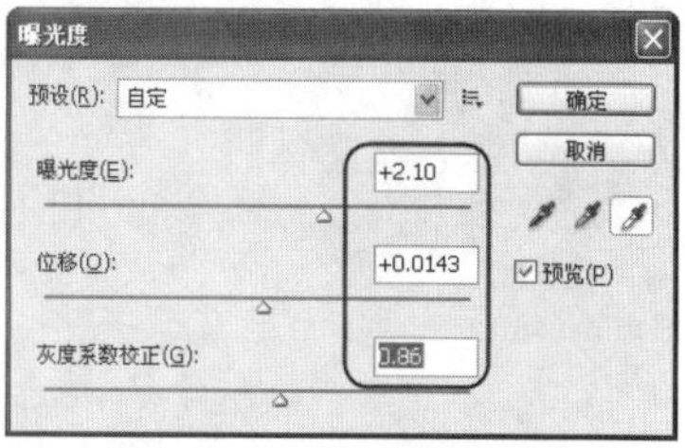

图 11-16 “曝光度”对话框

（3）在该对话框中将曝光度的值增大，然后单击“确定”按钮，即可调整图片的曝光度，如图 11-17 所示。

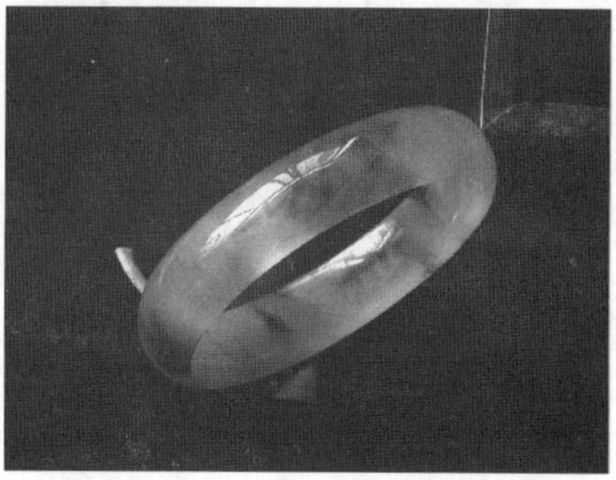

图 11-17　调整曝光度

11.2.2　调整曝光过度的照片

由于拍摄时光线太强烈，或在拍摄时加入了太多的白色而看不清商品图片，这就是曝光过度。本节要讲述的就是如何调整曝光过度的照片，具体操作步骤如下。

（1）打开一张曝光过度的照片，如图 11-18 所示。

（2）选择“图像”|“调整”|“曝光度”命令，弹出“曝光度”对话框，如图 11-19 所示。

（3）在该对话框中将曝光度的值减小，然后单击“确定”按钮，即可调整图片的曝光度，如图 11-20 所示。

图 11-18　打开图像文件

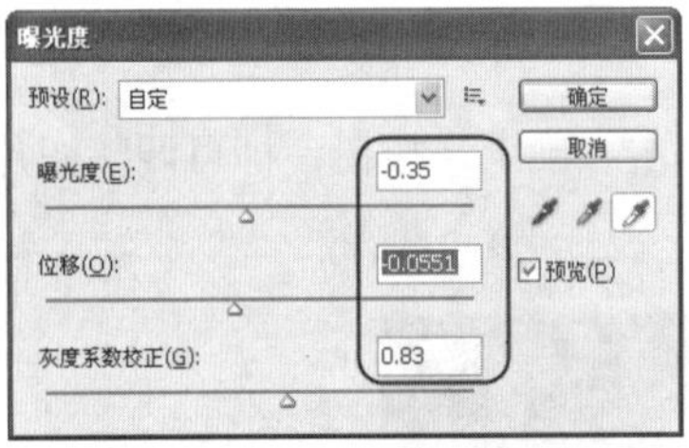

图 11-19　“曝光度”对话框

图 11-20　调整曝光度

11.2.3　调整模糊的照片

用数码相机或手机拍照，难免会因为各种原因使得照片效果不尽如人意，其中照片模糊是最常见的。使用 Photoshop 调整模糊图片的具体操作步骤如下。

（1）打开一张模糊照片，如图 11-21 所示。

图 11-21　打开图像文件

（2）选择“图像”|“模式”|“Lab 颜色”命令，调整图片模式，如图 11-22 所示。

（3）打开“图层”调板，在该调板中将“背景”图层拖动到“创建新图层”按钮上，复制“背景”图层，如图 11-23 所示。

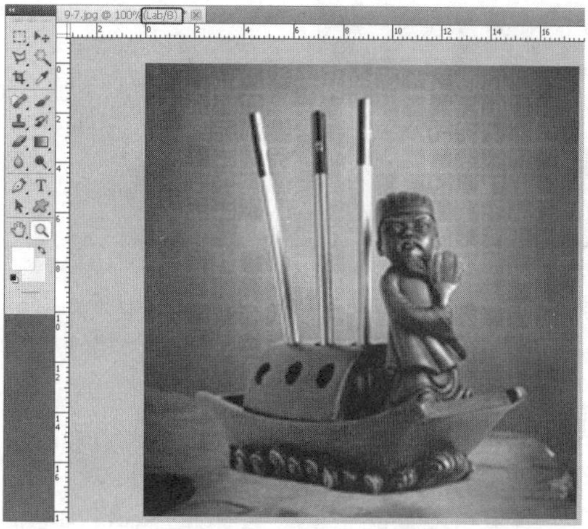

图 11-22　选择 Lab 颜色

图 11-23　复制背景

（4）选择“滤镜”|“锐化”|“USM 锐化”命令，弹出“USM 锐化”对话框，根据需要设置相应的参数，然后单击“确定”按钮，如图 11-24 所示。

（5）将图层混合模式设置为“正常”，不透明度设置为“70%”，如图 11-25 所示。

（6）如果还是不够清楚，还可以复制相应的图层，直到调整清晰为止，如图 11-26 所示。

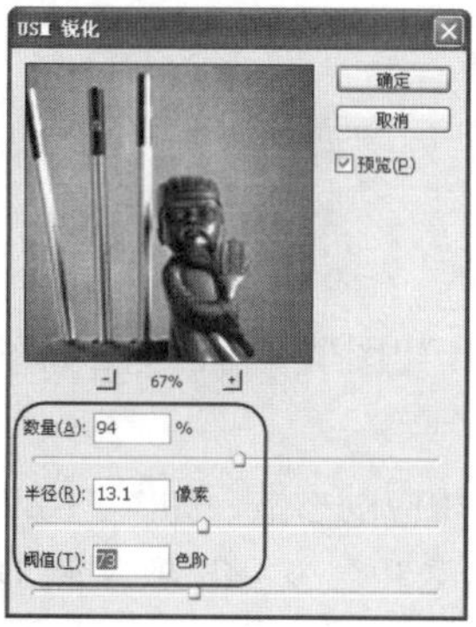

图 11-24 “USM 锐化”对话框

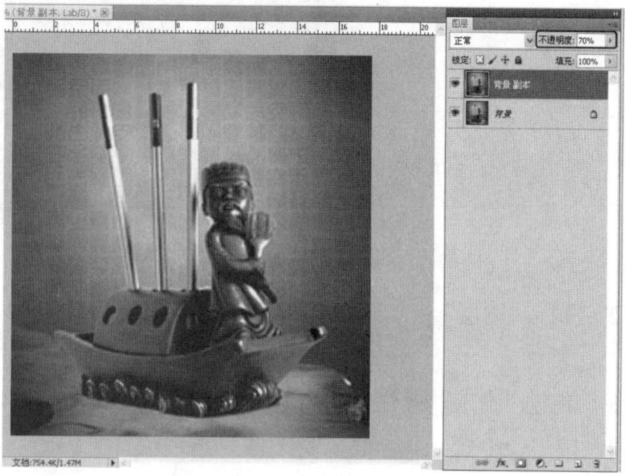

图 11-25　设置不透明度

图 11-26　调整后

11.2.4　调整对比度突出照片主题

对数码照片进行适当调整是非常必要的。要突出图像的主题，首先必须确认图像的主题是什么。只要主题确认下来了，剩下的步骤就很简单了。通过提高主题与背景的对比度、模糊背景、背景简单化等方法，都可以很有效地突出主题，具体步骤如下。

（1）打开一张图像文件，如图 11-27 所示。

图 11-27　打开图像文件

（2）选择“图层”|“新建调整图层”|“色阶”命令，弹出“新建图层”对话框，如图 11-28 所示。

（3）单击“确定”按钮，打开调整面板，在该对话框中设置相应的参数，如图 11-29 所示。

（4）按“Ctrl+C”组合键复制图像，然后选择“编辑”|“粘贴”命令，得到一个调整后的合并图层，如图 11-30 所示。

（5）对复制得到的图层中执行“滤镜”|“模糊”|“高斯模糊”命令，弹出“高斯模糊”对

话框，在该对话框中设置相应的参数，如图 11-31 所示。

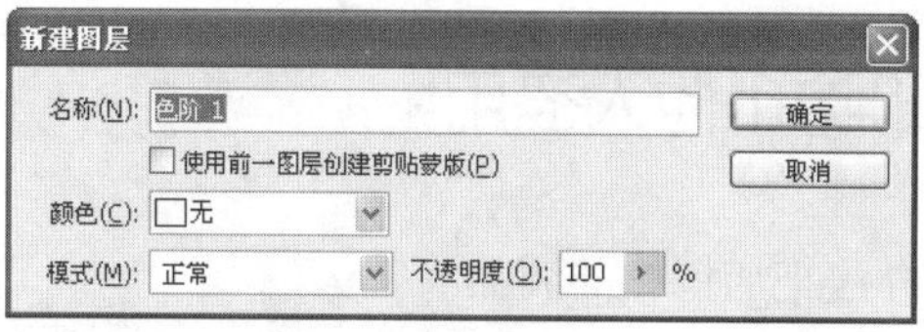

图 11-28 “新建图层”对话框

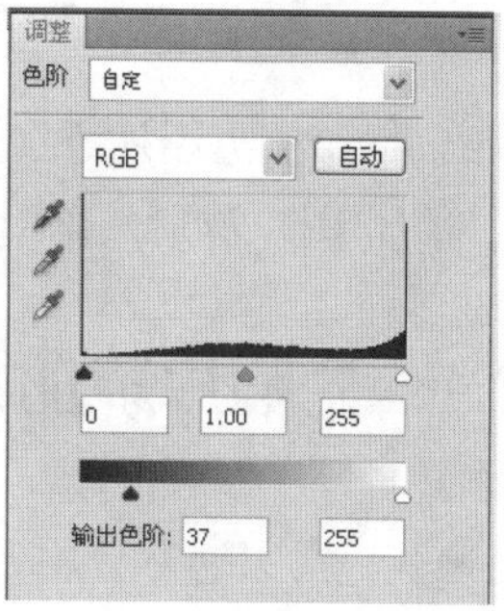

图 11-29 调整面板

图 11-30 复制图层

图 11-31 “高斯模糊”对话框

（6）单击“确定”按钮，设置高斯模糊。将图层的混合模式改为“柔光”，不透明度改为“80%”并添加图层蒙版，将需要恢复清晰的部分用画笔工具以黑色进行涂抹，如图 11-32 所示。

（7）调整后的效果，如图 11-33 所示。

图 11-32 设置图层模式

图 11-33 调整后的效果

11.3 为照片添加水印和边框

使用 Photoshop 给宝贝图片添加边框、背景、水印，就是对宝贝图片进行加工处理，主要目的是突出宝贝、防止图片被别人盗用，以及统一店铺风格。

11.3.1 为照片添加水印防止他人盗用

为了吸引顾客，卖家通常会用各种办法把店铺中的商品拍得更加漂亮。可以说每一张商品图片都是卖家的劳动成果。但部分卖家直接盗用别人的图片用在自己的店铺里，如果卖家一一举报，会浪费很多精力，最好的方法是为自己的图片添加水印。

（1）打开一张图像文件，如图 11-34 所示。

（2）选择工具箱中的“横排文字工具”，在图片上输入文字“馨动家纺”，如图 11-35 所示。

（3）打开“图层”调板，将不透明度设置为“40%”，如图 11-36 所示，可以看到添加了一个水印。

图 11-34 打开图像文件

图 11-35 “新建图层”对话框

图 11-36 设置不透明度

11.3.2 为照片添加相框提高商品档次

光影魔术手是一款照片画质改善和个性化处理的软件，简单、易用，每个人都能制作出精美相框、艺术照、专业胶片的效果，而且软件完全免费。为照片添加相框的具体操作步骤如下。

（1）启动光影魔术手软件，如图 11-37 所示。

（2）单击“打开”按钮，在弹出的“打开”对话框中选择相应的图像文件，如图 11-38 所示。

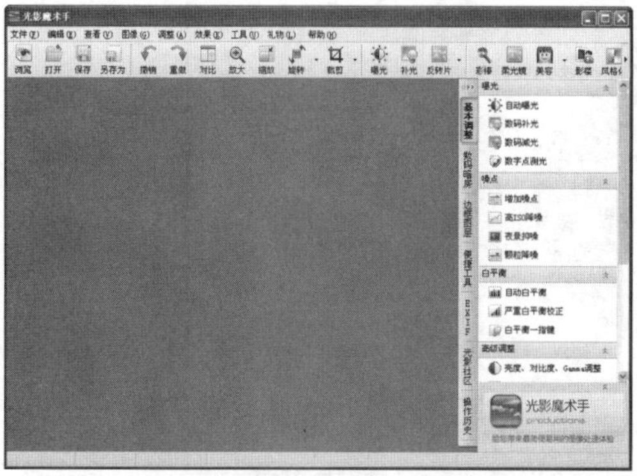

图 11-37 启动光影魔术手

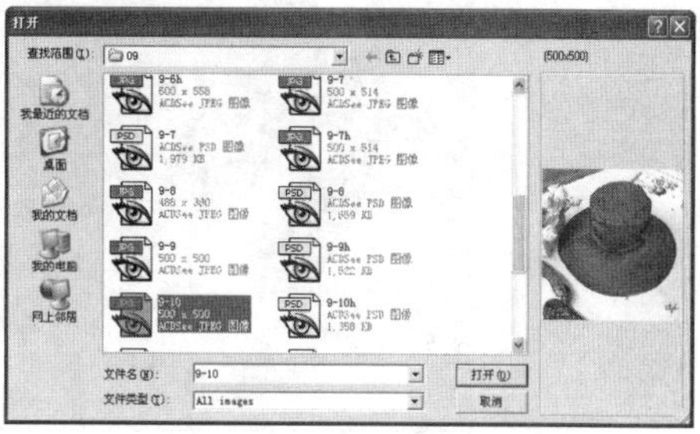

图 11-38 “打开”对话框

（3）单击右边的“边框图层”按钮，在弹出的列表中单击“花样边框”选项，如图 11-39 所示。

（4）弹出“花样边框”对话框，在该对话框中选择相应的边框样式，如图 11-40 所示。

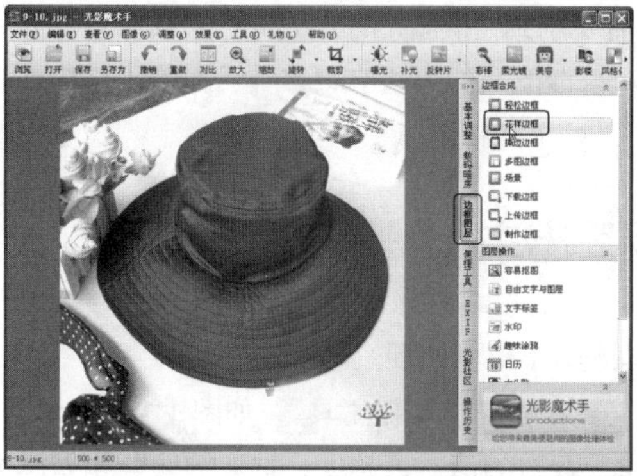

图 11-39 单击“花样边框”选项

图 11-40 “花样边框”对话框

（5）单击“确定”按钮，即可为图像添加边框，如图 11-41 所示。

图 11-41　添加边框

11.4　照片特殊效果处理技法

在使用 Photoshop 处理图片的过程中，经常需要用到“抠图”的方法将对象从背景中分离出来，这是一种十分重要并且应该熟练掌握的技术。“抠图”的方法有很多种，如使用魔棒、套索工具法、蒙版抠图法、通道抠图法、路径抠图法、抽出滤镜等。

11.4.1　把照片中的产品“抠”出来

下面讲述利用“魔术棒”工具抠取图像，具体操作步骤如下。

（1）启动 Photoshop，打开图像文件，选择工具箱中的“魔棒工具”，如图 11-42 所示。

（2）在工具选项栏中的“容差”文本框中输入合适的值。值越大，选取的颜色相差越大，反之，值越小，颜色相差越小。视图片的具体情况，在这里设置成“32”。设置完毕后，使用“魔棒工具”在背景上多次单击，如图 11-43 所示。

（3）选择“选择” | “反选”命令，将图片中的瓶子选中，如图 11-44 所示。

（4）选择“选择” | “修改” | “羽化”命令，弹出“羽化选区”对话框，在“羽化半径”文本框中输入“1.2”，如图 11-45 所示。

图 11-42　打开图像文件

图 11-43　使用魔棒工具

图 11-44　反选图像

图 11-45 “羽化选区”对话框

（5）选择“文件”|“新建”命令，将“背景内容”设为“透明”，如图 11-46 所示。

（6）单击“确定”按钮，新建透明文档。选择“编辑”|“粘贴”命令，将复制的图像粘贴到背景图像上，如图 11-47 所示。

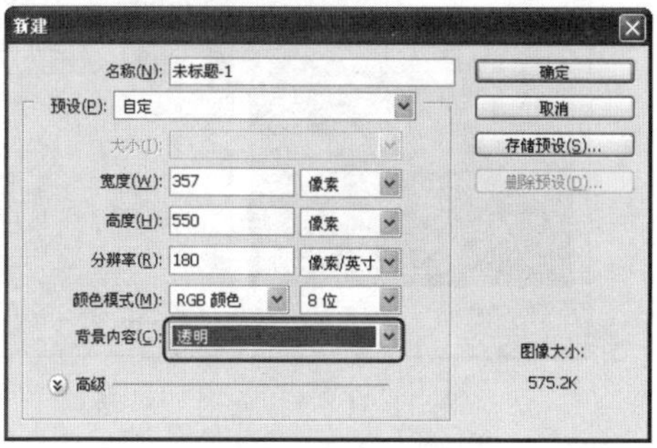

图 11-46　打开图像

图 11-47　粘贴图像

11.4.2 快速更换图片的背景

在 Photoshop 的工具栏中有一个“多边形套索工具”，使用它可以很容易地擦掉图片的背景部分，留下需要的景物，这样只要简单的几步就能给图片更换一个崭新的背景了。具体步骤如下。

（1）启动 Photoshop，打开图像文件，选择工具箱中的“多边形套索工具”，如图 11-48 所示。

（2）在图像中单击鼠标绘制所选的区域，如图 11-49 所示。

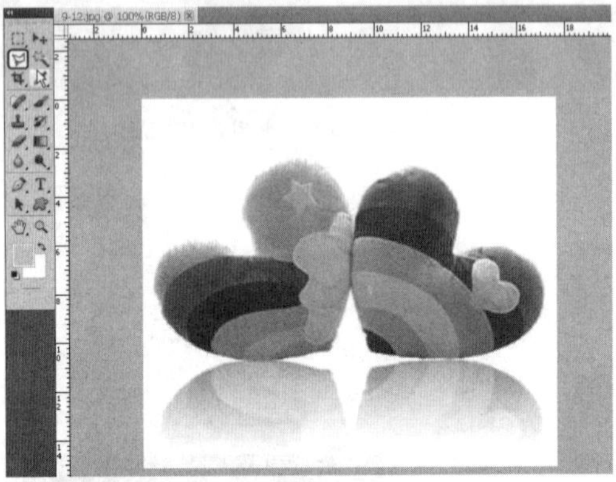

图 11-48 打开图像文件

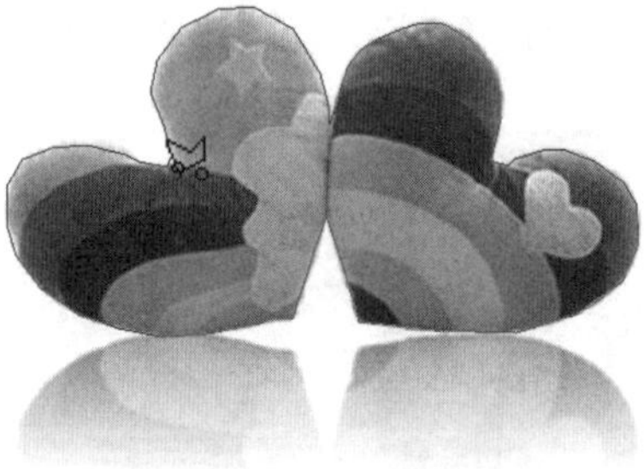

图 11-49 选择区域

（3）选择“选择”|“反选”命令，反选图像，如图 11-50 所示。

（4）在工具栏中单击“背景色”按钮，弹出“拾色器”对话框，设置相应的背景色，如图 11-51 所示。

图 11-50 反选图像

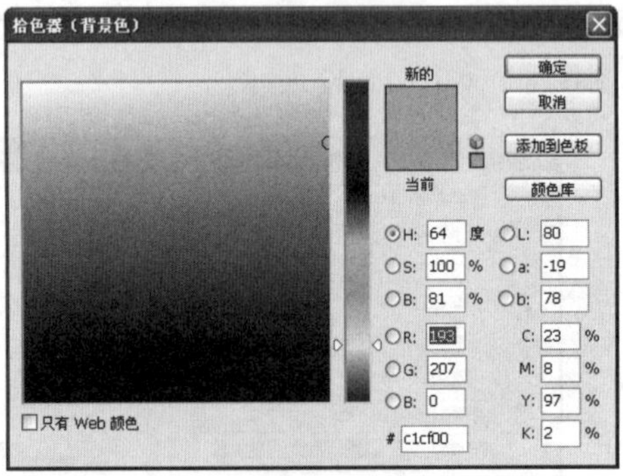

图 11-51 “拾色器”对话框

（5）单击“确定”按钮，设置背景颜色，如图 11-52 所示。

（6）按“Ctrl+Delete”组合键即可填充新背景，如图 11-53 所示。

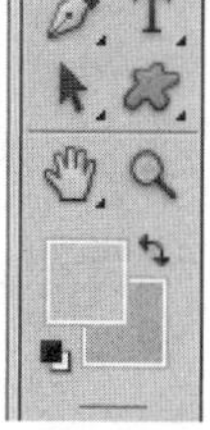

图 11-52　设置背景颜色

图 11-53　填充背景

11.4.3　给宝贝图片加圆角

为什么要做圆角呢？因为圆角比较柔和，不会像方角给人那么大的压迫感，圆角会使整张图片看起来会比较舒服。如何把图片做出圆角效果？具体操作步骤如下。

（1）启动 Photoshop，打开图像文件，如图 11-54 所示。

（2）选择工具箱中的“钢笔工具”，选择“窗口”|“选项”命令，如图 11-55 所示。

图 11-54　打开图像文件

图 11-55　选择选项

（3）在选项工具栏中选取“圆角矩形工具”，将圆角的半径设置为“20px”，如图 11-56 所示。

（4）按住鼠标左键在图像中绘制矩形，如图 11-57 所示。

（5）在矩形上面单击鼠标右键，在弹出的快捷菜单中选择“建立选区”命令，弹出“建立选区”对话框，在该对话框中将“羽化半径”设置为“0”，如图 11-58 所示。

（6）单击“确定”按钮，打开“图层”面板，在面板中选择“背景”图层，如图 11-59 所示。

图 11-56　选择圆角矩形工具

图 11-57　绘制矩形

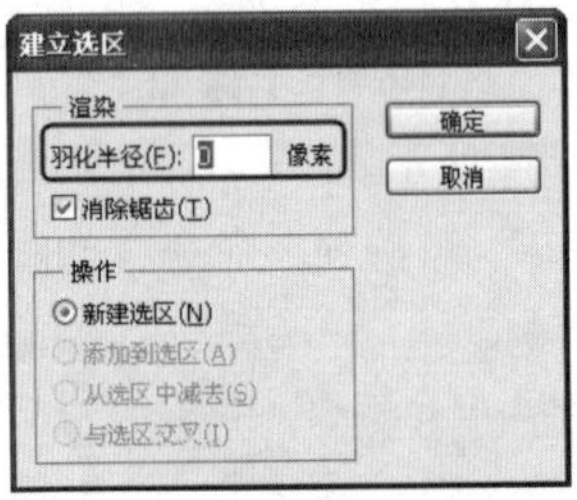

图 11-58　“建立选区”对话框

图 11-59　选择背景

（7）选择“选择”|“反选”命令，选择命令后的效果，如图 11-60 所示。

（8）选择“编辑”|“清除”命令，在图层上把刚刚建立的选区图层前面的“眼睛”关闭，这样就会看到做好的圆角图片了，如图 11-61 所示。

图 11-60　反选图像

图 11-61　效果图

11.4.4　制作闪闪发亮的宝贝图片

有的图片经过了特殊处理会闪闪发亮，显得非常气派，这是因为制作了 GIF 动画的效果。下面使用 Photoshop 制作闪闪发亮的商品图片，具体操作步骤如下。

（1）启动 Photoshop，打开图像文件，如图 11-62 所示。

（2）在“图层”面板中双击“背景”图层，弹出“新建图层”对话框，如图 11-63 所示。

图 11-62　打开图像文件

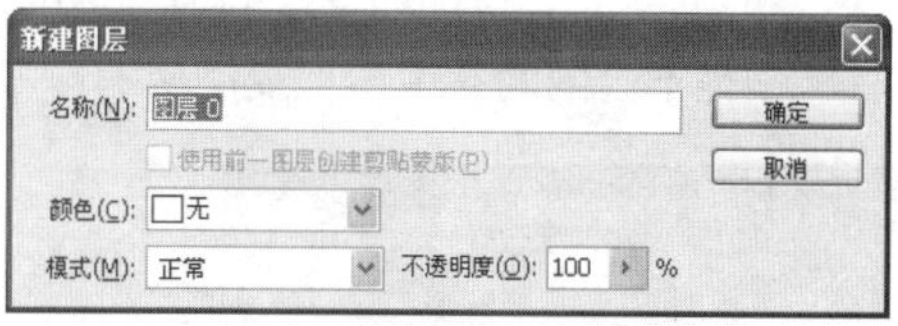

图 11-63　“新建图层”对话框

（3）单击“确定”按钮将其转换为普通图层。在工具箱中选择“画笔工具”，如图 11-64 所示。

（4）选择画笔以后，单击左上角的按钮，弹出一个列表，在该列表中“大小”设置为“26px”，如图 11-65 所示。

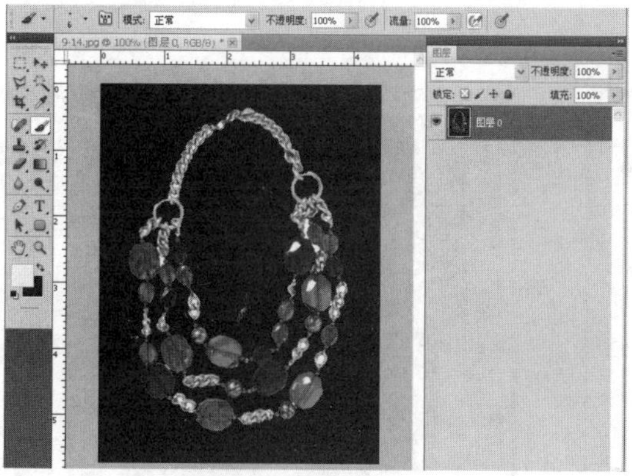

图 11-64　选择画笔工具

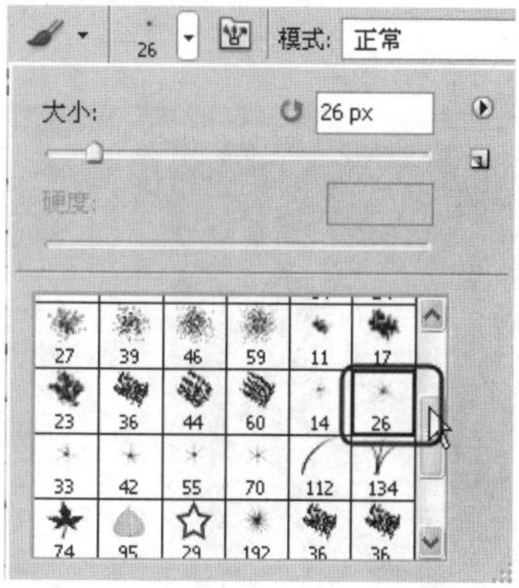

图 11-65　设置画笔

（5）调整画笔大小，然后就可以在图像中绘制形状了，如图 11-66 所示。

（6）每次在图片上用画笔，都要新建一个图层，方便做动态的效果，如图 11-67 所示。

图 11-66　绘制形状

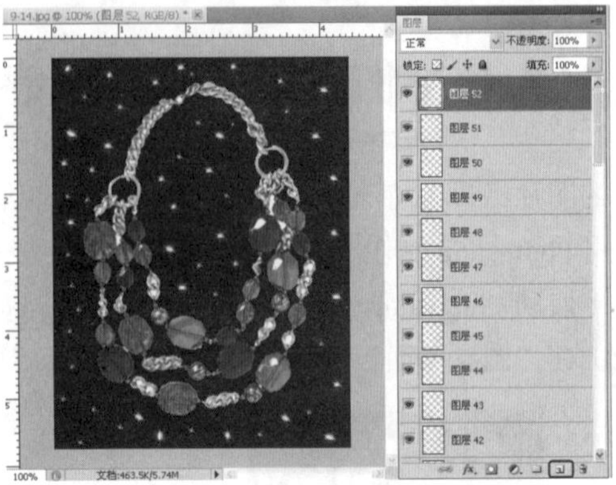

图 11-67　绘制形状

（7）选择“窗口”|“动画”命令，打开“动画”面板，如图 11-68 所示。

（8）只有一帧是不会闪的，单击“复制所有帧”按钮，将同一帧复制 5 张，如图 11-69 所示。

图 11-68　打开“动画”面板

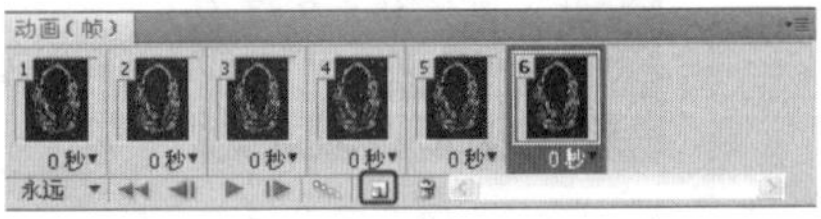

图 11-69　复制帧

（9）单击选择第一帧，从星星的第 1 个图层开始，单击相应的“眼睛”让图层隐藏，直到最后一个星星图层。这样第一帧就设置完成了，如图 11-70 所示。

（10）单击第二帧，让第二帧里相应的星星图层和背景可见，照此方法，将所有帧都设置好。调整每帧的显示时间，左键单击 0 秒就会出现时间选择列表，在其中选择“0.2”选项，如图 11-71 所示。

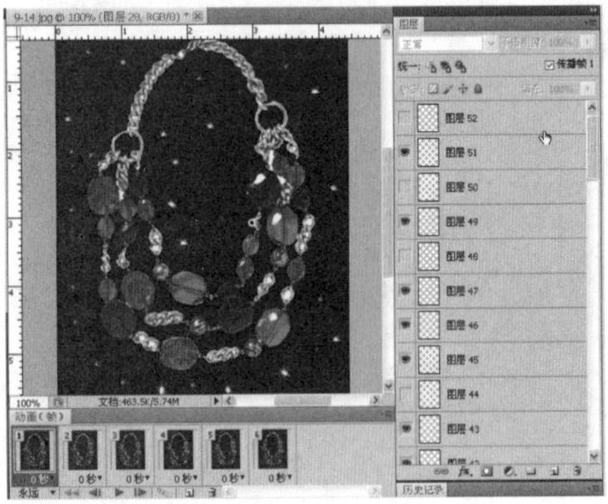

图 11-70　设置图层

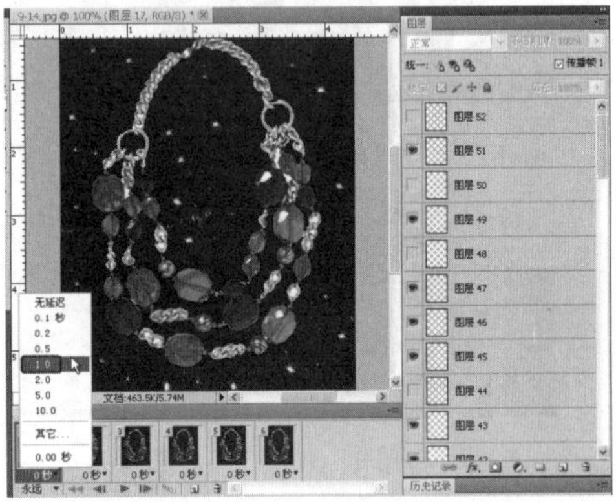

图 11-71　设置帧时间

（11）用同样的方法设置其余帧的时间，如图 11-72 所示。

（12）选择“文件”|“存储为 Web 所用格式”命令，弹出“存储为 Web 所用格式”对话框，将其存储为 GIF 格式的图像，如图 11-73 所示。

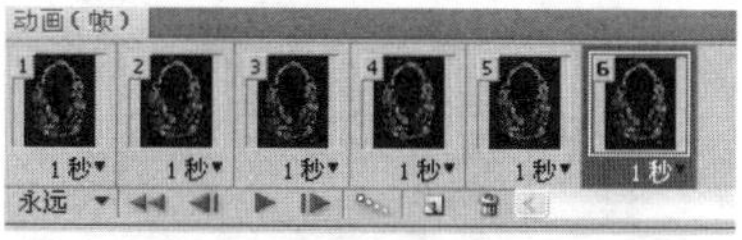

图 11-72　设置帧时间

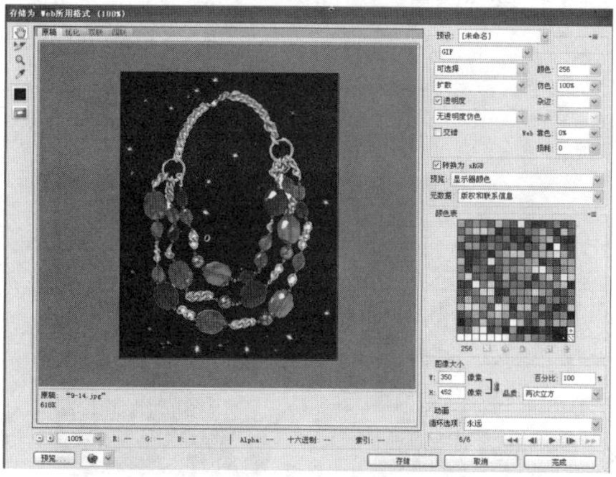

图 11-73　“存储为 Web 所用格式”对话框

（13）单击“存储”按钮，弹出“将优化结果存储为”对话框，选择文件存储的位置，如图 11-74 所示。

（14）单击“保存”按钮，即可保存文档，如图 11-75 所示。

图 11-74　“将优化结果存储为”对话框

图 11-75　保存文档

11.5　一次性处理大量宝贝图片

在处理宝贝照片时，常常要同时处理几十张，将每一张照片都打开调整图像大小，以及曲线等，然后再保存起来，需要花费很多时间和精力。下面就来详细讲述一下如何进行批处理，具体操作步骤如下。

（1）启动 Photoshop，打开相应的图片文件，如图 11-76 所示。

（2）选择“窗口”|“动作”命令，打开“动作”面板，如图 11-77 所示。

图 11-76　打开图像文件

图 11-77　打开“动作”面板

（3）单击右下角的“创建新动作”按钮，弹出“新建动作”对话框，如图 11-78 所示。

（4）单击“记录”按钮，即可新建一个动作，如图 11-79 所示。

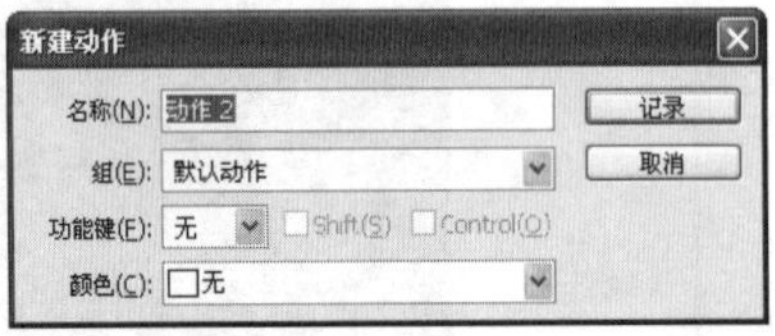

图 11-78　“新建动作”对话框

图 11-79　新建动作 2

（5）选择“图像”|“调整”|“变化”命令，弹出“变化”对话框，选择相应的样式，如图 11-80 所示。

（6）单击“确定”按钮，如图 11-81 所示为调整后的图像。

（7）选择“文件”|“自动”|“批处理”命令，弹出“批处理”对话框，单击“源”下面的“选择”按钮，在打开的“浏览”文件夹对话框中选择图像所在的位置，如图 11-82 所示。

（8）单击“确定”按钮，即可对文件中所有的图像亮度进行调整，如图 11-83 所示。

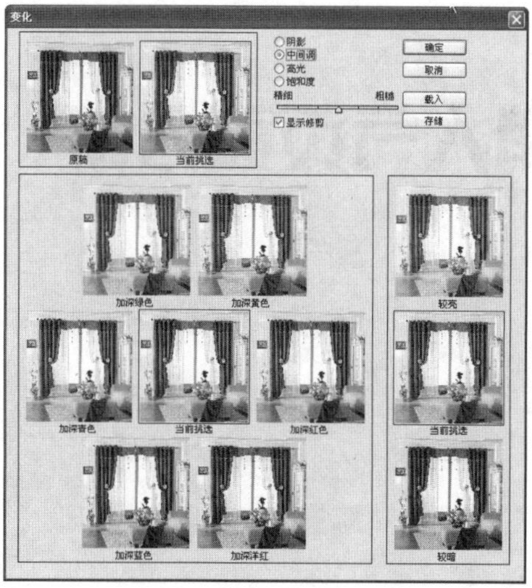

图 11-80 “图像大小”对话框

图 11-81　调整图像亮度

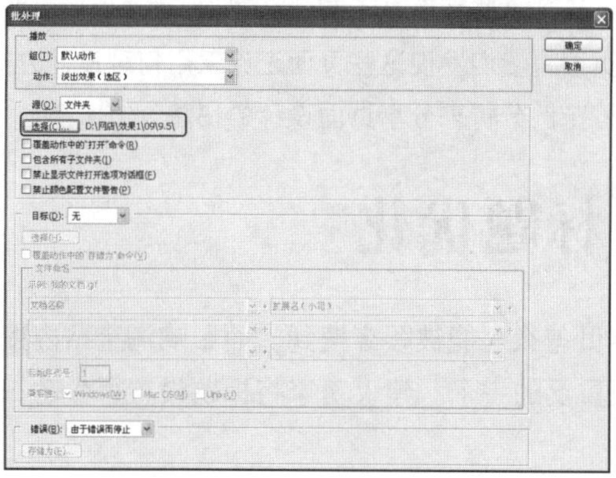

图 11-82 “批处理”对话框

图 11-83　批处理完毕

第12章　热销人气页面分析

开店指导

为什么有的商店在短短几天时间内销售量巨大？设计这些页面是否有什么秘诀。难道他们真的有与众不同的设计方法吗？通过分析这些热销商品的页面，我们发现这些页面无论采用何种设计方式，处处都彰显着店主的良苦用心。下面我们就通过一些范例分析来分享页面设计的秘籍。

12.1　宝贝标题优化

在淘宝开店，首先卖家需要思考的是自家宝贝怎么才能被顾客搜到。而影响淘宝站内搜索结果排名的诸多因素中，宝贝标题描述绝对是很重要的一个。建议卖家将标题设置得生动、可爱，从而吸引买家点击。

12.1.1　宝贝标题怎样组合最好

在淘宝每天都会有大量的商品被上架，只有让商品脱颖而出才能取得成交的机会。而买家想要在浩瀚的商品中尽快找到自己想要的商品，一定会用到关键字搜索。在淘宝上以“皮鞋”为关键字进行搜索，所有名称里包含“皮鞋”两个字的商品都会出现在搜索结果里，如图 12-1 所示。因此商品名称里一定要有对商品属性的简单描述。例如，需要购买裙子的人一定会用到“裙子”这个关键字，而需要购买笔记本的买家也同样会输入“笔记本”搜索商品。

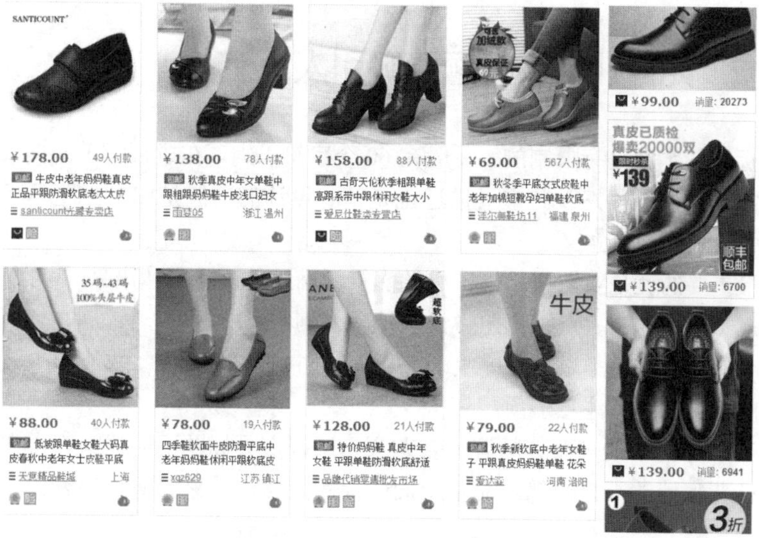

图 12-1　搜索“皮鞋”关键字

对商品关键字的设定，可以直接影响到商品的浏览量，进而影响到商品的销售量。设定商品的关键字有以下几种方式。

- 促销、特性、形容词+商品关键字
- 地域特点+品牌+商品关键字
- 店铺名称+品牌、型号+商品关键字
- 品牌、型号+促销、特性、形容词+商品关键字
- 店铺名称+地域特点+商品关键字
- 品牌+促销、特性、形容词+商品关键字
- 信用级别、好评率+店铺名称+促销、特性、形容词+商品关键字

这些组合不管如何变化，一定包含着商品关键字。因为在搜索时首先会使用到的就是商品关键字，在这个基础上再增加其他的关键字，可以使商品在搜索时得到更多的入选机会。至于选择什么关键字来组合最好，则需要我们分析市场、商品竞争程度和目标消费群体的搜索习惯来确定，最终找到最合适的组合方式。

> 当然商品名称的关键字是不能乱用的，在淘宝中对商品命名是有很多规则的，如果违反了这个规则就会被删除商品甚至受到处罚。所以在研究商品名称之前一定要去了解、熟悉、理解相关的规则。这个规则在淘宝帮助中很容易找到。

12.1.2 如何让宝贝标题更吸引人

淘宝宝贝标题的字数是有限制的，一般在 60 个字符以内。在成百上千的搜索结果中，也许你的宝贝很便宜，质量也很好，其宝贝描述也是精心设计的，但是如果标题不吸引人，没有人点击，则其他的一切都没有意义。

在这里，最重要的就是要把产品最核心的卖点用精练的语言表达出来。可以列出 3 ~ 5 个卖点，然后选择最重要的 3 个卖点，再想方设法地融入到宝贝标题中。

要把产品的优势、特色、卖点融入标题。只有切中了买家所想，才能产生效果。下面是撰写具有吸引力的宝贝标题的注意事项。

（1）只有有实际需求的东西，顾客才会购买，所以宝贝标题不能让人产生误解，应该准确且简单明了，让买家能够一目了然。完整全面的标题能够让买家更清晰地解读，并且宝贝也更容易被搜索到。

（2）买家在看搜索出来的列表时，有时候只是一扫而过。适当加一些醒目的符号，可以吸引买家的注意力。同时如果标题比较长，使用符号也会起到分隔的目的，使标题容易理解，增加可读性。

（3）对吸引消费者眼球的感官词的使用也是有技巧的。如果是皇冠店铺，或者信誉比较高的店铺，那么就可以使用类似“皇冠信誉”、“百分百好评”等词。新手也可以使用“特价”、“促销”、“超值”，“新品上市”等词汇。还有很多具有煽动性的感官词，比如：“疯抢”、“月销上千”、“限量”、“热销”、“某明星推荐”、“淘宝销售冠军”、“镇店之宝”、“亏本热卖”、“秒杀包邮”、“保证 100%正品”等，使用好这些能够调动人情绪的词语，对提高店铺的成交率是非常有帮助的。

（4）除非你的店铺名和品牌名一样，不然就不要把店铺名或者关于店铺的描述放上去。因为标题只是介绍产品，没有必要放上店铺的名字，占用宝贵的标题字数。

12.1.3 设置关键字让店铺拥有高访问量

如果商品中包含某一关键字，当买家搜索这个关键字时，很可能会搜索到你的商品，从而带来无限商机。本节将介绍如何有效地设定关键字，使商品被更多的买家看到。

1. 选择有效的关键字

关键字是描述店铺商品及服务的词语，选择适当的关键字是建立一个高访问量店铺的第一步。选择关键字的一个重要技巧是选取买家在搜索时经常用到的关键字。

2. 找到有效关键字

在收集所需的关键字之前，了解买家是如何使用关键字进行搜索的，这一步十分重要。要思考买家会使用哪些关键字，与你出售的商品是否有直接或者间接的联系。

> 应该换位思考，假设你是买家你可能会搜索什么关键字，那么这个关键字就是理想的关键字，要把这个关键字安排在商品名称里面。

3．选取关键字的技巧

（1）认真思索并记下与店铺或商品有关的所有关键字。尽量站在买家的角度考虑，假设你是买家，你会怎样搜索。

（2）多问周围人的意见。比如多问问家人、朋友、同学什么样的词适合描述你的商品，很有可能会找出一些你没想到的词语。

（3）设置热门的关键字，如一些电视剧流行的饰品、明星代言的商品，以及最近热门的关键字等。如果有可能，应该合理利用这些关键字来为我们的商品争取更多的流量。

（4）参考其他网店。参照一些同类店铺，看一下他们的商品名称是怎么写的。这样有可能会得到意外的关键字。

（5）如果在商品名称上使用了错别字，也会加大买家的搜索难度，如“生肖”打成“生俏”，这样的失误在无形中就将自己的商品淘汰了。

（6）建议同类商品不要只用少量的几个关键词，可以在同类商品里把你能想出的词语都用上。

4．关键字设置的原则

（1）阐明商品基本特征。例如你是开女装店铺的，商品名称设置成“魅力女装*漂亮完美连衣裙”，这里只有一个关键字“连衣裙”。可以添加一些商品的基本特征，如颜色、图案、质地、款式等。例如一件漂亮的水晶工艺品名称叫“金鸡报晓”，如果在发布商品名称时只用“金鸡报晓”，那么这就属于商品属性不明确，这样的商品只能在进入商品分类后凭运气才会被买家发现，如果买家使用“水晶”、“工艺品”等关键字搜索的方式来寻找商品，这件商品根本就搜索不到。

（2）标明商品卖点。即使商品标题中含有“连衣裙”这样的关键字，但是由于竞争对手太多，很多卖连衣裙的店铺都排在你的前面。而淘宝的默认排名又是“按人气排名”，那么凭什么你的“连衣裙”关键词能排在前面呢？这时你需要将卖点标出来。可以选择将品牌作为卖点，并加上专柜字样，如“芮琪格专柜正品连衣裙”，这样别人搜索“芮琪格 连衣裙”、“正品连衣裙”时，连衣裙范围就缩小了，排名也就靠前了。

（3）标明商品优势。在商品名称中添加“特价”、“包邮”、“让利”、“促销”等字样会增加买家进入店铺的概率。

5．处理关键字

现在你已经收集到了很多关键字。接下来的工作就是把收集到的关键字进行组合，把它们组合成常用的词组。很多人在搜索时会使用两个或三个字组成词，不要用普通的单个字作为关键字，这样的关键字很难排到搜索结果的前十位。例如，有以下几个关键字："雅诗兰黛"、"抗皱眼霜"、"女用护肤品"，试着把它们组合为"女用护肤品雅诗兰黛抗皱眼霜"。组成关键字短语有利于提高商品被搜索到的概率。

在给商品起名字时最好加上买家搜索比较多的关键词，如"优惠"、"促销"、"新款"、"时尚"、"漂亮"等。但不要违反淘宝规则，在淘宝允许的前提下关键字越多越容易取得好的效果。

只要关键字选好了，店铺对宝贝的推广就已经成功一半，因为大多数买家都是先搜索关键字，搜索到商品以后，如果商品的价格合适，再决定是否购买。

12.2 宝贝描述优化——宝贝成交的杀手锏

新手卖家常常会忽略对宝贝描述的优化，殊不知宝贝描述是否详尽关系着宝贝的成交量。新手卖家往往急于将宝贝上架，常常匆匆忙忙写几句话了事。这一点很容易理解，但是急急忙忙地上传以后，带来我们理想中的效果了吗？事实上没有，店铺的生意依然平平，偶尔有两三个人咨询，结果成交量也很低。如果你的店铺也属于这样的情况，那么就需要端正自己的态度，认认真真地花点时间在宝贝描述优化上了。

12.2.1 撰写宝贝描述的注意事项

在网上购物，影响买家是否购买商品的一个重要因素就是商品描述，很多卖家会花费大量的心思在商品描述上，但经过一段时间后有些卖家就会发现，虽然花费了大量的时间在商品描述上，但是效果并不好，用户的转化率还是不高，这是为什么呢？主要原因还是商品的描述信息不详细。

好的商品描述可以节省大量回答顾客提问的时间，更可以留住不想找你咨询的"懒惰"顾客。多花一些时间原创属于你自己的全面而又精彩的描述，其作用相当于请了 10 个客服，这能让你节省 10 倍的时间去做更重要的事情。写好一个优秀的宝贝描述就相当于完成了一次营销，要让看到宝贝描述的人觉得这就是他一直想要的宝贝。你需要用尽一切办法为你的潜在客户寻找一个购买商品的理由，给他们一个合理的"借口"，让他们心甘情愿地购买商品。如图 12-2 所示的页面中就有详细的商品描述信息。

在填写商品描述信息时卖家应注意以下几个方面。

首先要向供货商索要详细的商品信息。商品图片不能反映的信息包括材料、产地、售后服务、生产厂家、商品性能等。对于同类产品的优势和特色信息一定要详细地描述出来，这本身也是产品的卖点。

图 12-2　页面中有详细的商品介绍信息

其次内容信息要全面。一定要站在顾客的角度去思考，如果你要买这样的宝贝，你会关心哪些问题？比如材质、尺寸、市场价、重量、颜色、适合人群、寓意、使用与保养注意事项、基础知识、真假辨别、赠品、服务承诺、支付方式等。

商品描述一定要制作精美。为了更加直观地展示宝贝的信息，商品描述应该使用文字、图像、表格三种形式结合的方式描述，这样买家对宝贝的印象会更加直观，增加了购买的可能性。

参考同行网店。可以去其他同行的皇冠店转一转，看一看他们的商品描述是怎样写的。特别要重视同行中做得好的网店。

在商品描述中可以添加相关推荐商品，如本店热销商品、特价商品等，让买家更多地接触店铺的商品，增加商品的宣传力度。

条理要清晰。为了做到这一点，很多人都会使用现成的模板，给人的感觉很舒服。这样做是节省时间的一种方式。注意，描述页面的任务是详尽地解释商品，尽量减少顾客的疑问，做到这一点就可以了，还可以适当地增添修饰。

12.2.2 写好售后服务内容，防止产生纠纷

不论是商品名称、商品图片还是商品描述，其实就是我们和买家之间交易的条款和契约。例如这是一件什么样的商品，是全新的还是二手的，它的具体商品信息有哪些等，所有这些买卖双方关心的问题都应该真实、详细地体现在商品的描述里。

例如出售一双鞋，商品信息要标明是皮鞋还是布鞋，是棉鞋还是凉鞋，是什么面料、什么颜色、什么尺码，适合什么体型的人穿，出现质量问题应该怎么办，以及退货要求和退货费用。关于这件商品的所有疑虑，买家都需要在商品描述中得到答案。所以描述越详细，以后出现纠纷的可能性就越小，也更容易打动买家并促成交易。

一般除了商品的详细信息以外，买家还会关心商品的售后服务，例如在什么情况下可以退货、在什么情况下可以换货，以及发生退货产生的邮费由谁承担等。不同地区及不同的物流方式会产生不同的邮费，对于邮费的说明相信每一位买家都会很仔细查看，这些详细的说明对商品的成功销售能起到积极的推动作用。如图 12-3 所示的商品描述中就介绍了退货、换货原则。

图 12-3　退货、换货原则

12.2.3 使用权威证书证明，这不是家黑店

在页面中放上权威证书证明，让顾客感觉你的店铺很专业。如果是功能性的商品，需要展示能够证明自己技术实力的资料。提供能够证明不是虚假广告的文件，或者如实展示人们所关心的商品制作过程，都是提升店铺可信度的方法。如果所售的商品在电视、报纸等新闻媒体上曾被报道过，那么收集这些资料展示给顾客也是一种很好的方法。如图 12-4 所示，页面中展示了商品的相关证书和证明资料。

图 12-4 页面中展示了商品的相关证书和证明资料

12.2.4 买家真实评价，证明宝贝货真价实

网店与实体店不同，买家无法摸到宝贝，因此他们心里就会产生怀疑，所以我们销售的第一步，就是冲破买家的心理防线。淘宝网会员在使用支付宝服务成功完成每一笔交易后，双方均有权给对方的交易情况进行评价，这个评价亦称为信用评价。信用评价良好是交易成功的重要因素。已经购买了商品的顾客的评论，可以对正在犹豫是否购买商品的顾客起到决定性作用。

因为商家提供的商品信息宣传性太强，而顾客留下的评论却是真实的。如图 12-5 所示的页面中添加了以往的客户评价图片，没有任何信息比买家的评论更有说服力了。

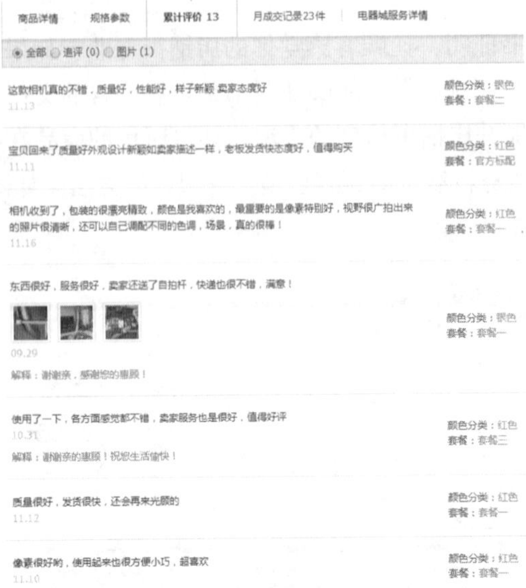

图 12-5　买家评价图片

12.2.5　骄人成交量，证明店铺人气旺

一般人都有从众心理，成交量越大的商品购买的人越多。店铺的成绩主要指店铺的销售量、单品销售量、快速冲钻的经历等，把这些内容添加到宝贝描述中，可以大大增加买家的购买概率，如图 12-6 所示。

图 12-6　骄人的成交量

12.3　优化宝贝图片，提高宝贝点击率

商品图片的好与坏会直接影响到买家是否会感兴趣点击链接进来查看商品的详细情况，会直接影响到宝贝的流量。同时，图片的好与坏是刺激买家产生购买行为的首要因素。

12.3.1　让买家心动促成交易，准备出色的商品图片

网上开店有别于日常的面对面交易，买家难以亲身感受商品的质地、做工、细节及商品的其他特点，在这种大环境下，商品图片就变得至关重要了。图片的好坏直接关系到交易的成败，一张好的商品图片能向买家传递很多信息，起码能反映出商品的类别、款式、颜色、材质等基本信息。在这个基础上，还要求图片拍摄清晰、主题突出及颜色还原准确，具备这些要素后，还可以在上面添加货号、美化装饰品、店铺防盗水印、店铺链接等。商品图片具体应包括以下内容。

（1）要有商品的整体效果图片，通过图片买家可以对商品有一个整体了解，如图 12-7 所示是一张整体效果图片。

图 12-7　商品整体效果的图片

（2）注意图片背景。在拍摄照片时，适当加入背景可以更好地展示商品。但背景千万不要喧宾夺主，要牢记图片是用来表现商品的，应主次分明。如图 12-8 所示为添加了适当背景的图片。

（3）商品照片中的配件，即点缀衬托商品的小东西，所占的图片空间不能太大，不然就可能有喧宾夺主之嫌了，如图 12-9 所示。

图 12-8　添加了适当背景的图片

图 12-9　商品搭配

（4）有条件的卖家可以使用真人模特，因为物品图片只能给买家一个商品的概念，而买家对物品佩戴穿着起来的样子心里没底，不知道合适不合适，如果有真人模特示范，买家就能更好地了解商品。如图 12-10 所示的商品采用了模特实拍。

（5）外景拍摄。有些商品需要外出拍摄，配合四季的气息融合该产品，给人一种自然的感觉，所以外景拍摄图片也是不错的选择。如图 12-11 所示的商品采用了外景拍摄。

一张好的图片能起到事半功倍的效果，但前提是图片质量要过关，一张模糊的图片不仅影响买家对该商品的认知，还极大影响买家浏览商品时的心情。

图 12-10　采用模特实拍

图 12-11　采用外景拍摄

12.3.2　详细的商品细节图，能更好地留住顾客

一幅整体的商品图片只是宏观上的概念，买家可能有购买意向，但缺乏对细节上的认知，有可能放弃，所以适当加入一两张商品的细节图有助于买家对商品的细节认知。只有这样，顾客才能毫不犹豫地购买。如图 12-12 所示的商品展示中，使用了多幅图片详细地展示了商品的不同部位。

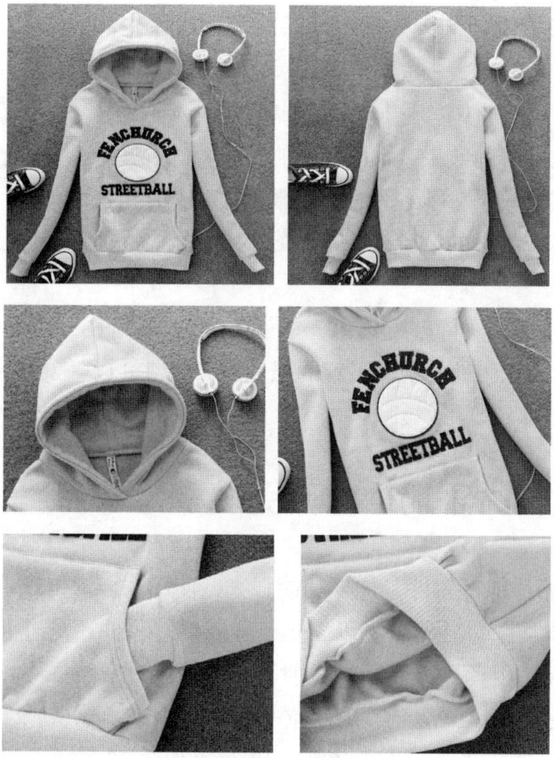

图 12-12 使用多幅图片详细展示商品的不同部位

很多新手卖家都不注重细节图的拍摄，甚至在页面上都没有细节图，这样是很难取得买家信任的。要想提高商品的成交率，除了商品自身的独特性、商品本身的性价比外，细节图也起到了一个很关键的作用。

所以，为了店铺的生意，商品细节图的拍摄一定不能少。服装类商品需要拍摄的细节部分有吊牌、拉链、线缝、内标、LOGO、领口、袖口及衣边等，细节图越多，买家看得越清楚，当然对宝贝产生好感及购买的欲望也就越大。

12.3.3 使用模特实拍，增加商品的直观视觉效果

商品图片不仅要吸引人、清晰漂亮，还要向买家传达丰富的商品信息，如商品的大小、质感等这些让人看不准、摸不着的信息。如果想用心地经营一个属于自己的品牌店，采用模特实拍图片是必不可少的。建议经营服装、包包、饰品等商品的卖家用真人做模特拍摄图片，给买家传达更多的信息。

一些服装店采用真人实拍的方式展示商品时，他们往往采取尺寸和模特展示相结合的方式。除了手工量尺寸外，还会公布模特的身高、体重、三围等指标，这样不但可以明确服装尺寸，还可以方便消费者对比穿着的效果。而且模特的优美姿态，更能显示出服装的版型和试穿效果。相比平铺的衣服照片，使用真人模特拍摄的照片更能体现衣服的试穿效果。如图 12-13 所示为真人实拍效果。

图 12-13　真人实拍效果

利用人体模特或者真人模特进行拍摄，能够更好地展现商品的线条和样式。还能美化店铺，吸引买家的眼球，店铺浏览量也会随之提升。

12.3.4　为照片添加相框吸引顾客，提高商品档次

PhotoWorks 数码相片加框软件，加框功能强大，使用它极为方便。软件预设有二百多个边框样式，大部分边框非常漂亮，完全可以满足一般需要。软件还具有一定的图片处理功能，简单易学，非常适合初级使用者学习使用。目前为免费软件，安装后不用注册即可使用，不受限制，没有后顾之忧。使用 PhotoWorks 为图片添加相框方法如下。

（1）双击 PhotoWorks 的图标，打开 PhotoWorks，如图 12-14 示。

（2）单击右上角的“载入文件”按钮，在弹出的对话中选择要载入加框的图片，如图 12-15 示。

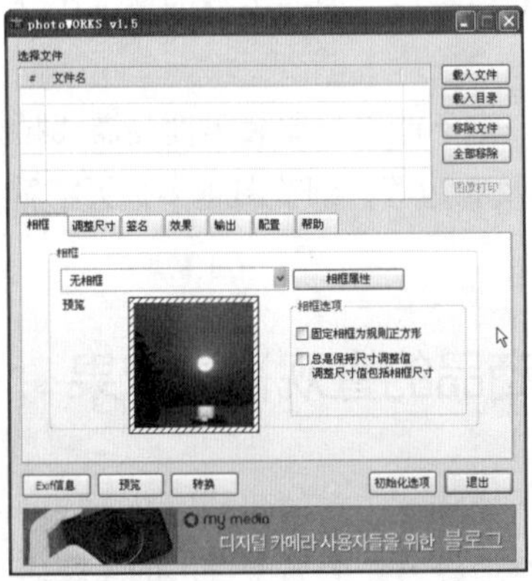

图 12-14　PhotoWorks 主界面

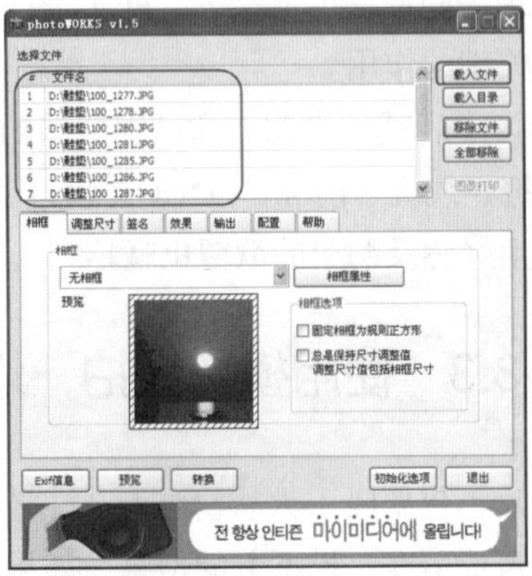

图 12-15　载入文件

（3）单击“相框属性”选择满意的相框，如图 12-16 所示。

（4）单击“预览”按钮，查看添加边框效果，如图 12-17 所示。

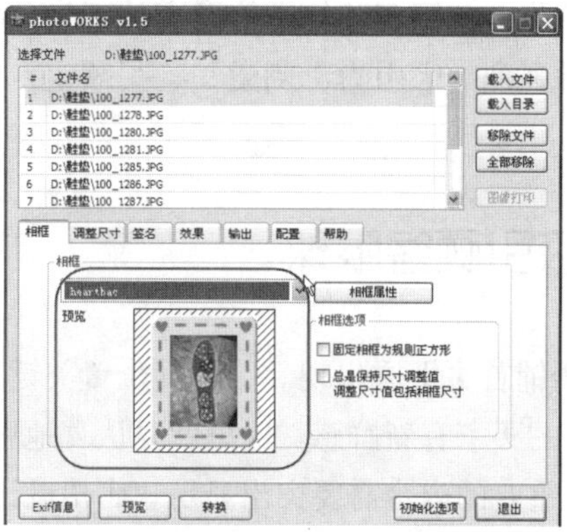

图 12-16 选择相框

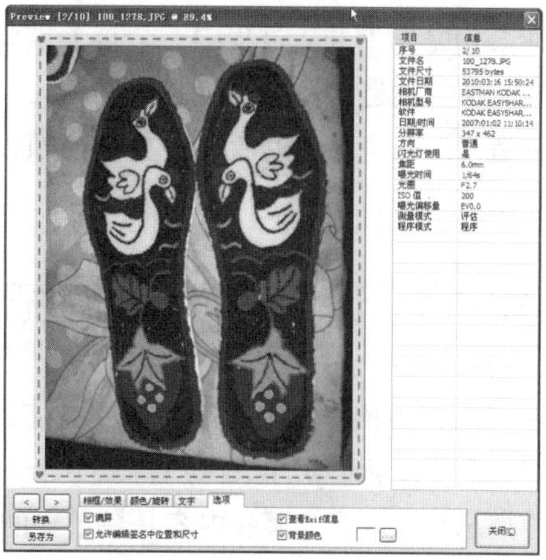

图 12-17 查看添加边框效果

（5）给图片加上想填写的文字。单击选择“文字 1”，勾选“使用文字 1”，如图 12-18 所示。

（6）完成加框和文字后，单击“转换”就可以了，如图 12-19 所示为转换完成的提示。转换后的效果如图 12-20 所示。

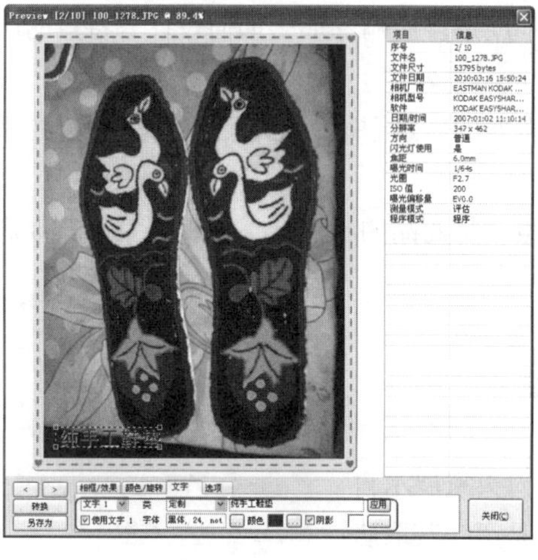

图 12-18 设置文字

图 12-19 完成转换

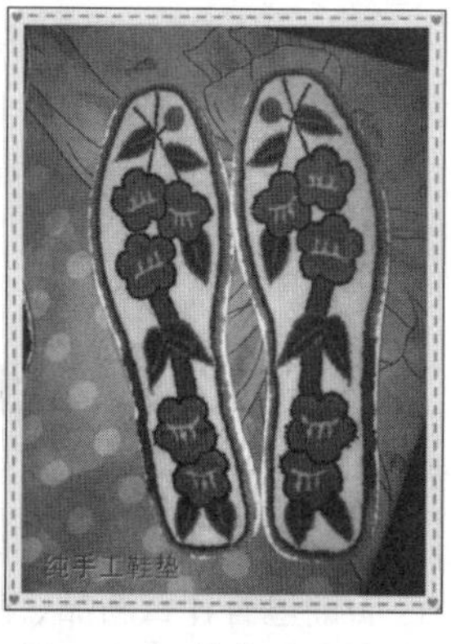

图 12-20 转换后的效果

12.4 店铺装修的好坏与生意的好坏密不可分

常常有卖家困惑：店铺流量不错，为什么成交转化率这么低？做了促销活动，为什么没有被买家看到？究其原因，是因为店铺的装修设计出了问题，没有成功吸引住买家的眼球。

网店装修是网上开店过程中一个至关重要的环节。网店装修可以美化店铺，使店铺获得更多的关注，从而创造出超过网店装修费用几十倍的收益。网店装修带给网店的不仅是美观，更多的是创造出了一个精美的店铺形象，给顾客一种强烈的吸引力，刺激其购买欲望，从而提升销售业绩。

12.4.1 设计有特点的店招，吸引顾客眼球

店招是店铺的招牌，是店铺文化的浓缩，在店铺首页上方出现。因为其位置关键，一定要精心布置，既要让新买家印象深刻，又要让经常来的买家有新鲜感。这里就要认真地思考一下，要为客户展示什么内容，哪些内容是最重要的，最重要的内容需要突出显示。店招设计要大气、精致，如图 12-21 所示为设计精美的店招。

图 12-21　设计精美的店招

店招显示在店铺第一屏中最醒目的位置，其重要程度不言而喻，那么如何设计有特点的店招呢?

（1）店招要直观明确地告诉买家本店铺是卖什么东西的，这个很关键，表现形式可以是文字说明也可以是宝贝照片。

（2）店招要直观明确地告诉买家本店铺的特色，也就是商品的特点、优势，以及与其他店铺的差异。

12.4.2 巧用店铺公告，提升流量

店铺公告栏是每家店铺必备的栏目。公告是用来向买家展示自己店铺里有什么新品、新优惠政策的绝佳平台，同时也是买家获取店铺信息的重要渠道。

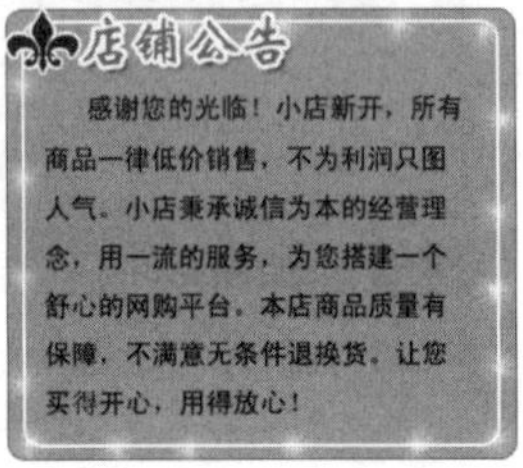

图 12-22　店铺公告

淘宝店铺公告是介绍店铺最重要的地方，是顾客了解店铺的窗口，所以写好店铺公告很关键，因为淘宝店铺公告的区域有限，所以文字一定要言简意赅，最好能一针见血，如图 12-22 所示为店铺公告。

例如，“新店开张，欢迎过路的朋友到此歇歇”、“本店秉承诚信待客，一流的服务为宗旨”；“顾客至上，质量为本”、“钱来货到，效率第一”、“新店新开张，好店好生意，顾客顾到位”等。

作为店铺的店招要注意以下问题。

（1）店招上如果有商品展示，就要注意挑选店铺最有卖点的商品。

（2）店招色彩不要过于单一，不要让买家在视觉上感觉单调乏味。

（3）使用英文字母，要有设计感和层次感。

（4）整体风格要与店内产品统一，不要相差太大。

12.4.3　通过促销区活动提升购买转化率

淘宝店铺的首页，即店招下面的位置可以自定义放一些图片或海报，我们称之为促销区。店铺促销区比店招有着更重要的广告价值。促销区通常是越大越好，但不能太高。其中的内容要有动感，给顾客一种像是在看电视的感觉，内容也不要过于单一。动态的内容最好置于整个促销栏的左上方，因为这里处在顾客视野的正中央，最容易引起注意。

事实上，在淘宝开店做的就是图片营销，用户在通过各种渠道进入店铺之后，如果没有合适的图片导购，用户只能看到一系列的小图片，这样就没有足够的视觉冲击力刺激用户的购买欲望。

70%的用户一般在浏览图片 30 秒后就自动离开了，只有 30%的人会在找到感兴趣的图片后继续看下去。所以促销区是一个非常重要的展示区，众多有经验的卖家会用尽浑身解数在设计上突出推荐的相关产品，千方百计地留住用户。据统计，在淘宝上一些好的卖家，他们的店铺购买转化率可以达到 10%甚至更高。卖家们可以算一笔账，同样是有 1000 位顾客到店，有的店铺能有 100 个人购买产品，而有的店铺只有 10 个人购买产品，销量的差别如此巨大，如图 12-23 所示为店铺促销区。

促销区怎样设计才能吸引人呢？有以下几个方面需要注意。

（1）产品精美度要呈现出来。在促销区隆重推荐的产品一定是店铺的重点产品，产品呈现的尺寸也相对显眼，拍摄和设计的角度要把精美度呈现出来，如饰品要强调产品的视觉效果，可以加一些闪光特效；化妆品强调的是产品的成分，可以加一些晶莹剔透的效果；服装强调的是穿着的品位，可以强调模特拍摄出来的意境及美感。

（2）要把产品的热度体现出来。比如写出“狂销了××件”，或某杂志推荐等信息，可以促使买家仔细地浏览下去。

（3）要适当地把优惠信息体现出来。买家需要直接的信息刺激，网络购物更是如此，比如“特惠××元”、“打×折”、“包邮”等。

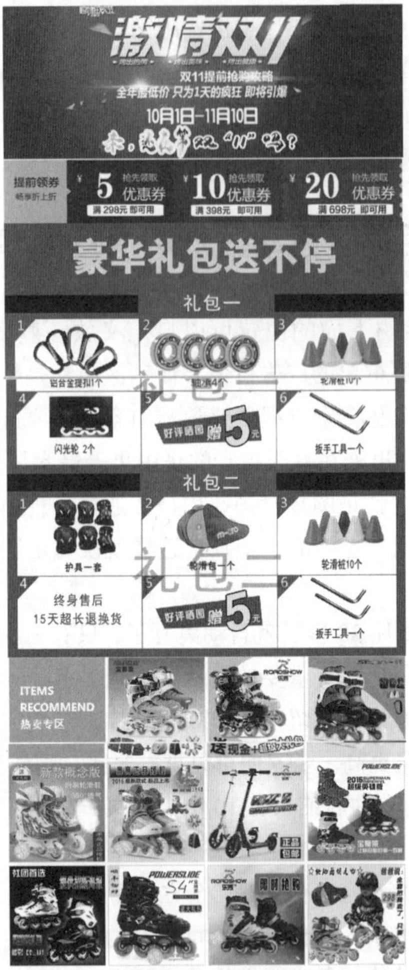

图 12-23 店铺促销区

12.4.4 设置好分类，方便买家购物

店铺左侧的分类模块，也是提高店铺浏览量的一个非常重要的设置，其中对类目排列的设置更是重中之重。通过左侧模块可以向顾客展示店铺销售商品的分类，通过合理的排序，可以让顾客快捷地寻找到需要的商品。此外，还可以把广告词或重要的公告做成宣传图片，把这个图片添加到分类里，这样买家不仅能在店铺首页看到广告和公告，而且在商品页面也能看到。这样在优化分类搜索的同时，能更有针对性地向顾客进一步展示商品，增加客户黏性，如图 12-24 所示为制作清晰精美的商品分类。

图 12-24　清晰精美的商品分类

12.5　商品发布推荐技巧

在淘宝网上发布了商品以后，怎么样才能让我们的商品更容易地被客户搜索到呢？怎么样能让我们的商品在网上以最大的概率展示出来？这是我们本节所要讲的内容，主要讲一下宝贝发布的技巧和橱窗推荐的使用。

12.5.1　合理安排上架时间，让流量多翻几倍

很多开网店的新手总是认为新商品的上架时间越早越好，所以商品一到货，就迫不及待地发布了。但是有经验的卖家不这样认为，他们的经验是：选对商品发布时间，才能让买家在第一时间搜到你的商品。要选对商品的发布时间必须做到以下几点。

1．熟悉网店搜索的时间排序

在淘宝网有过购买经历的人都知道，搜索商品时，淘宝网会根据商品的上架时间来进行排序，商品离下架时间越近，排名的位置就越靠前。也就是说剩余时间越短，商品就越靠前，就越容易被买家看到。

了解到网店搜索的时间排序规则后，就应该充分利用这种时间排序。因此，对于新手来说，到货的商品不要同时发布，最好分几次发布，如果同时发布商品，一个星期中商品只有一天会排在最前面，如果隔天分几次发布效果就不同了，这样在一个星期中商品就有多次排在最前面的机会了。

2. 抓住商品发布的黄金时间段

买家上网也是有黄金时间段的，只有抓住黄金时间段发布商品，才能够增加商品的“曝光度”，从而提高成交率。因此，发布商品还要考虑一下什么时候上网的人最多这个问题。据统计，一天中上网人数最多的时候为9:00 ~ 11:30、15:00 ~ 17:30 和 19:30 ~ 22:00，这几个时间段非常重要，在这期间上网的人最多，所以发布商品信息一定要选择这些黄金时间段。在上网人数最多的时段，商品的浏览量也会随之上升，成交量便会提高，如图 12-25 所示为设置商品在黄金时间段定时上架。

即便做到了黄金时间段发布商品信息，为达到最佳效果，在黄金时段内也要每隔半小时左右发布一次新商品信息。这样做的原因是为了避免同时发布的商品同时消失的情况。如果隔开来发布，那么在整个黄金时段内，你都有商品能够获得靠前的搜索排名，这样可以为网店带来可观的浏览量。

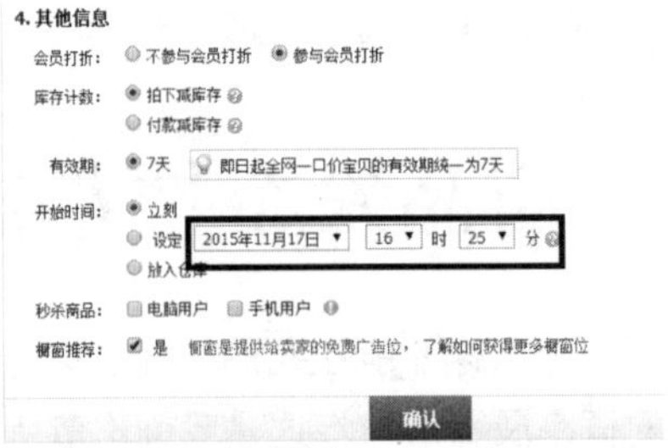

图 12-25　商品在黄金时间段定时上架

当然最难做到的就是坚持每天都在黄金时段发布新商品，这要求卖家不仅有充分的时间，而且还要有足够的商品来支持自己这么做。每天都有新商品上架，那么一周之后就会每天都有商品下架。当然，对于那些商品数量巨大的卖家来说，还可以在其他时间段发布，只要卖家坚持每天这样做，那么在每天的黄金时段内，都会有自己的商品获得最佳的宣传位置。如此一来，浏览量想不暴增都难。把所有的橱窗推荐位都用在即将下架的商品上，如果安排合理，你的推荐位就会发挥巨大的威力。

12.5.2　选好橱窗推荐，增加店铺浏览量

橱窗推荐是淘宝网为卖家设计的特色功能，是淘宝网提供给卖家展示和推荐宝贝的功能之

一。橱窗推荐的宝贝会集中在宝贝列表页面的橱窗推荐中显示，每个卖家可以根据信用级别和销售情况获得不同数量的橱窗推荐位。合理利用这些橱窗推荐位，将极大提高宝贝的点击率。

1．选择推荐商品的原则

（1）有很多买家购买的商品，也就是店铺中的人气商品。

（2）性价比高的商品。

（3）价位最低的商品。在买家搜索商品时，为了找到便宜的商品，总会按照价格来搜索，所以价格低了就会优先排在前面。

（4）标题“成熟”的商品。商品的标题由关键词组成，只有标题中出现了买家搜索的关键词，才有可能被搜索到。

（5）图片制作精美的商品，这会影响到浏览量。

（6）可以考虑将小部分包邮的商品上橱窗推荐。

2．橱窗推荐的时间原则

（1）优先把即将下架的商品作为橱窗推荐，因为淘宝默认按照剩余时间由少到多的方式来显示商品。

（2）如果没有足够的时间来对店铺的橱窗进行管理，可以选择离下架时间还有 1～2 天的产品进行橱窗推荐，每两天进行一次管理。

（3）当发现商品连续 7 天的访问量都很低时，要考虑关键词的使用是否恰当。

合理地使用橱窗位，可以增加浏览量，并间接增加交易量，如图 12-26 所示在淘宝搜索页面显示了橱窗推荐的商品。

图 12-26 橱窗推荐的商品

第13章 新手不花钱也可以把普通店铺装修漂亮

开店指导

网店商品固然非常重要，但是也绝对不能忽视店铺的装修。正所谓三分长相七分打扮，网店的美化如同实体店的装修一样，能让买家从视觉上和心理上感觉到店主对店铺的用心，并且能够最大限度地提升店铺的形象，有利于网店品牌的形成，提高销售量。

13.1 店铺计数器

网店经营已经不再是依照传统的开店方法就可以赚到钱的事情了，通过店铺计数器，网店经营者可以了解店铺主页和商品页面的被访问情况、访客来源地区分布、访客时间分布等，从中可以知道店铺的客流量、哪些商品受欢迎、什么时候访客最多、来自哪个地方的访客最多等对店主们至关重要的信息。制定出合适的推广方案，才能让自己的店铺脱颖而出，立于不败之地。给网店添加计数器的具体操作步骤如下。

下面以添加量子恒道—店铺经免费统计器为例，说明如何安装店铺统计器。为店铺添加计数器的具体操作如下。

（1）登录“我的淘宝”，单击“卖家中心—店铺管理—店铺装修”，如图 13-1 所示。

（2）进入“店铺装修”页面，单击左侧的“本店搜索”下的“添加模块”，如图 13-2 所示的页面。

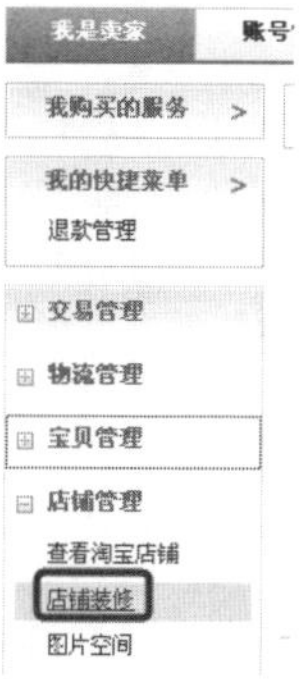

图 13-1　单击店铺装修　　　　图 13-2　单击“添加模块”

（3）弹出“添加模块”窗口，在“量子恒道—店铺经”后面单击“添加”按钮，如图 13-3 所示。

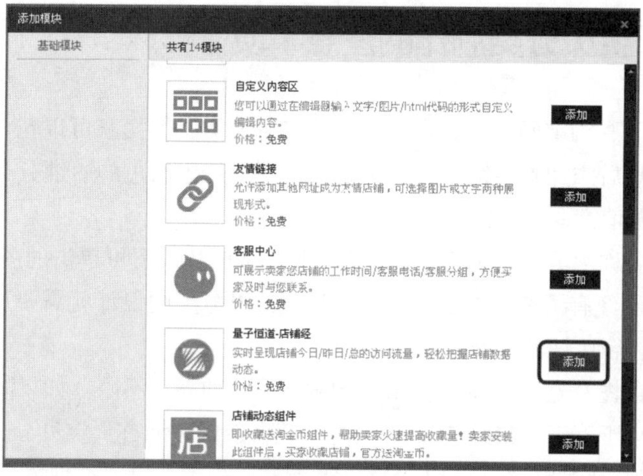

图 13-3　单击“添加”按钮

（4）添加“量子恒道—店铺经”成功后如图 13-4 所示。

图 13-4　添加成功

13.2　宝贝分类设计与设置

将宝贝进行分类，是为了方便买家查找。好的店铺分类，将会大大方便买家进行针对性浏览和查询，从而提高成交量。

13.2.1　宝贝分类制作的注意事项

在默认的情况下，淘宝网基本只以文字形式显示分类，但卖家可以花一点心思，制作出漂亮的宝贝分类图，然后添加到店铺的分类设置上，即可产生出色的店铺分类效果。在制作宝贝分类和进行相关设置前需要了解并注意一些事项。

（1）应在分类名称中填写汉字或英文，为分类添加图片设置可单击的图标，以便查看设置。

（2）如果店铺已经有了整体的装修风格，那么宝贝分类的设计就需要从整体的装修风格出发，让分类的设计符合店铺的装修要求。

（3）宝贝分类的图片宽度不能大于 150 像素，图片的高度不限。如果图片宽度大于 150 像素，显示器分辨率小于等于 1024×768 像素时，就会造成店铺首页宝贝分类栏右边的宝贝列表下沉，看起来不美观；在分辨率大于 1024×768 像素时是不会出现这种情况的。

（4）卖家可以根据宝贝分类再添加子分类，让宝贝分类更合理，更方便买家浏览。

（5）在已有宝贝的分类下，不能创建子分类，建议新建分类及子分类，再将宝贝转移到子分类。

13.2.2　制作宝贝分类图片

了解了宝贝分类制作的相关事项后，下面将使用 Photoshop 软件来制作宝贝分类图片，具体操作步骤如下。

（1）启动 Photoshop，选择“文件”|“新建”命令，弹出“新建”对话框，设置宽度和高度，如图 13-5 所示。

（2）单击“确定”按钮，新建空白文档。选择工具箱中的“圆角矩形工具”，在选项栏中将半径设置为“20px”，颜色设置为“9E0100”，如图 13-6 所示。

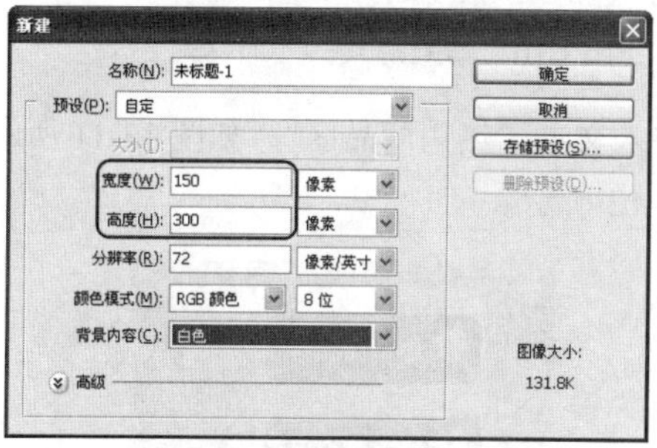

图 13-5　设置宽度和高度

图 13-6　选择“圆角矩形工具”

（3）选择工具箱中的“圆角矩形工具”，在图像中绘制圆角矩形，如图 13-7 所示。

（4）选择“图层”|“图层样式”|“描边”命令，弹出“图层样式”对话框，在该对话框中设置描边颜色，如图 13-8 所示。

图 13-7　绘制圆角矩形

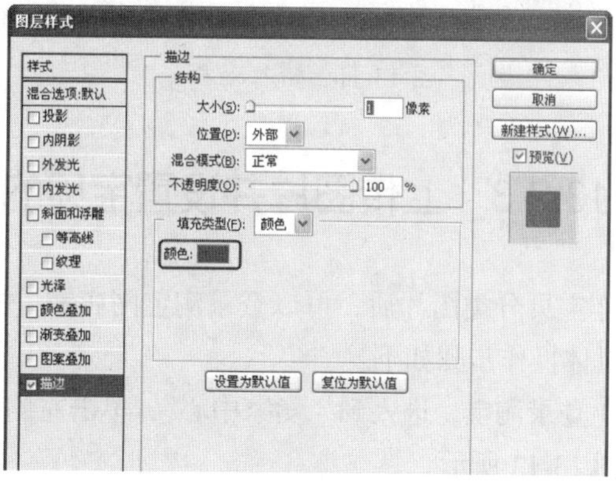

图 13-8 “图层样式”对话框

（5）单击“确定”按钮，设置图层样式，如图13-9所示。

（6）选择工具箱中的“自定义形状工具”，在图像中绘制形状，如图13-10所示。

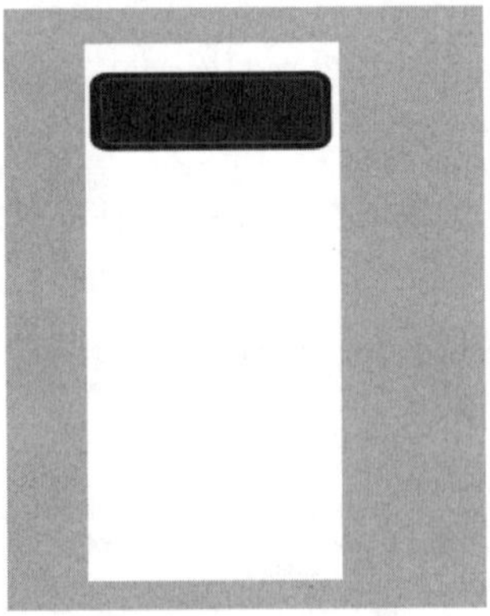

图13-9 设置图层样式

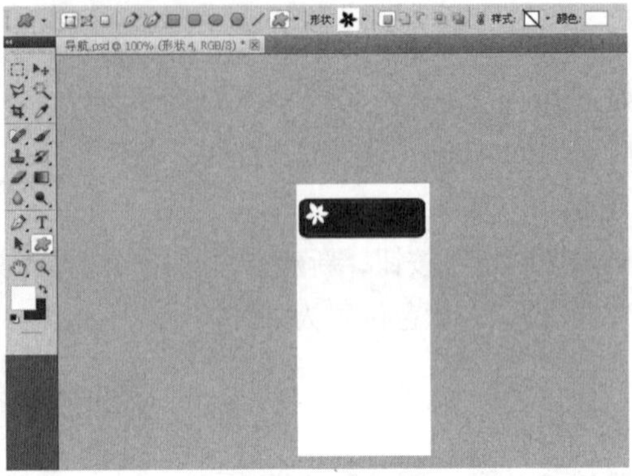

图13-10 绘制形状

（7）选择工具箱中“横排文字工具”，在图像中输入文本“热销商品区”，如图13-11所示。

（8）用同样的方法制作其余的导航按钮，如图13-12所示。

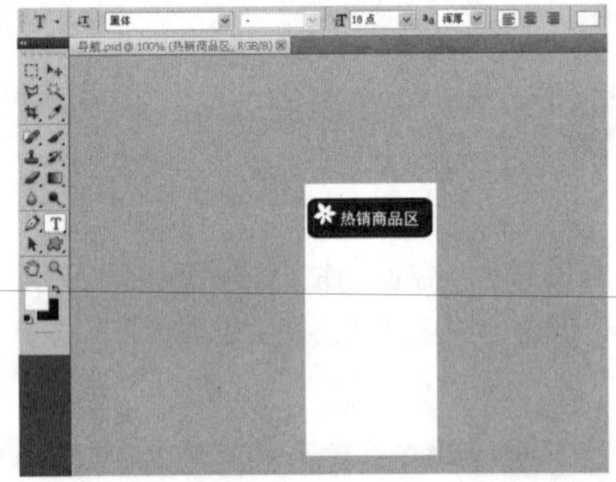

图13-11 输入文本

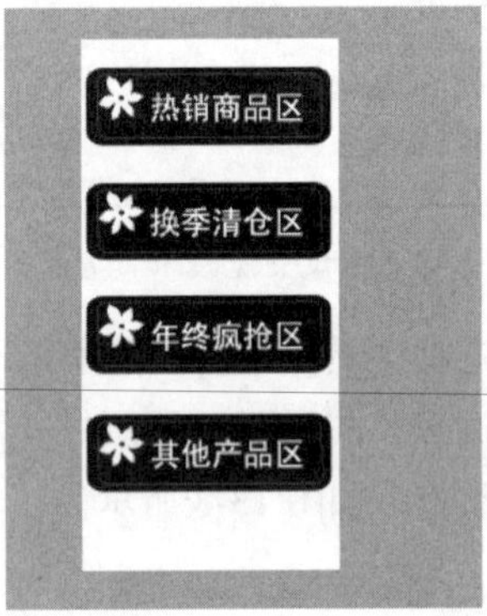

图13-12 制作导航

13.2.3 上传图片并设置宝贝的分类

制作宝贝分类图片后，可以登录淘宝网店铺，根据商品的分类将分类图指定到各个分类项目上，具体操作步骤如下。

（1）登录淘宝，进入到“卖家中心”，单击左侧的“店铺管理”下的“宝贝分类管理”超链接，如图13-13所示。

（2）进入宝贝分类管理界面，在宝贝分类管理页面中可以修改宝贝分类。如果没有建立宝贝分类，可以单击“添加手工分类”或“添加自动分类”按钮，添加一个分类，非常简单明了。设置好文字分类后，单击该分类标题右边的“添加图片”按钮，如图 13-14 所示。

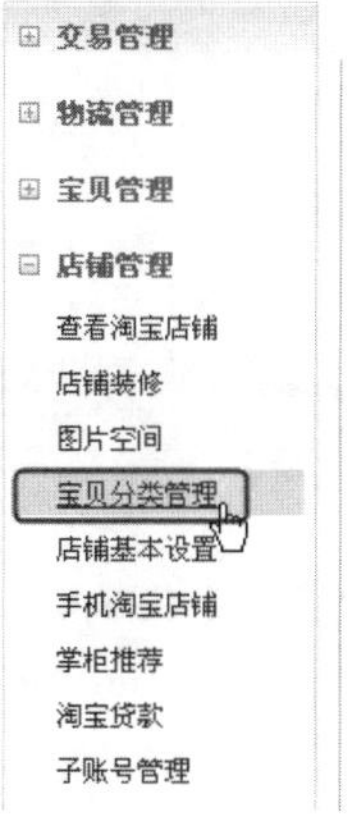

图 13-13　单击“宝贝分类管理”超链接　　　　图 13-14　添加宝贝分类

（3）弹出窗口，单击“插入图片空间图片”单选按钮，如图 13-15 所示。

（4）在打开的页面中单击“上传新图片”，单击“选择要上传的图片”按钮，如图 13-16 所示。

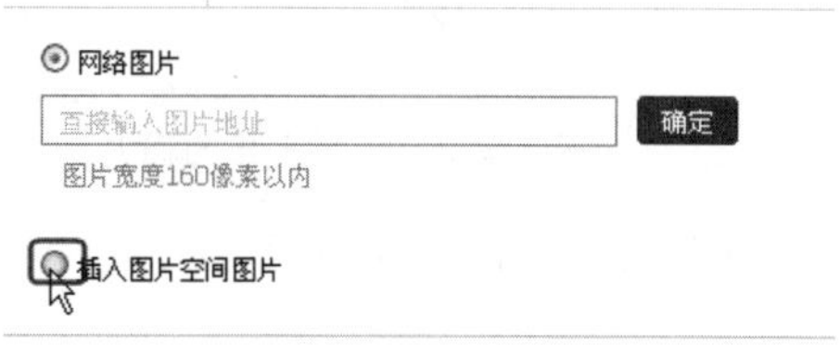

图 13-15　添加图片页面　　　　图 13-16　选择上传的图片

（5）弹出选择上传文件窗口，选择要上传的图片文件后，单击“打开”按钮，如图 13-17 所示。

（6）在如图 13-18 所示的页面中，单击“上传”按钮。

（7）上传完毕后，单击图片后面的“插入”按钮，如图 13-19 所示。

（8）进入从图片空间选择页面，在页面中选择刚才上传的图片，如图 13-20 所示。

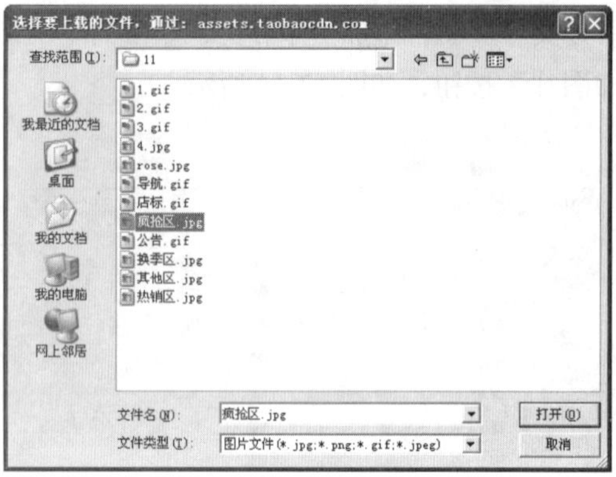

图 13-17　选择图片文件

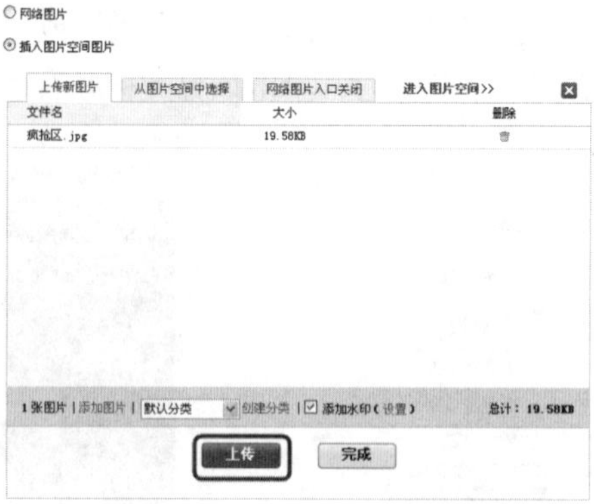

图 13-18　单击“上传”按钮

图 13-19　单击图片后面的“插入”按钮

图 13-20　选择上传的图片

（9）单击“完成”按钮，即可看到上传以后的分类图片，如图 13-21 所示。

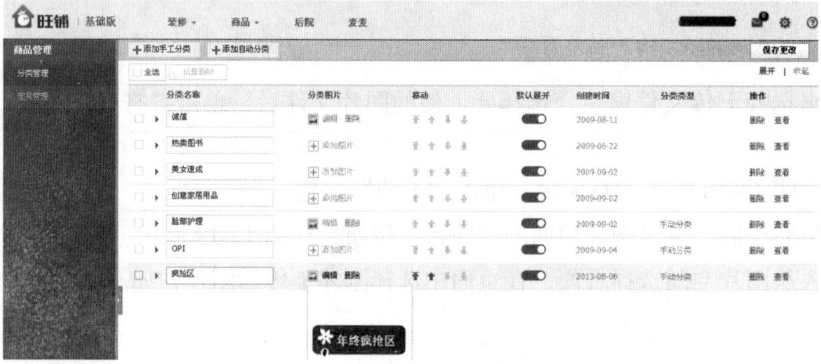

图 13-21　上传以后的分类图片

（10）依次添加其他的图片分类，包括二级分类也可以添加。添加图片分类后，图标会变为彩色提示。最后一定要记得单击“保存”按钮。

13.3　公告区域的制作

公告栏是发布店铺最新信息、促销信息或店铺经营范围等内容的区域。通过公告栏发布内容，可以方便顾客了解店铺的重要信息。

13.3.1　制作公告区时的注意事项

卖家在淘宝网开店后，淘宝网已经为店铺提供了公告栏的功能，卖家可以在“管理我的店铺”页面中设置公告的内容。卖家在制作公告栏前，需要了解并注意一些事项，以便制作出效果更好的公告栏。

（1）淘宝基本店铺的公告栏具有默认样式，如图 13-22 所示。卖家只能在默认样式的公告栏上添加公告内容。

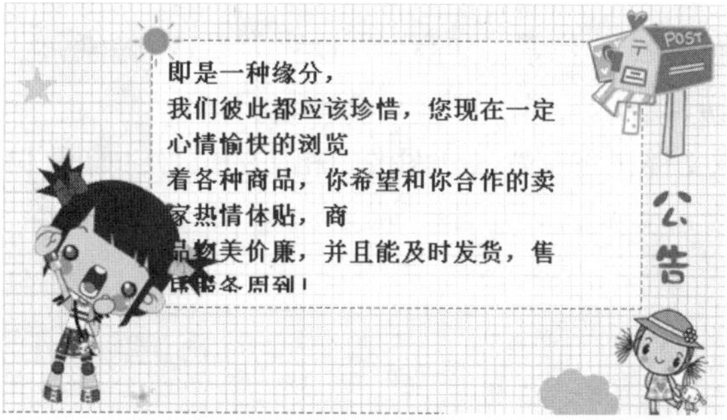

图 13-22　店铺公告栏默认样式

（2）由于店铺已经存在默认的公告栏样式，并且这个样式无法更改，因此卖家在制作公告栏时，可以将默认的公告栏效果作为参考，使公告的内容效果与之搭配。

（3）淘宝基本店铺的公告栏默认设置了滚动的效果，在制作时无需再为公告内容添加滚动设置。

（4）公告栏内容的宽度不要超过 480 像素，否则超过部分将无法显示，而公告栏的高度可随意设置。

（5）如果公告栏的内容为图片，那么需要指定图片在互联网中的位置。

13.3.2 制作精美的图片公告

要以图片作为公告栏的内容，就需要将图片上传到互联网上。将图片上传到互联网以后，会产生一个对应的地址，卖家可以利用该地址将图片指定为公告栏内容，即可将图片插入到公告栏内。下面使用 Photoshop 设计精美的图片公告，具体操作步骤如下。

（1）启动 Photoshop，选择“文件”|“新建”命令，弹出“新建”对话框，如图 13-23 所示。

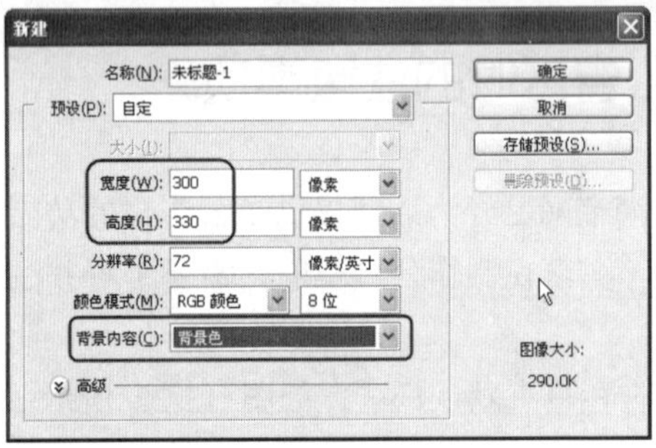

图 13-23 “新建”对话框

（2）将“宽度”设置为“300 像素”，“高度”设置为“330 像素”，“背景内容”设置为“背景色”，单击“确定”按钮，新建文档，如图 13-24 所示。

（3）打开相应的图像文件，将其置入到图像中相应的位置，如图 13-25 所示。

图 13-24 新建文档

图 13-25 置入图像

（4）打开“图层”面板，并将透明度设置为 40%，如图 13-26 所示。

（5）选择工具箱中的“圆角矩形工具”，在图像中绘制圆角矩形，如图 13-27 所示。

（6）选择“图层”|“图层样式”|“投影”命令，弹出“图层样式”对话框，如图 13-28 所示。

（7）在对话框中“混合模式”选择“点光”，然后设置相应的参数，单击“确定”按钮，即可设置相应的图层样式，如图 13-29 所示。

图 13-26　设置透明度

图 13-27　绘制矩形

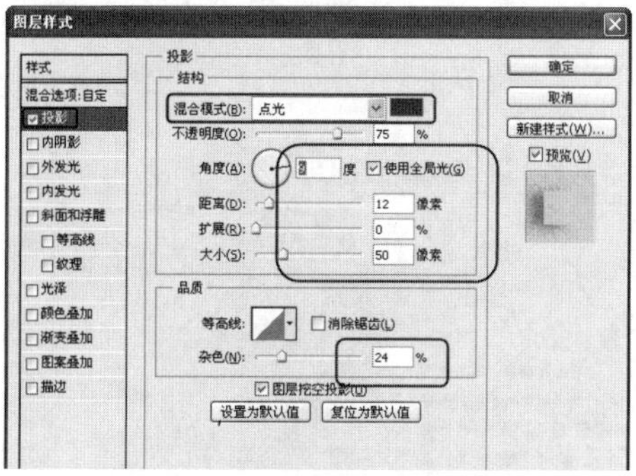

图 13-28 “图层样式”对话框

图 13-29　设置图层样式后的效果

（8）选择工具箱中的“矩形工具”，在图像中绘制矩形，然后设置投影效果，如图 13-30 所示。

（9）选择“编辑”|“自由变换”命令，变换图像，如图 13-31 所示。

图 13-30　绘制矩形

图 13-31　变换图像

（10）选择工具箱中的“横排文字工具”，在图像中输入文字“公告”，然后对文字自由变换，如图 13-32 所示。

（11）选择工具箱中的“横排文字工具”，在图像中输入公告文字，如图 13-33 所示。

图 13-32　输入文字

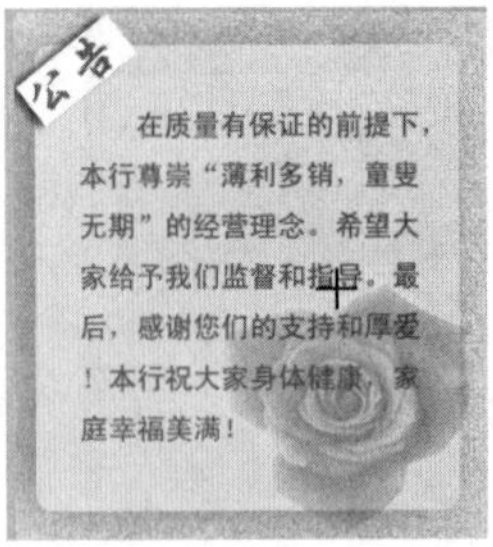

图 13-33　输入文字

（12）选择工具箱中的“自定义形状”工具，在选项栏中选择相应的形状，然后在图像中绘制，如图 13-34 所示。

图 13-34　绘制形状

13.3.3　在店铺中应用图片公告

在店铺中应用图片公告首先把制作好的店铺公告上传到图片空间里，然后复制图片链接地址，具体操作步骤如下。

（1）在“卖家中心”页面中单击“店铺管理”下的“店铺装修”超链接，如图 13-35 所示。

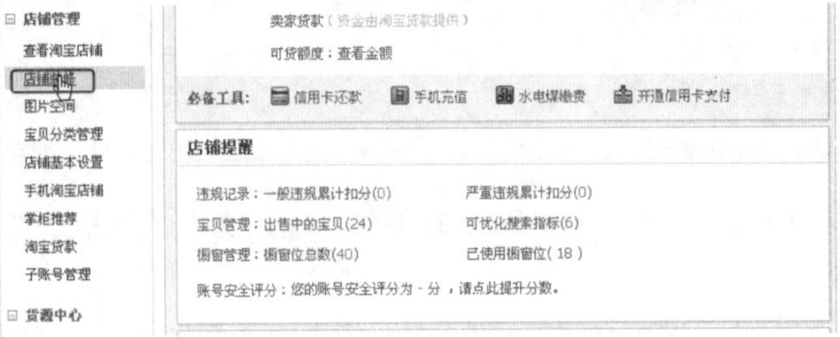

图 13-35　卖家中心

（2）在打开的页面右上侧单击“添加模块”按钮，如图 13-36 所示。

图 13-36　单击“添加模块”按钮

（3）打开“添加模块”窗口，在“店铺公告”后单击“添加”按钮，如图 13-37 所示。

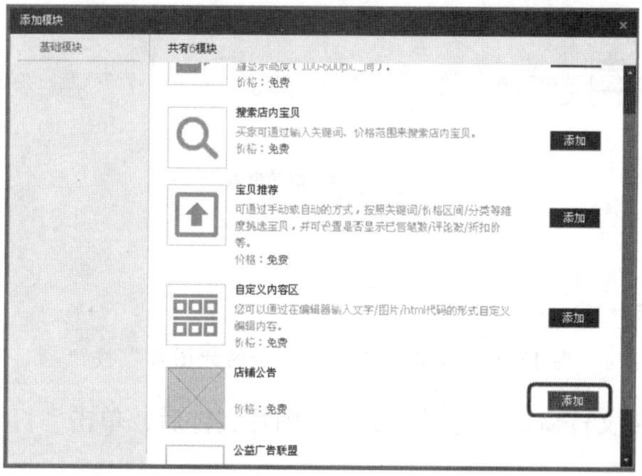

图 13-37　“添加模块”窗口

（4）这时添加了“店铺公告”模块，单击“店铺公告”右侧的“编辑”按钮，如图 13-38 所示。

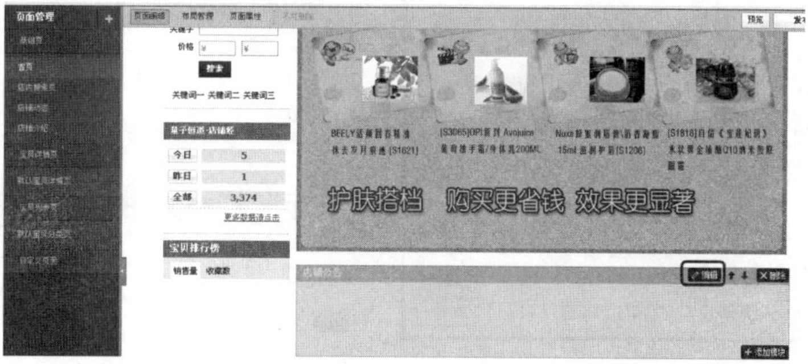

图 13-38　单击“编辑”按钮

（5）弹出“店铺公告”编辑窗口，单击“插入图片空间图片”按钮，如图 13-39 所示。

图 13-39 “店铺公告”编辑窗口

（6）在打开的页面中单击“上传新图片”，单击“选择要上传的图片”按钮，如图 13-40 所示。

图 13-40 单击“选择要上传的新图片”按钮

（7）弹出选择上传文件窗口，选择要上传的图片文件后，单击“打开”按钮，如图 13-41 所示。

（8）在如图 13-42 所示的页面中，单击“上传”按钮。

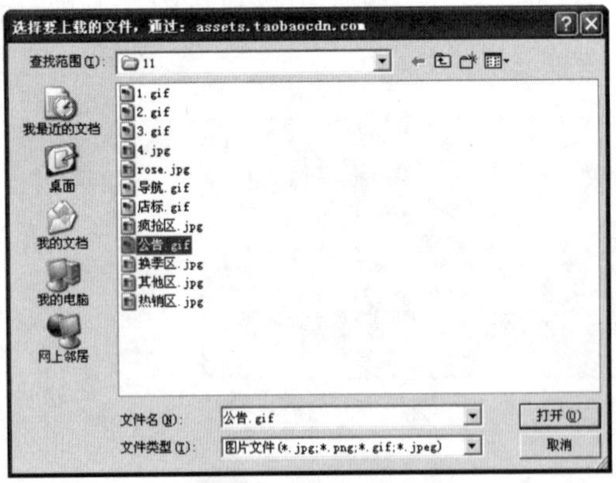

图 13-41 选择图片文件

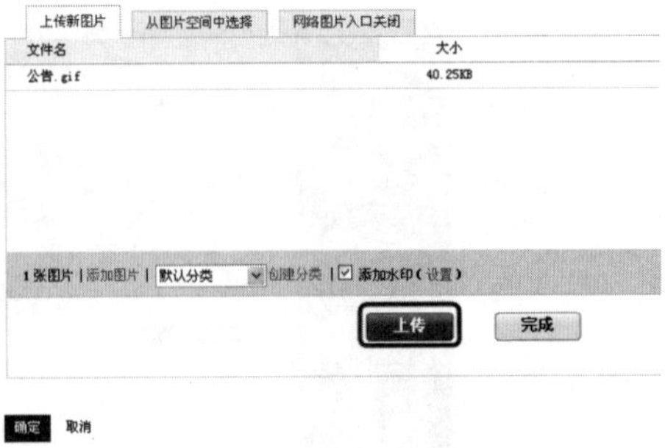

图 13-42 单击“上传”按钮

（9）上传完毕后，单击图片后面的“插入”按钮，如图 13-43 所示。

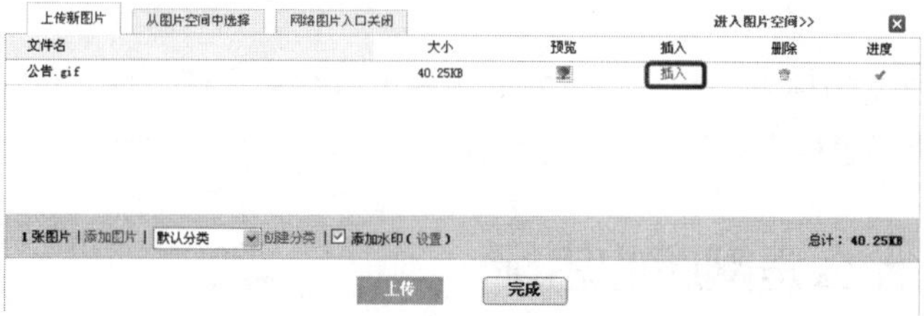

图 13-43　单击“插入”按钮

（10）进入从图片空间选择页面，在页面中选择刚才上传的图片，如图 13-44 所示。

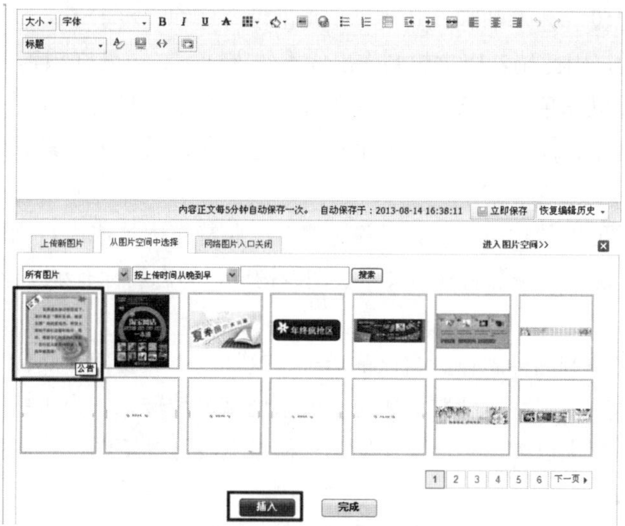

图 13-44　选择图片

（11）单击“插入”按钮，插入图片后的效果如图 13-45 所示，单击底部的“立即保存”按钮即可成功发布公告图片。

图 13-45　插入公告图片

13.4 店标的设计与发布

店标是店铺最重要的标志之一，一个好的店标可以给买家留下深刻的印象，让买家更容易记住店铺。下面将讲述怎样设计好一个出色的店标，让更多的买家光临。

13.4.1 什么是网店的店标

店标的制作是艺术创作活动，需要的是捕捉艺术创作的灵感。灵感来自于哪里呢？艺术家的创作灵感来自于对现实生活的细致观察，来自于对现实生活材料的抽象提炼。

许多人抱怨自己没有艺术细胞，其实只是自己没有仔细观察罢了。制作店标，离开对生活素材的积累是不行的。因此倘若店主想制作出优秀的店标，必须做好积累生活素材的准备。

静态店标的制作既简单又复杂。简单在于没有技术含量，只要会计算机操作就能完成店标的制作。复杂在于制作店标是一项高度艺术化的创造活动，没有艺术素养的人无法制作出原创性的店标。

但是对于大多数能够使用电脑的人来说，修改一张静态图片成为自己网店的店标并非是很困难的事情。一般来说一个静态店标由文字、图像构成，静态店标有纯文字店标、纯图像店标、文字图像混合店标。

店主可以使用名牌产品标志作为自己的店标，这样店主只要把产品标志扫描下来即可，例如经营耐克、阿迪达斯等名牌运动鞋的店主一般采用该名牌鞋子作为店标。采用这种方法制作店标更简单、快捷。店主也可以自己先用铅笔在稿纸上设计好草图，再用扫描仪扫描下来，最后使用 Photoshop 处理。

在制作店标的时候，新手最好使用宝贝模板里的店标，刚开始学习装修时可以优先选择免费的模板练练手，店标的选择一定要与店铺所经营的产品相协调，如果卖的是时尚用品，如包包、衣服之类的，那店标上最好体现时尚元素，如果选一个典雅型的店标就显得很不匹配。在对店铺装修管理熟悉以后，也可以找专业人士设计店标，或者高手也可以自己设计。

13.4.2 店标设计的原则

店标是传达信息的一个重要手段，店标设计不仅仅是一般的图案设计，最重要的是要体现店铺的精神、商品的特征，甚至店主的经营理念等。一个好的店标设计，除了能够传达明确的信息外，还可以在方寸之间表现出深刻的精神内涵和艺术感染力，给人以静谧、柔和、饱满、和谐的感觉。

要做到这一点，在设计店标时需要遵循一定的设计原则和要求。

1．富于个性，新颖独特

店标并非只是一个图案那么简单，它代表的是一个品牌，是一种艺术创作。所以设计者要从生活中、从店铺规划中捕捉创作的灵感。

店标是用来表达店铺的独特性质的，要让买家认清店铺的独特品质、风格和情感。因此，店标在设计上除了要讲究艺术性外，还要讲究个性，让店标与众不同、别出心裁。

设计店标时要突出视觉形象，要善于使用夸张、重复、节奏、抽象和寓意的手法，使设计出来的店标达到易于识别、便于记忆的功效。店主在设计店标前，需要做好材料搜集和材料提炼的准备。如图 13-46 所示是一些个性的店标设计作品。

图 13-46　具有个性的店标

2．简练明确，信息表达

店标是一种直接表达的视觉语言，要求产生瞬间效应，因此店标设计要求简练、明确、醒目。图案切忌复杂，也不宜过于含蓄，要做到近看精致巧妙，远看清晰醒目，从各个角度、各个方向上看都有较高的识别度。

另外，店标不仅仅是起视觉作用的，它还表达了一定的含义，传达了明确的信息，给买家留下美好、独特的印象。

3．符合美学原理

店标设计要符合人们的审美，买家在观察一个店标的同时，也是一种审美的过程。在审美过程中，买家把视觉所感受的图形，用社会所公认的相对客观的标准进行评价、分析和比较，引起美感冲动。这种对美的冲动会传入大脑并留下记忆。因此，店标设计既要形象又要有简练清晰的视觉效果和视觉冲击力。

店标的造型要素有点、线、面、体 4 类，设计者要借助这 4 种要素，通过掌握不同造型形式的相关规则，使所构成的图案，具有独立于各种具体事物结构之外的美。

13.4.3 店标制作的基本方法

店标设计的复杂性在于这是一项高度艺术化的创造活动，没有艺术素养和良好设计技术的人无法制作出原创个性化并具有高价值的店标。对于淘宝店标按照其状态可以分为动态店标和静态店标。

1．制作静态店标

一般来说，静态店标由文字、图像构成。其中有些店标用纯文字表示，有些店标用图像表示，也有一些店铺的设计既包含文字也包含图像。

有自己商品标志的卖家，可以将商标用数码相机拍下，然后用 Photoshop 软件处理，或通过扫描仪将商标扫描下来，再通过图像处理软件编辑。

有绘图基础的卖家，可以利用自己的绘图技能，先在稿纸上画好草图，然后用数码相机或使用扫描仪扫描的方法将图像输入计算机，再使用图像处理软件进行绘制和填充颜色。

2．制作动态店标

对于网店而言，动态店标就是将多个图像和文字效果构成 GIF 动画。制作这种动态店标，可以使用 GIF 制作工具完成，如 Easy GIF Animator、Ulead GIF Animator 等软件都可以制作 GIF 动态图像。

设计前准备好背景图片及商品图片，然后考虑要添加什么文字，例如店铺名称或主打商品等，接着使用软件制作即可。如图 13-47 所示为使用 Photoshop CS5 制作 GIF 格式的店标。

图 13-47　使用 Photoshop CS5 制作 GIF 格式的店标

13.4.4 设计店铺标志

下面使用 Photoshop 制作一个静态的网店店标，具体操作步骤如下。

（1）启动 Photoshop，新建一空白文档，选择工具箱中的“渐变工具”，在选项栏中单击“按可编辑渐变”，弹出“渐变编辑器”对话框，如图 13-48 所示。

（2）在该对话框中设置渐变颜色，单击“确定”按钮，在舞台中填充背景，如图 13-49 所示。

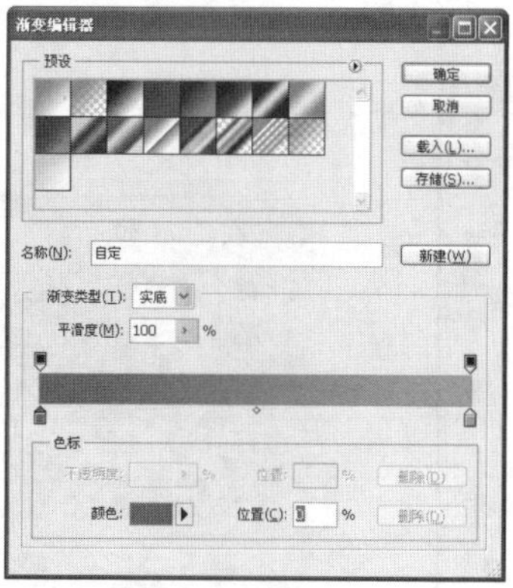

图 13-48 “渐变编辑器”对话框

图 13-49　填充选区

（3）选择工具箱中的“自定义形状工具”，在选项栏中选择相应的形状，在图像中绘制形状，如图 13-50 所示。

（4）打开“图层”面板，将“不透明度”设置为 25%，如图 13-51 所示。

图 13-50　绘制形状

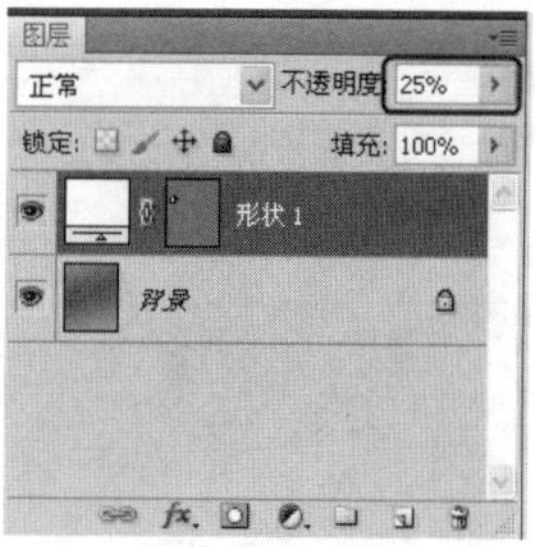

图 13-51　设置不透明度

（5）同步骤 3~4 绘制更多的形状，如图 13-52 所示。

（6）选择工具箱中的“横排文字工具”，在图像中输入文字“非凡数码”，如图 13-53 所示。

图 13-52　绘制形状

图 13-53　输入文字

（7）选择“图层”|“图层样式”|“渐变叠加”命令，弹出“图层样式”对话框，在该对话框中设置渐变颜色，如图 13-54 所示。

（8）单击“确定”按钮，设置图层样式，如图 13-55 所示。

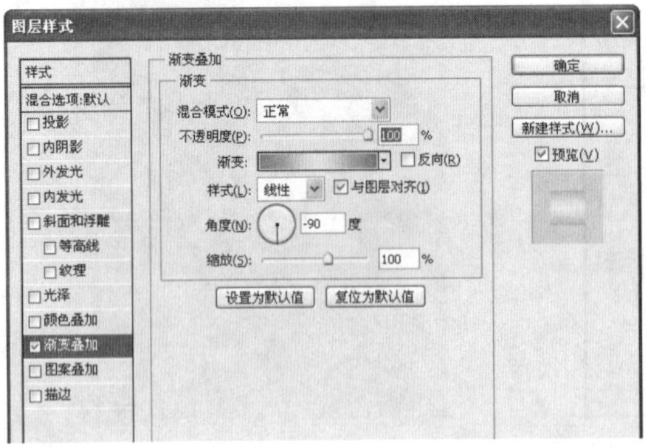

图 13-54 “图层样式”对话框

图 13-55 设置图层样式

（9）置入 2 张图片，并将其拖动到相应的位置，如图 13-56 所示。

（10）选择“窗口”|“动画”命令，打开“动画”面板，单击底部的按钮，添加 3 个图层，如图 13-57 所示。

图 13-56 置入图像

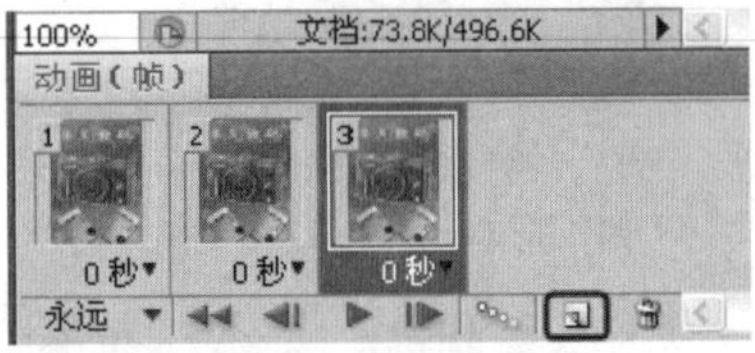

图 13-57 新建图层

（11）选择图层 2，删除原来的图像，置入另外一幅图像，如图 13-58 所示。

（12）选择图层 3，删除原来的图像，置入另外一幅图像，如图 13-59 所示。

（13）选择图层 1，点击 0 秒，在弹出的列表中选择 1.0，如图 13-60 所示。

（14）用同样的方法设置其余的帧时间，如图 13-61 所示。

图 13-58　置入图像

图 13-59　置入图像

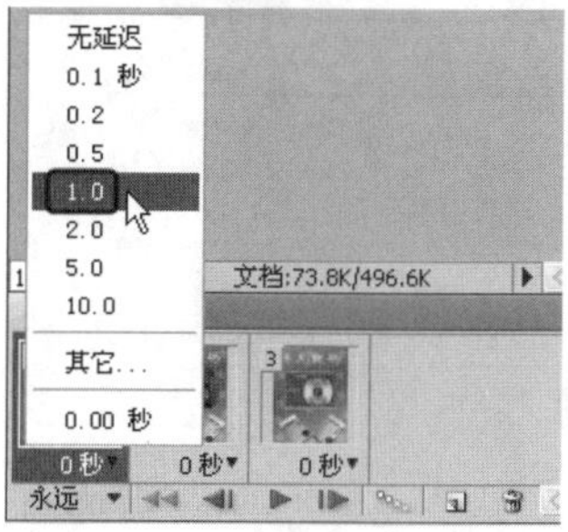

图 13-60　设置帧时间

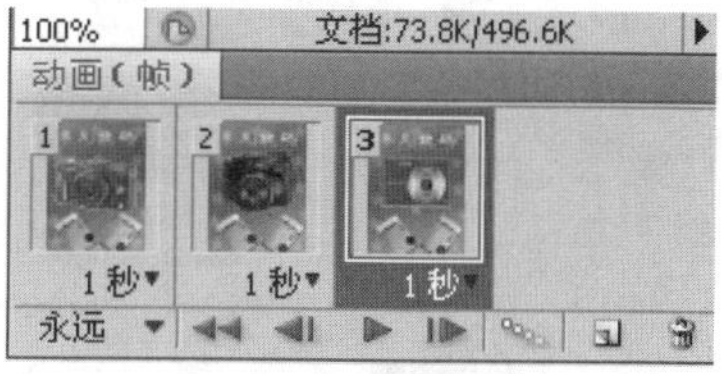

图 13-61　设置其余的帧时间

（15）选择“文件”|“存储为 Web 所用格式”命令，弹出“存储为 Web 所用格式”对话框，将文件格式选择 GIF 格式，如图 13-62 所示。

（16）单击“存储”按钮，即可保存文件，预览效果如图 13-63 所示。

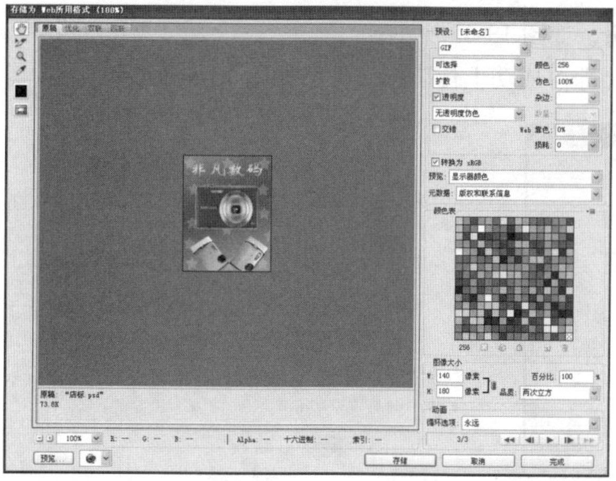

图 13-62　“存储为 Web 所用格式”对话框

图 13-63　预览效果

13.4.5 将店标发布到店铺上

设计好店标后，就可以通过淘宝网上的店铺管理工具将店标图片发布到店铺上。下面详细讲解将店标发布到店铺上的操作方法。

（1）登录淘宝后台管理页面，单击“店铺管理”中的“店铺基本设置”超链接，打开店铺基本设置页面，如图 13-64 所示。

图 13-64　店铺基本设置页面

（2）单击“上传店标”按钮，打开“选择要加载的文件”对话框，在该对话框中选择制作好的店标文件，单击“打开”按钮，如图 13-65 所示。

（3）然后单击“保存”按钮，即可成功上传店标文件，如图 13-66 所示。

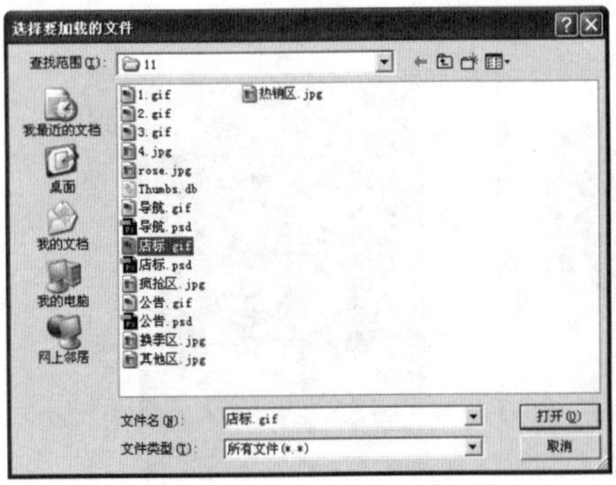

图 13-65　“选择要加载的文件”对话框

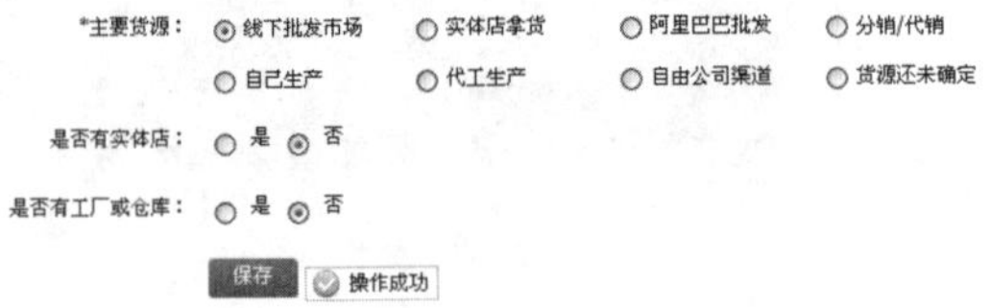

图 13-66　上传店标

第14章　装修有个性的旺铺吸引买家

开店指导

在淘宝网开发的早期，淘宝提供的店铺只有几种简单的模板样式，使用起来很单调。为了满足卖家对店铺装修的要求，淘宝网推出了淘宝旺铺服务，让卖家的店铺可以具有更强大的设置功能，同时可以定制完全属于自己的个性装修风格。

14.1　制作个性店招

要装修自己的旺铺，首先要做一个个性化的招牌，如果拥有了一个醒目的招牌，那么店铺装修就成功了一半。店铺招牌是店铺十分重要的宣传工具，也是店铺的一个广告牌，设计时要注意其识别度要高。

14.1.1　店招制作的注意事项

在旺铺中每个页面都可以独立设置店招。店招可以通过旺铺的照片设置区域功能来设置。制作和应用旺铺店招需要注意的事项有以下几点。

（1）目前，淘宝网只支持 GIF、JPG、PNG 格式的店招图片。

（2）店招图片的推荐使用尺寸为 950×150 像素，大于这个尺寸的部分将会被裁切掉。

（3）上传店招图片，可以选择将此图片只应用到当前页面，或应用到整个店铺的页面中。

（4）上传图片大小不能超过 100KB 的大小。

14.1.2 服装店招设计实例

店招是一个店铺的象征，一个好的店招能起到传达店铺经营理念，突出店铺经营风格，彰显店铺形象的作用。将制作好的店招，存储在自己的电脑上，然后上传到店铺的店招位置上即可。下面使用 Photoshop 制作店招，具体操作步骤如下。

（1）启动 Photoshop，选择“文件”|“打开”命令，打开一图像，如图 14-1 所示。

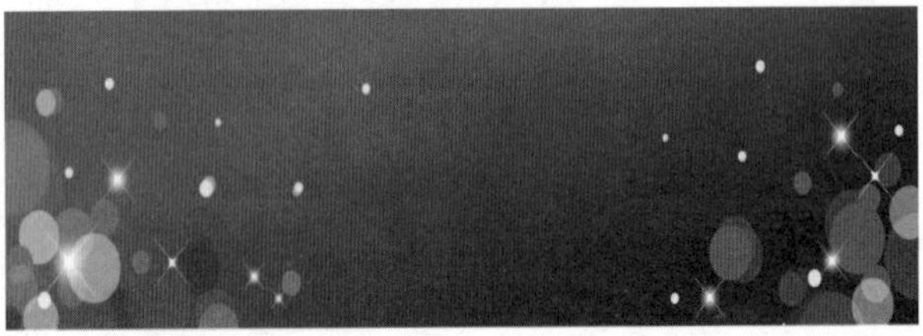

图 14-1 打开背景图像

（2）打开另一幅图片文件，选择工具箱中的“椭圆选框工具”，选择相应的部分，如图 14-2 所示。

图 14-2 选择图像

（3）选择“选择”|“修改”|“羽化”命令，弹出“羽化选区”对话框，将“羽化半径”设置为 20，如图 14-3 所示。

（4）单击“确定”按钮，羽化图像，按“Ctrl+C”组合键复制图像，返回到原始图像，再按“Ctrl+V”组合键，粘贴图像，如图 14-4 所示。

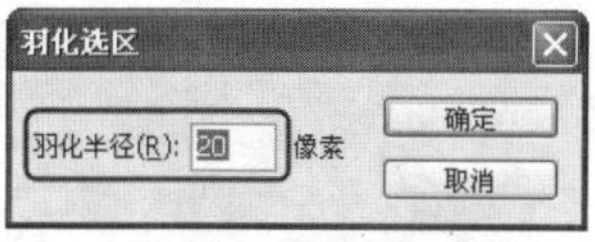

图 14-3　羽化选区

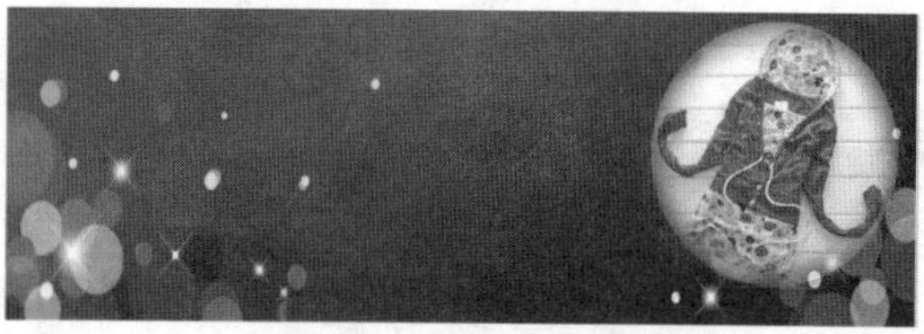

图 14-4　粘贴图像

（5）可以粘贴其余的图像，并将其拖动到相应的位置，如图 14-5 所示。

（6）选择工具箱中的“横排文字工具”，在图像中输入相应的文本，如图 14-6 所示。

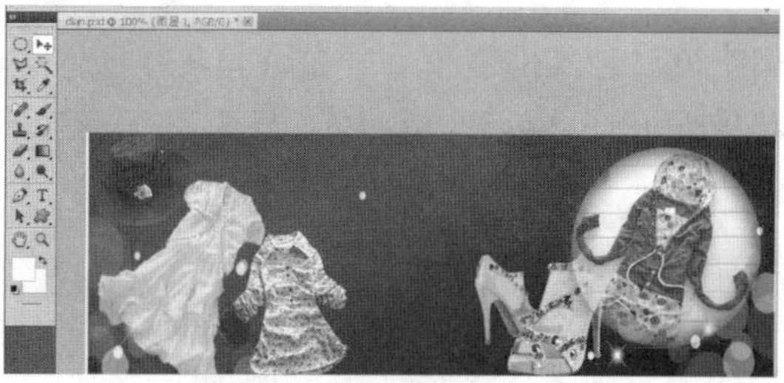

图 14-5　粘贴其余图像

图 14-6　输入文字

（7）单击选项栏中的“创建变形”图标，弹出“变形文字”对话框，样式设置为“波浪”，并设置相应的参数，如图 14-7 所示。

（8）单击“确定”按钮，设置变形文字，如图 14-8 所示。

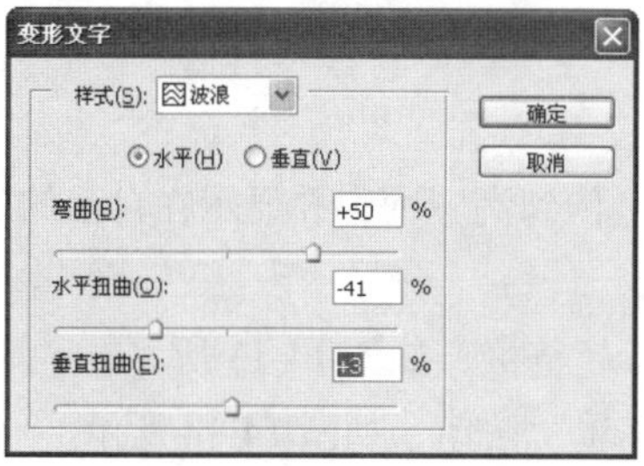

图 14-7　“变形文字”对话框

图 14-8　创建变形文字

（9）选择“图层”|“图层样式”|“投影”命令，弹出“图层样式”对话框，在对话框中设置相应的参数，如图 14-9 所示。

（10）单击“确定”按钮，设置投影图层样式，如图 14-10 所示。

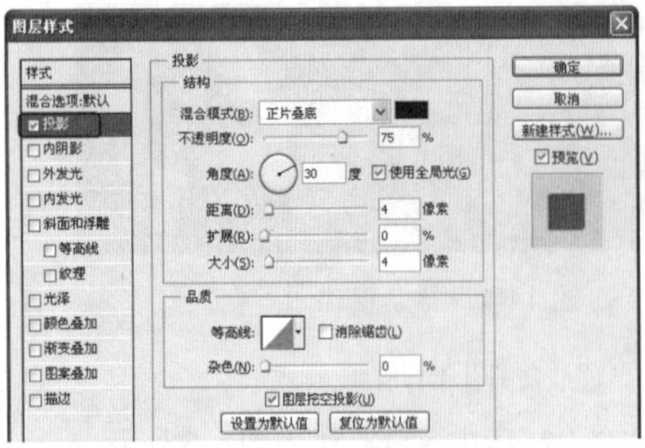

图 14-9 设置投影样式

图 14-10 设置图层样式

（11）选择工具箱中的“横排文字工具”，在图像中输入相应的文本，如图 14-11 所示。

（12）选中“8.5”，并在选项栏中将字体大小设置为“12”，将字体颜色设置为“dfff88”，如图 14-12 所示。

图 14-11 输入文字

图 14-12 设置文本大小

14.1.3 将店招应用到店铺中

设计好店招后，即可通过管理店铺的方法，将店招图片上传到淘宝网，并显示在自己的店铺上。下面详细介绍将店招应用到店铺中的方法。

（1）登录我的淘宝，在“店铺管理”下单击“店铺装修”超链接，如图 14-13 所示。

（2）进入到店铺装修页面，在店招的位置单击右边的“编辑”按钮，如图 14-14 所示。

> 如果此时没有店招，单击添加模块，可以添加店铺招牌。

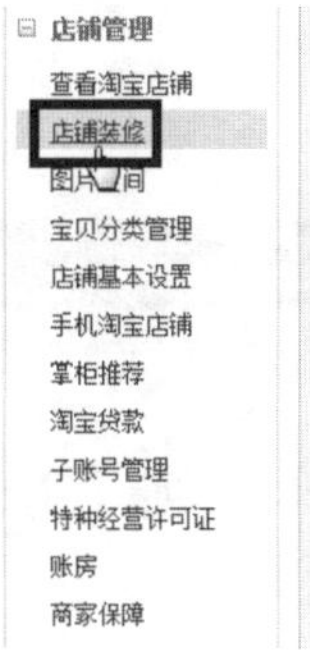

图 14-13　单击“店铺装修”超链接

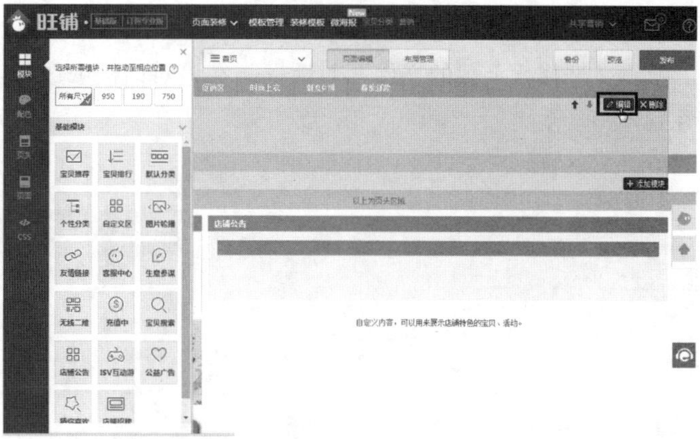

图 14-14　店铺装修页面

（3）打开“店铺招牌”页面，单击“插入图片空间图片”按钮，如图 14-15 所示。

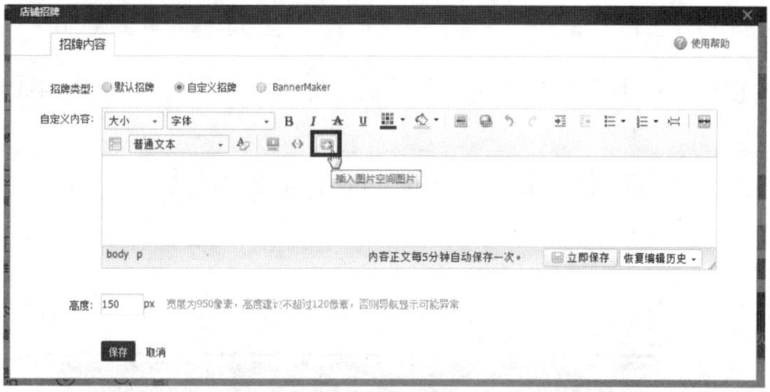

图 14-15　“店铺招牌”页面

（4）单击“上传新图片”选项卡，如图 14-16 所示。

图 14-16　单击“上传新图片”选项卡

（5）单击“添加图片”超链接，如图 14-17 所示。

（6）弹出“选择要上载的文件”对话框，在该对话框中选择“店招.jpg”，单击“打开”按钮，如图 14-18 所示。

图 14-17　上传店招

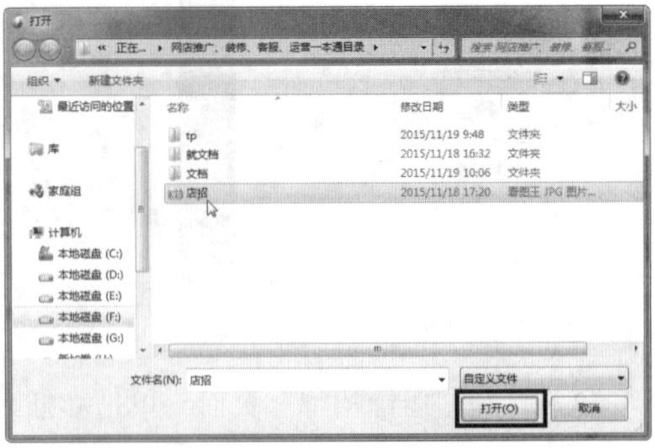

图 14-18　单击底部的“打开”按钮

（7）选择文件以后，单击底部的“插入”按钮，即可插入图片，如图 14-19 所示。单击“完成”按钮。

（8）上传完成以后即可单击“保存”按钮，如图 14-20 所示。

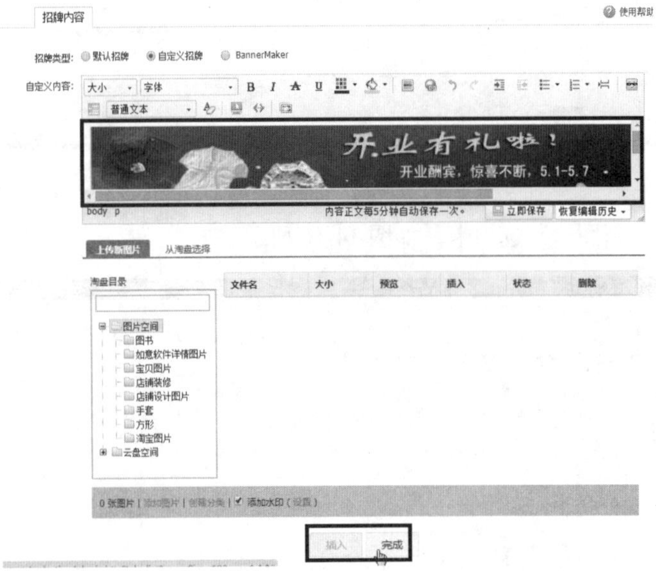

图 14-19　插入店招

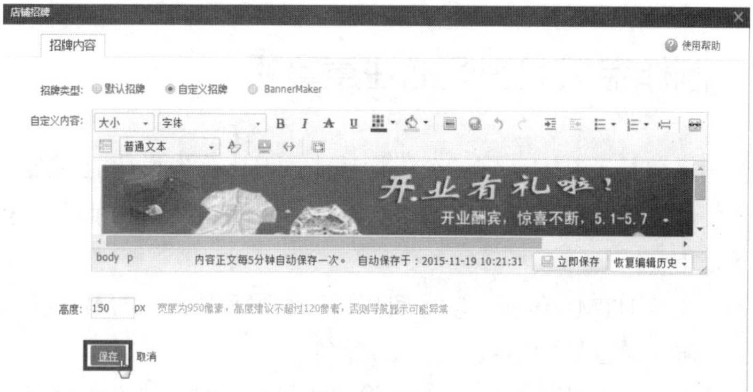

图 14-20　插入店招

（9）单击“保存”按钮，即可添加店招文件，如图 14-21 所示。

图 14-21　插入店招

（10）单击右上角的“发布”按钮，即可预览店铺页面效果，如图 14-22 所示。

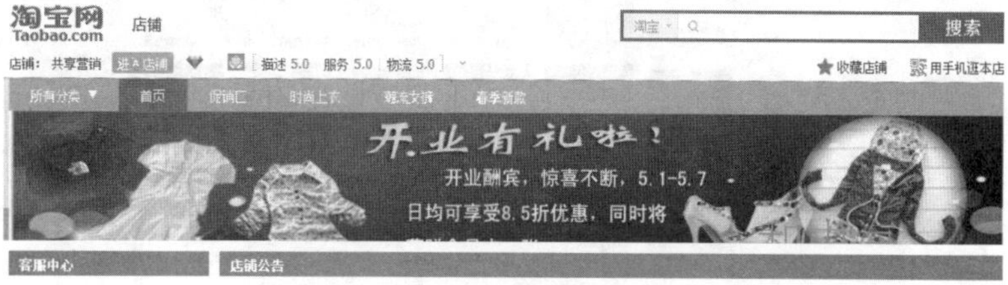

图 14-22　预览店招效果

14.2　巧妙制作宝贝促销区

宝贝促销区是旺铺非常重要的特色之一，它的作用是让卖家将一些促销信息或公告信息发布在这个区域上。就像商场的促销一样，如果处理得好，可以最大限度地吸引买家的目光，让买家一目了然地知道你的店铺在做什么活动，有哪些特别推荐或优惠促销的商品。

14.2.1　制作宝贝促销区的注意事项

旺铺的宝贝促销区包括了基本店铺的公告栏功能，但比公告栏功能更强大、更实用。卖家可以通过促销区，装点漂亮的促销宝贝，吸引买家注意。初次使用旺铺的卖家，制作宝贝促销区时，需要注意下面几点。

（1）宝贝促销区支持 HTML 编辑，卖家可以通过编写和修改 HTML 代码制作宝贝促销区。

（2）宝贝促销区限制该区域的字数为 20000 字符。

（3）新旺铺取消了宝贝促销区高度为 500 像素的限制，但建议不要过高，同时宽度不要超过 738 像素，以获得最佳的浏览效果。

14.2.2　宝贝促销区的制作方法

目前，制作宝贝促销的方法基本上有三种。

第一种方法是通过互联网寻找一些免费的宝贝促销模块，然后下载到本地并进行修改，或者直接在线修改，在模板上添加自己店铺的促销宝贝信息和公告信息，最后将修改后的模板代码应用到店铺的促销区即可。这种方法方便、快捷，而且不用支付费用；缺点是在设计上有所限制，个性化不足。如图 14-23 所示为网站提供的一些免费宝贝模板。

图 14-23　免费宝贝模板

第二种方法是自行设计宝贝促销网页。卖家可以先使用图像制作软件设计好宝贝促销版面，然后进行切片处理并将其保存为网页，接着通过网页制作软件（如 Dreamweaver、FrontPage）

制作编排和添加网页特效。最后将网页的代码应用到店铺的宝贝促销区上即可。这种方法由于是自行设计，所以在设计上可以随心所欲，可以按照自己的意向设计出独一无二的宝贝促销效果；缺点是对卖家的设计能力要求比较高，需要卖家掌握一定的图像设计和网页制作技能。如图 14-24 所示。

第三种方法是最省力的，就是卖家从提供淘宝店铺装修的店铺购买整店装修服务，或者只购买宝贝设计服务。目前淘宝网上有很多专门提供店铺装修服务和出售店铺装修模板的店铺，卖家可以购买这些装修服务。如图 14-25 所示。

就宝贝促销区设计而言，购买一个精美模板的价格大约在几十元左右。如果卖家不想使用现成的模板，还可以让这些店铺为你设计一个专属的宝贝促销模板，不过价格比购买现成模板的价格稍贵。这种方法最省心，而且可以定制专属的宝贝促销模板，缺点就是需要花费一定的资金。

图 14-24　自行设计促销区

图 14-25　购买促销模板

14.2.3　宝贝促销区设计实例

下面使用 Photoshop 设计宝贝促销区，建议在使用软件设计前，先用笔在纸上画一下，把布局都详细地列出来，每个图片的大小也都计算好，做到心中有数、有的放矢。下面使用 Photoshop 设计宝贝促销区，具体操作步骤如下。

（1）启动 Photoshop，选择“文件”|“新建”命令，弹出“新建”对话框，如图 14-26 所示。

（2）单击“确定”按钮，新建空白文档。将文件保存为“促销.psd”，如图 14-27 所示。

（3）选择“文件”|“打开”命令，打开一张图像文件，按“Ctrl+A”组合键全选图像，然后按“Ctrl+C”组合键复制图像，如图 14-28 所示。

（4）返回到原始文档，选择“编辑”|“粘贴”命令，粘贴图像，如图 14-29 所示。

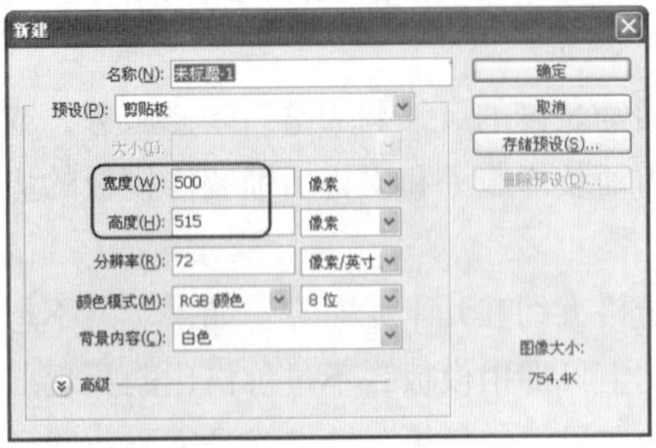

图 14-26 “新建”对话框

图 14-27 新建文档

图 14-28 复制图像

图 14-29 粘贴图像

（5）同步骤 3~4 粘贴其余的图像，并将其拖动到相应的位置，如图 14-30 所示。

（6）选择工具箱中“横排文字工具”，在图像中输入文本“促销商品”，如图 14-31 所示。

图 14-30 粘贴图像

图 14-31 输入文字

（7）选择“图层”|“图层样式”|“描边”命令，弹出“图层样式”对话框，在该对话框中设置描边颜色，如图 14-32 所示。

（8）单击“确定”按钮，设置图层样式，如图 14-33 所示。

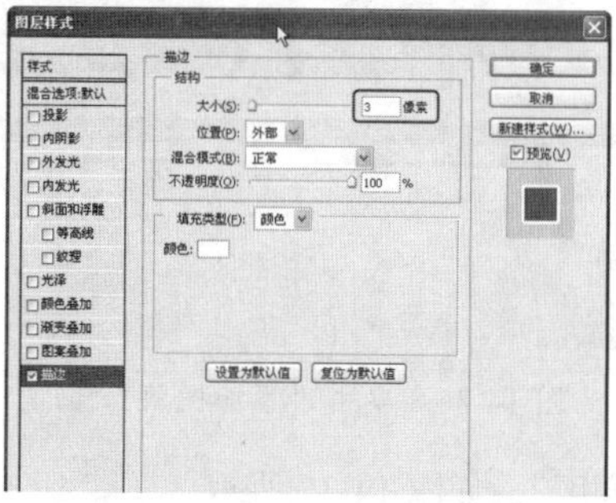

图 14-32 “图层样式”对话框

图 14-33　设置图层样式

（9）用同样的方法输入其余的文字，并设置图层样式，如图 14-34 所示。

图 14-34　输入文字

14.2.4　将促销区源代码应用到旺铺中

将促销区应用到旺铺中，具体操作步骤如下。

（1）在“卖家中心”页面中，单击“店铺管理”下面的“店铺装修”超链接，如图 14-35 所示。

（2）进入“店铺装修”页面，在店铺公告下单击“添加模块”按钮，如图 14-36 所示。

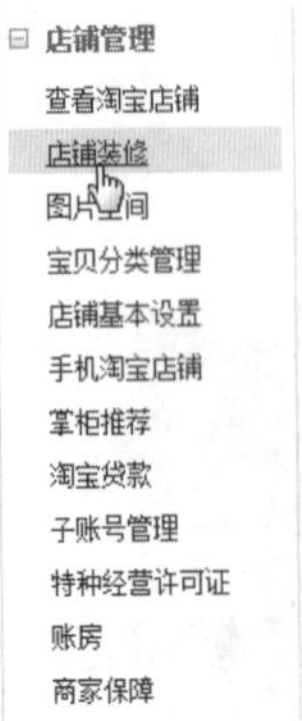

图 14-35　单击“店铺装修”

图 14-36　单击“添加模块”

（3）在右侧打开的列表中拖动“自定义内容区”，如图 14-37 所示。

图 14-37　添加自定义内容区

（4）可以看到在店铺公告下添加了“自定义内容”区，单击“编辑”按钮，如图 14-38 所示。

图 14-38　添加了“自定义内容”区

（5）在打开的“自定义内容区”窗口中单击“插入图片空间图片”按钮，如图 14-39 所示。

图 14-39　单击“插入图片空间图片”按钮

（6）打开如图 14-40 所示的对话框，单击“上传新图片”选项卡。

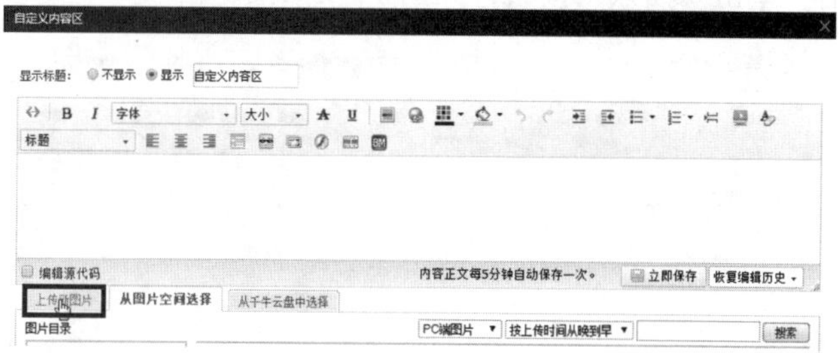

图 14-40　上传图片

（7）单击“添加图片”按钮，如图 14-41 所示。

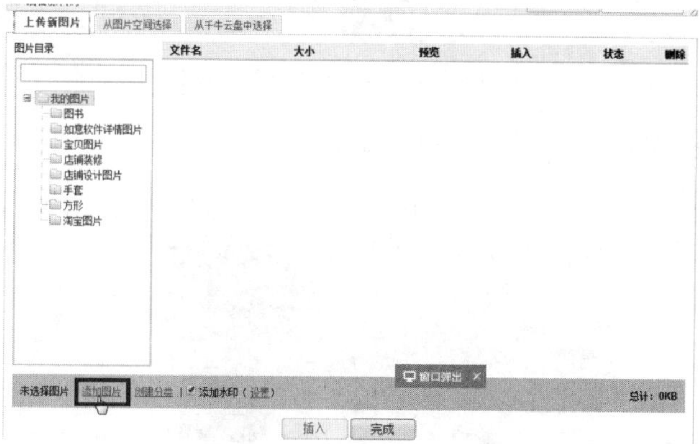

图 14-41　上传促销区图片

（8）弹出“打开”对话框，选择想要上传的图片，单击“打开”按钮，如图 14-42 所示。

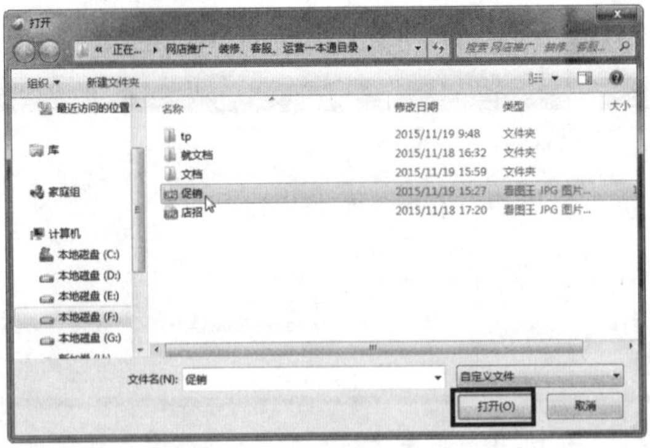

图 14-42　单击“打开”按钮

（9）上传成功后，单击“插入”按钮，如图 14-43 所示。

图 14-43　设单击“插入”按钮

（10）插入促销区后的效果如图 14-44 所示。

图 14-44　设置促销区后的效果

14.3　制作宝贝描述模板

要想成功推销自己的商品，卖家需要在商品描述上下工夫，以吸引买家进行交易。宝贝描述模板通常是指包含宝贝描述在内的宝贝介绍页面。可以将这样一个页面设计成一个模板，其他宝贝都可以使用这个模板进行宝贝展示。

14.3.1　宝贝描述模板的设计要求

漂亮美观的宝贝描述页面，不仅能为宝贝的介绍增色不少，而且还在一定程度上延长了买家的浏览时间，无形中增加了更多出售宝贝的机会。

目前淘宝网上有很多宝贝描述模板是由懂设计的卖家出售的，我们可以很方便地得到一个美观的宝贝描述模板。如果刚开店的卖家资金不足，那么我们可以自己设计宝贝描述模板，在不花钱的同时，还可以随心所欲地设计出自己的宝贝描述页面。在制作宝贝描述模板和进行设计前，需要了解并注意一些事项。

（1）宝贝描述模板就是店铺的形象页面，其他设计例如公告栏、店标、签名等也会根据风格展开设计，所以宝贝描述模板的设计风格非常重要。

（2）宝贝描述页是应用在网页上的，卖家可以通过浏览器来浏览，所以宝贝描述的设计需要符合 HTML 语法的要求。

（3）为了让宝贝描述页面在浏览器中尽可能快地显示，建议不要在宝贝描述模板中使用过多大图。

（4）在宝贝店铺管理页面上直接设计宝贝描述并不方便，建议先在本地设计好宝贝描述模板，并将相关的图片上传到相册，然后将模板的 HTML 代码粘贴到店铺描述的位置上。

（5）宝贝描述页上的图片地址链接必须正确，否则图片在页面上将不能显示。

14.3.2　在 Photoshop 中设计宝贝描述模板

这里主要讲述使用 Photoshop 设计的过程，具体操作步骤如下。

（1）启动 Photoshop CS5，选择“文件”|“新建”命令，弹出“新建”对话框，将“宽度”设置为“550 像素”，“高度”设置为“650 像素”，“背景内容”设置为“背景色”，如图 14-45 所示。

（2）单击“确定”按钮，新建空白文档。如图 14-46 所示。

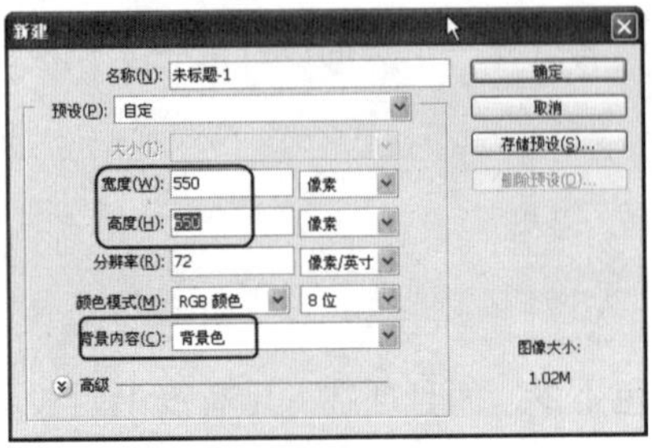

图 14-45 “新建”对话框

图 14-46 新建文档

（3）选择工具箱中的“矩形工具”，在图像中绘制矩形，如图 14-47 所示。

（4）选择工具箱中的“椭圆工具”，在图像中绘制椭圆，如图 14-48 所示。

图 14-47 绘制矩形

图 14-48 绘制椭圆

（5）选择工具箱中的“椭圆工具”，绘制更多的椭圆，如图 14-49 所示。

（6）选择工具箱中的“圆角矩形工具”，在图像中绘制圆角矩形，如图 14-50 所示。

（7）选择工具箱中椭圆工具、圆角矩形工具和矩形工具，绘制 2 个圆角矩形工具，多个椭圆和一个矩形，如图 14-51 所示。

（8）选择工具箱中的自定义形状工具，在选项栏中选择相应的形状，在图像中绘制 2 个形状，如图 14-52 所示。

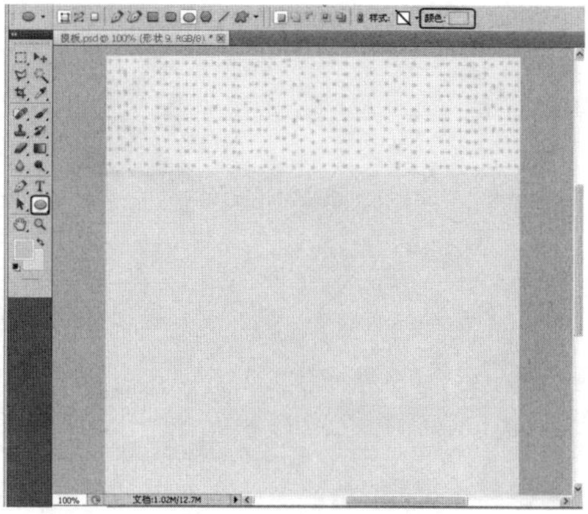

图 14-49　绘制多个椭圆

图 14-50　绘制圆角矩形

图 14-51　输入文本

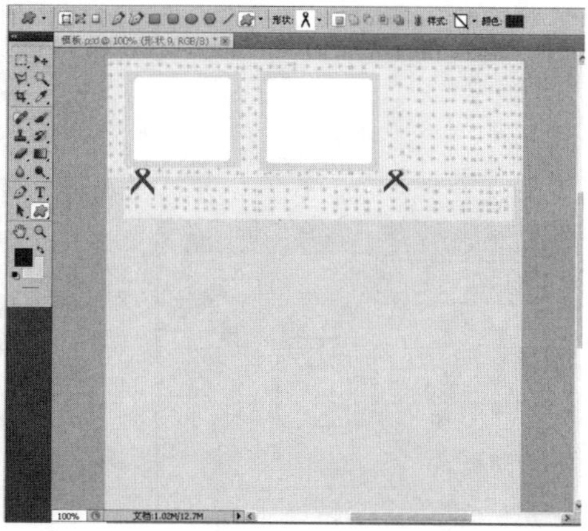

图 14-52　绘制形状

（9）选择“文件”|“置入”命令，置入一幅图像，如图 14-53 所示。

（10）选择工具箱中的“横排文字工具”，在图像中输入文字，如图 14-54 所示。

（11）单击选项栏中的“创建变形文字”按钮，弹出“变形文字”对话框，如图 14-55 所示。

（12）单击“确定”按钮，设置变形文字，如图 14-56 所示。

图 14-53　置入图像

图 14-54　输入文本

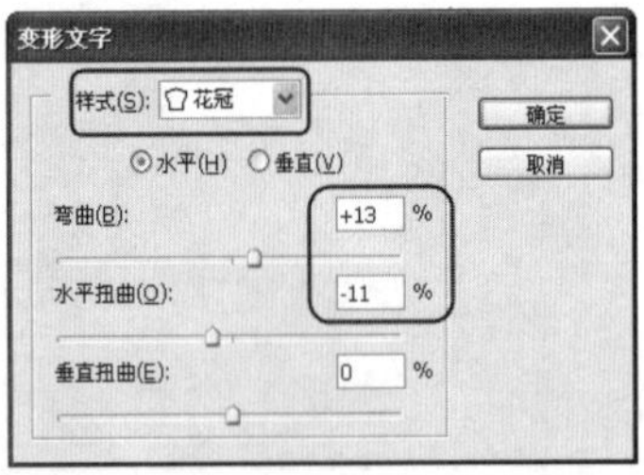

图 14-55　“变形文字”对话框

图 14-56　创建变形文字

（13）选择“图层”|“图层样式”|“描边”命令，弹出“图层样式”对话框，将“大小”设置为 3，如图 14-57 所示。

（14）单击“确定”按钮，设置描边效果，如图 14-58 所示。

（15）选择工具箱中的“自定义形状工具”，在选项栏中选择相应的形状，在图像中绘制多个桃心形，如图 14-59 所示。

（16）选择工具箱中的“圆角矩形工具”，在图像中绘制 2 个圆角矩形，并设置图层投影和内阴影效果，如图 14-60 所示。

（17）选择工具箱中的“线条工具”，在图像中绘制多个线条，如图 14-61 所示。

（18）选择工具箱中的“自定义形状工具”，在选项栏中选择相应的形状，在图像中绘制形状，并设置描边效果如图 14-62 所示。

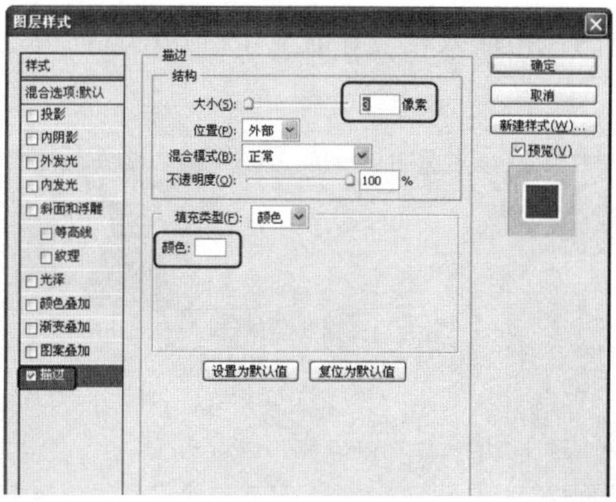

图 14-57　描边样式

图 14-58　设置图层样式

图 14-59　绘制形状

图 14-60　绘制圆角矩形

图 14-61　绘制多个线条

图 14-62　绘制自定义形状

（19）选择工具箱中的“横排文字工具”，在图像中输入文字 1、2、3，如图 14-63 所示。

（20）选择工具箱中的“横排文字工具”，在图像中输入相应导航文字，并设置描边效果，如图 14-64 所示。

图 14-63　输入文字

图 14-64　输入导航文字

14.3.3　将图片切割为适合网页应用的元素

将图片切割为适合网页应用的元素的具体操作步骤如下。

（1）启动 Photoshop，打开相应的模板文件，选择工具箱中的“切片工具”，如图 14-65 所示。

（2）按住鼠标左键在图像中绘制切片，如图 14-66 所示。

图 14-65　打开文件

图 14-66　绘制切片

（3）然后制作其余的切片，如图 14-67 所示。

（4）选择“文件”|“存储为 Web 所用格式”命令，弹出“存储为 Web 所用格式”对话框，格式设置为 GIF，如图 14-68 所示。

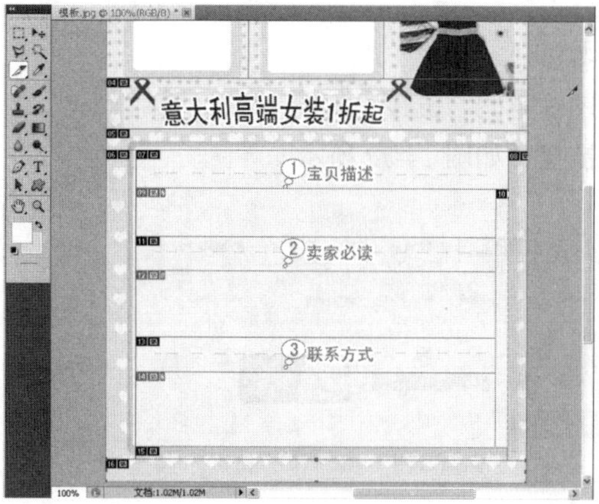

图 14-67　制作切片

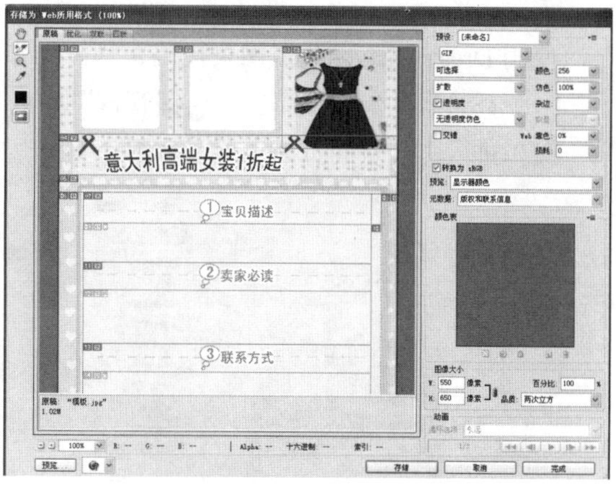

图 14-68　“存储为 Web 所用格式”对话框

（5）单击“存储”按钮，弹出“将优化结果存储为”对话框，选择存储的文件位置，“格式”选择“HTML 和图像”选项，如图 14-69 所示。

（6）单击“保存”按钮，保存文档，预览效果如图 14-70 所示。

图 14-69　“将优化结果存储为”对话框

图 14-70　预览效果

14.3.4 使用 Dreamweaver 生成网页代码

使用 Dreamweaver 生成网页代码，具体操作步骤如下。

（1）登录我的淘宝，单击“店铺管理”中的“图片空间”链接，如图 14-71 所示。

（2）进入图片空间页面，单击“图片上传”超链接，如图 14-72 所示。

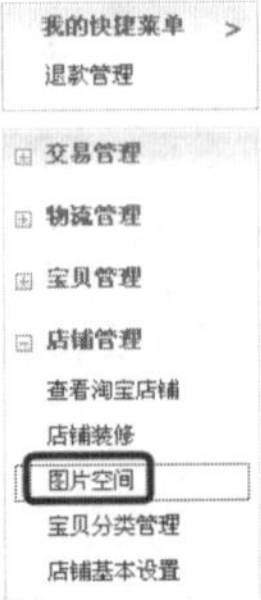

图 14-71　单击“图片空间”超链接

图 14-72　图片空间页面

（3）进入添加图片页面，单击“添加图片”按钮，如图 14-73 所示。

（4）进入“添加图片”对话框，在本地电脑中选择制作好的图片，如图 14-74 所示。

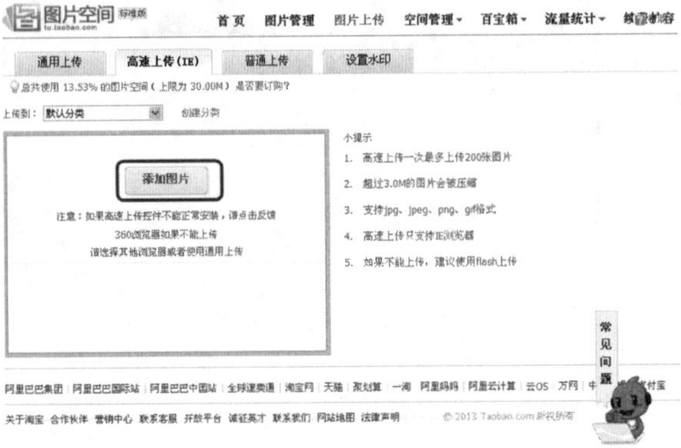

图 14-73　添加图片页面

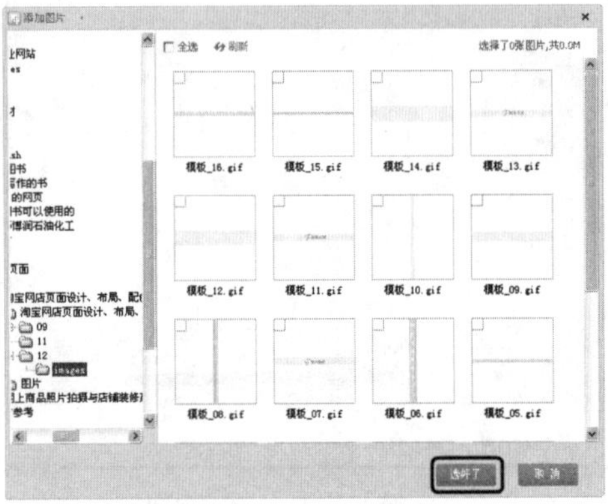

图 14-74　选择本地图片

（5）单击“选好了”按钮，进入“上传图片”对话框，如图 14-75 所示。

（6）单击“立即上传”按钮，上传成功后如图 14-76 所示。

图 14-75 “上传图片”对话框

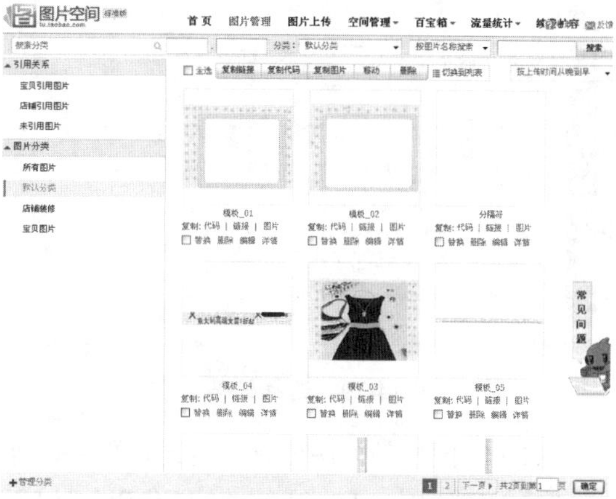

图 14-76 上传图片

（7）将光标放在一张图片上，在底部单击“链接”超链接，复制图像地址，如图 14-77 所示。用同样的方法可以复制其余的图片地址。

（8）启动 Dreamweaver CS5，打开切割以后的 HTML 文件，如图 14-78 所示。

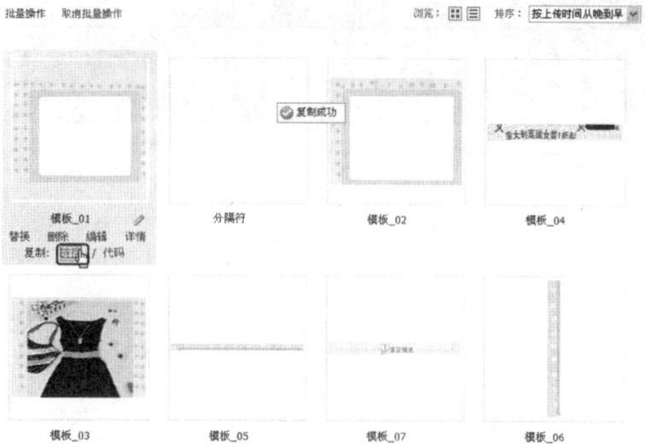

图 14-77 复制地址

图 14-78 打开文件

（9）打开代码视图，选择相应的图像文件代码，如图 14-79 所示。

（10）按“Ctrl+V”组合键粘贴上传到图片空间相应图片的地址，如图 14-80 所示。

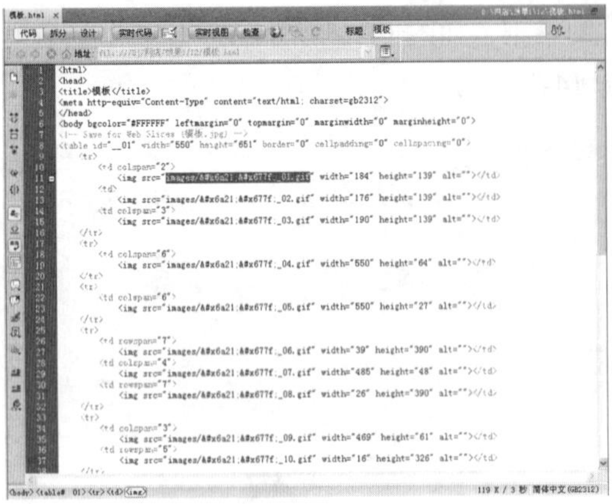

图 14-79　选择代码

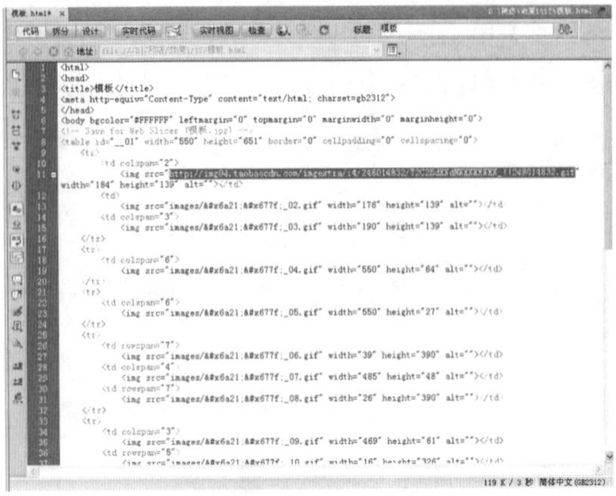

图 14-80　粘贴代码地址

（11）用同样的方法可以粘贴其余的代码地址，如图 14-81 所示。

（12）按“Ctrl+A”组合键全选代码，然后按“Ctrl+V”组合键粘贴代码，如图 14-82 所示。

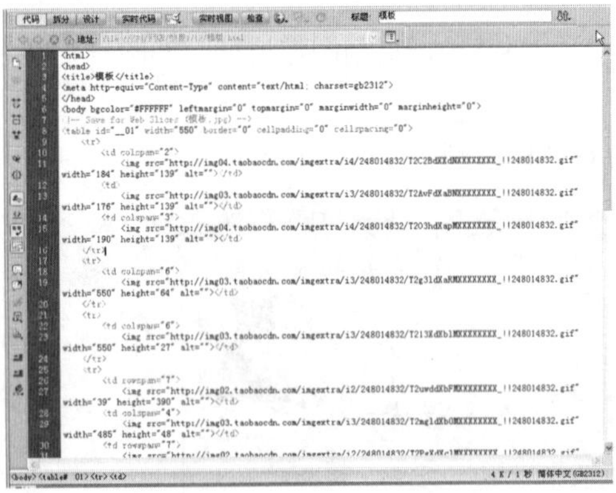

图 14-81　粘贴代码地址

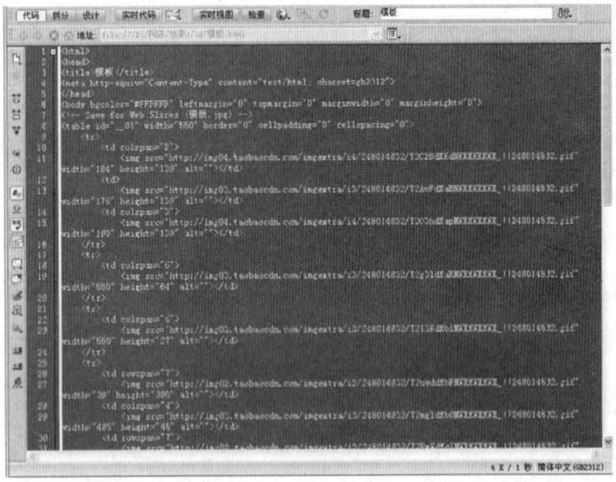

图 14-82　复制代码

14.3.5 发布商品描述模板

发布商品描述模板的具体操作步骤如下。

（1）登录我的淘宝后台管理页面，单击“店铺管理”中的“店铺装修”链接，如图 14-83 所示。

（2）进入店铺装修“宝贝详情页”，单击宝贝描述信息下的“添加模块”按钮，如图 14-84 所示。

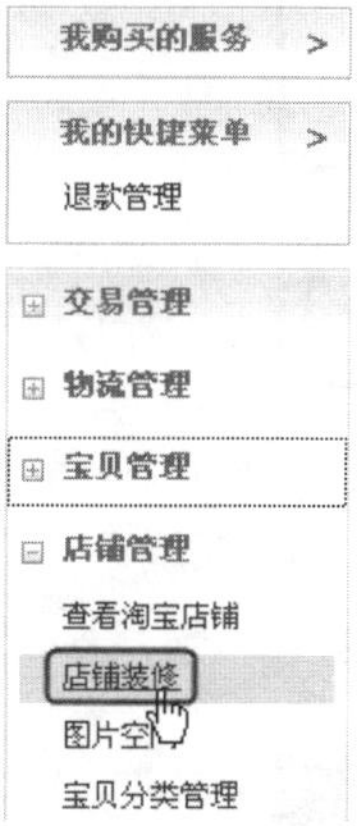

图 14-83　单击“店铺装修”超链接

图 14-84　店铺装修页面

（3）拖动“自定义内容区”至相应的位置，此时在宝贝详情页添加了“自定义内容区”，单击“编辑”按钮，如图 14-85 所示。

图 14-85　添加“自定义内容区”

（4）弹出“自定义内容区”窗口，单击“源码”图标，如图 14-86 所示。

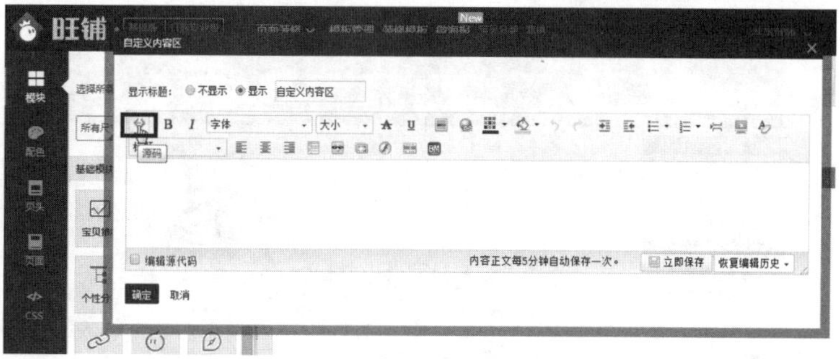

图 14-86　编辑 HTML 源码

（5）在编辑内容区中输入复制好的代码文件，如图 14-87 所示。

图 14-87　粘贴代码

（6）单击“确定”按钮，即可上传模板文件，如图 14-88 所示。

图 14-88　上传模板文件

（7）单击“发布”按钮，然后查看店铺效果，如图 14-89 所示。

图 14-89　查看店铺效果

14.4　制作图片轮播

淘宝图片轮播是卖家通过图片动态翻页进行“爆款”、“活动”等作为官方模块，翻转流畅，几乎不会出现卡的现象。

（1）登录“我的淘宝”，单击“卖家中心—店铺管理—店铺装修”，如图 14-90 所示。

（2）在左侧单击“添加模块”按钮，如图 14-91 所示。

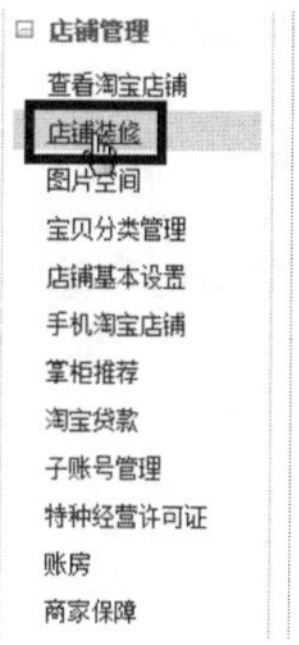

图 14-90　单击“店铺装修”

图 14-91　单击“添加模块”按钮

（3）弹出“添加模块”对话框，单击“图片轮播”后面的“添加”按钮，如图 14-92 所示。

图 14-92　添加新模块

（4）拖动“图片轮播”模块至合适的位置，如图 14-93 所示。

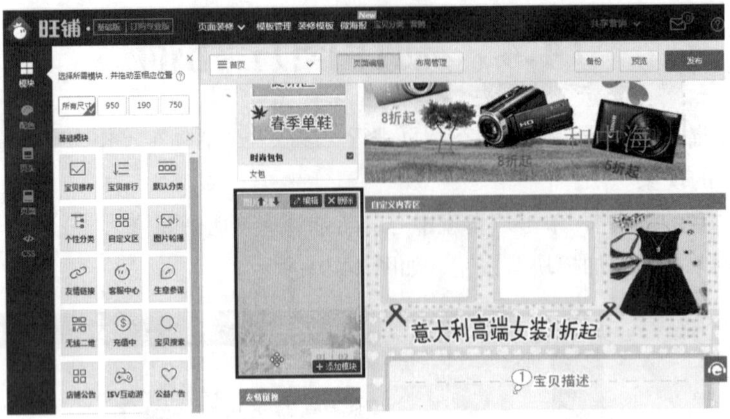

图 14-93　添加图片轮播效果

（5）单击“编辑”按钮，弹出“图片轮播”对话框，单击“图片地址”文本框右边的按钮，如图 14-94 所示。

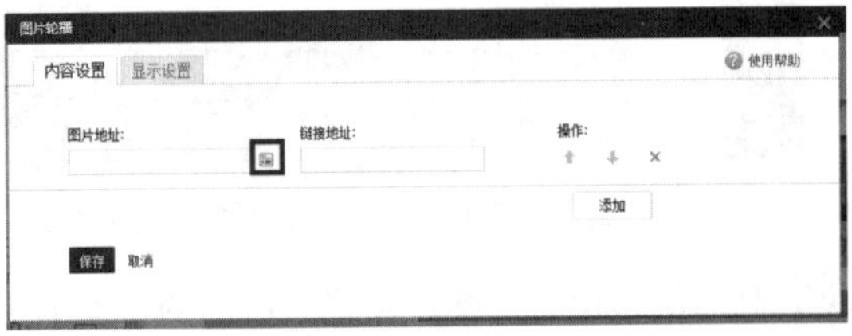

图 14-94　“图片轮播”对话框

（6）单击“上传新图片”，在下方再单击“添加图片”，如图 14-95 所示。

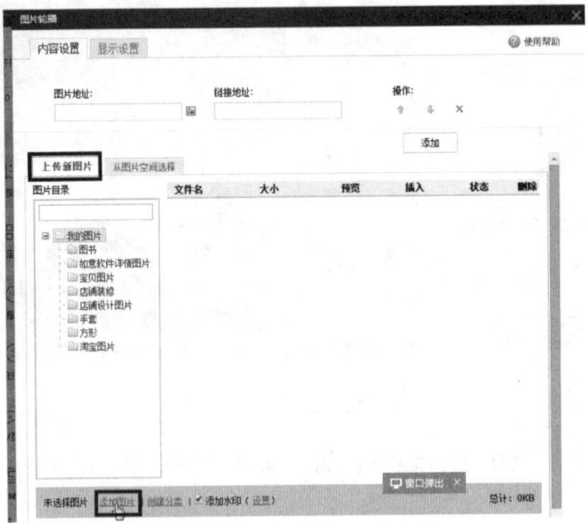

图 14-95　添加图片

（7）弹出“打开”对话框，选择相应的图片，单击“打开”按钮，如图 14-96 所示。

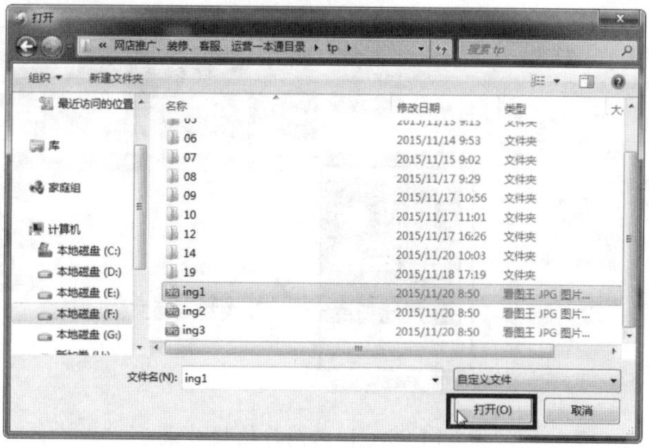

图 14-96 选择图片

（8）即可添加到对话框中，单击“添加”按钮，如图 14-97 所示。

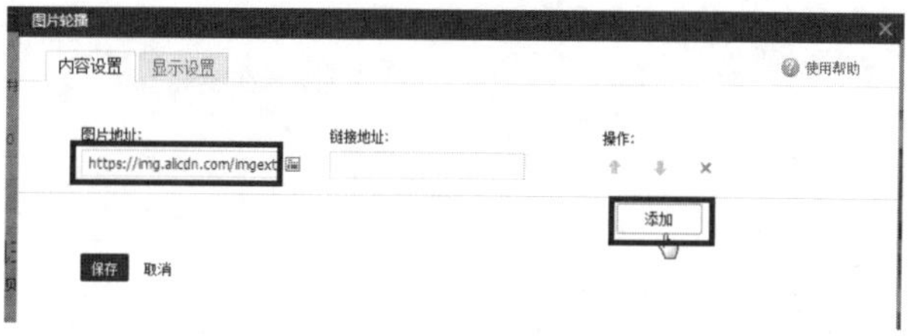

图 14-97 单击“添加”按钮

（9）即可在下面添加一行插入图片的文本框，如图 14-98 所示。

图 14-98 插入图片

（10）用步骤 6-8 的方法即可再次插入图片，单击“保存”按钮，如图 14-99 所示。

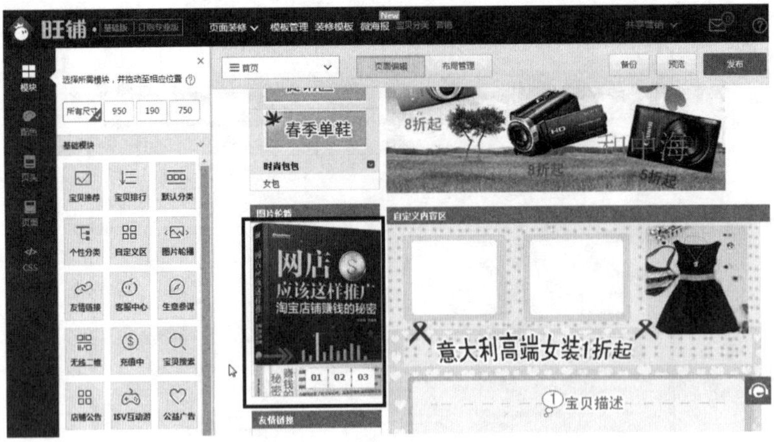

图 14-99　插入图片轮播效果

第15章 手机淘宝装修

开店指导

网购越来越流行，移动购物也随网络的发展，越来越被大众所接受并持续增长。有淘宝店铺的商家，对手机店铺也不能忽略。如今的电商除了争夺 PC 端这一块肥肉外，手机端也渐渐成为各大商家的争夺重点。商机无处不在，能否在未来的淘宝经营中占领市场，做好手机淘宝是一个不错的选择。

15.1 手机淘宝店铺装修注意事项

随着电子商务的迅速发展，已经进入智能手机时代，越来越多消费者使用手机淘宝进行购物，手机淘宝的流量已经超过 PC 端，所以每一位卖家都应该开通手机淘宝。2015 年 11 月 11 日天猫“双 11”全球狂欢节交易额超过 912 亿元，再创历史新高。其中移动端占比 68%。重视手机淘宝，就要从手机店铺装修做起。如图 15-1 所示为美观的手机店铺装修。

手机淘宝装修要注意以下事项。

（1）为了节省时间，很多卖家把 PC 端的图片用在手机淘宝上，这种做法是不可取的。因为手机淘宝上的图片尺寸有限制，如果把 PC 端的图片放在手机淘宝上，会出现字体不清晰，图片显示不全的情况。

（2）由于手机淘宝受屏幕尺寸的影响，为了提高消费者打开手机淘宝页面的速度，应该把促销活动和热卖商品放在最显眼的地方。

（3）为了打造出视觉营销，在装修手机淘宝店铺时，色彩、风格应该要一致。那些色彩过于刺眼、丰富的商品图片容易造成消费者的反感，因此对手机淘宝店铺装修的时候，应该注意色彩的搭配。

图 15-1　美观的手机店铺装修

15.2　下载与注册手机淘宝

淘宝手机客户端绝对是手机必装软件之一，随时随地淘宝，就是它的最大卖点。手机淘宝具有搜索宝贝、下单购买、旺旺与店主在线沟通等在线功能。手机淘宝越来越重要，那么怎样下载和注册手机淘宝呢？

15.2.1　下载手机淘宝客户端

手机淘宝客户端依托淘宝网强大的自身优势，整合淘宝、团购聚划算、天猫、一淘为一体，为用户提供随时随地进行移动购物的完美体验。下载手机淘宝客户端具体操作步骤如下。

（1）进入淘宝网站首页，单击顶部的“手机淘宝”超链接，如图 15-2 所示。

图 15-2　单击顶部的“手机淘宝”超链接

（2）进入手机淘宝下载页面，如图 15-3 所示。

图 15-3　手机淘宝下载页面

（3）单击“立即下载”按钮，进入选择手机系统页面，如图 15-4 所示。用手机扫描二维码后即可下载。

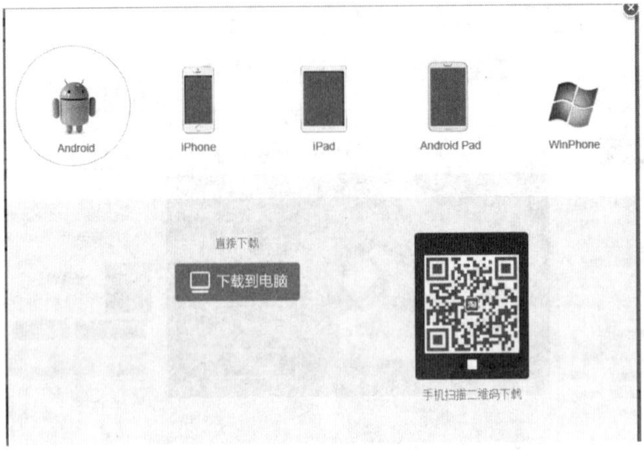

图 15-4　进入手机系统

15.2.2　注册手机淘宝

手机淘宝的推出，使人们可以随时随地拿出手机上淘宝购物了，那么怎么注册手机淘宝呢？

（1）进入手机淘宝首页，然后在首页的下方单击“我的淘宝”，如图 15-5 所示。

（2）在登录账户页面，已经注册了淘宝账号，可以在这里直接输入账号和登录密码，单击页面的“登录”按钮，如图 15-6 所示。

图 15-5　单击“我的淘宝”

图 15-6　单击“登录”

（3）进入到如图 15-7 所示的页面，就可以在网上进行购物了。

图 15-7　登录到淘宝网

15.3　手机店铺的首页装修

当用户访问手机店铺的时候，首页的信息展示是非常重要的，很大程度上影响了用户是否停留。一个合理的店铺首页对店铺的发展起到重要的推动作用。

首页装修的目标在于减少跳失率，增加转化率，增加访问深度，虽然很多买家都是通过宝贝详情页进入店铺的，但是买家如果对我们产品感兴趣的话，都会回到首页，然后再看看其他产品，再做决定。所以店铺首页装修特别重要。

在淘宝业务逐渐向无线倾斜的大趋势下，如何提高手机店铺的成交率，手机店铺装修是必不可少的。一个合理的店铺首页对店铺的发展起到重要的推动作用。手机店铺首页装修具体操作步骤如下。

（1）在浏览器中打开淘宝网，单击右上方的“卖家中心”，进入卖家中心页面，如图 15-8 所示。

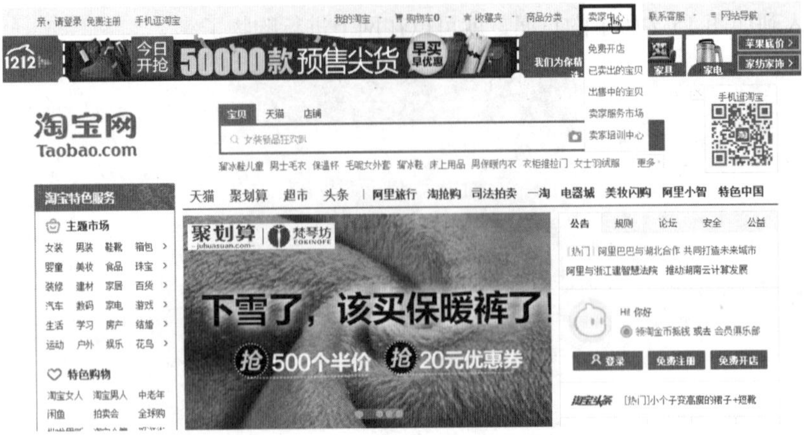

图 15-8　单击“卖家中心”

（2）单击左侧导航“店铺管理”中的子菜单“手机淘宝店铺”，如图 15-9 所示。

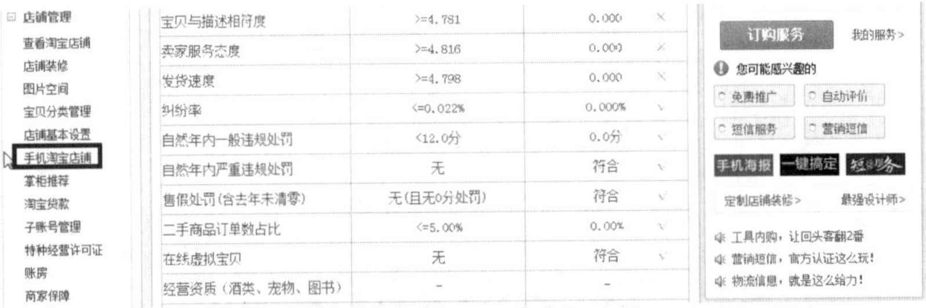

图 15-9　单击“手机淘宝店铺”

（3）单击无线店铺下的“立即装修”选项，进入无线运营中心页面，如图 15-10 所示。

图 15-10　单击“立即装修”

（4）单击“无线店铺”—“店铺装修”—“装修手机淘宝店铺”—“店铺首页”，如图 15-11 所示。

图 15-11　去手机淘宝店铺首页装修

（5）选择模板后单击“试用模板”，如图 15-12 所示。

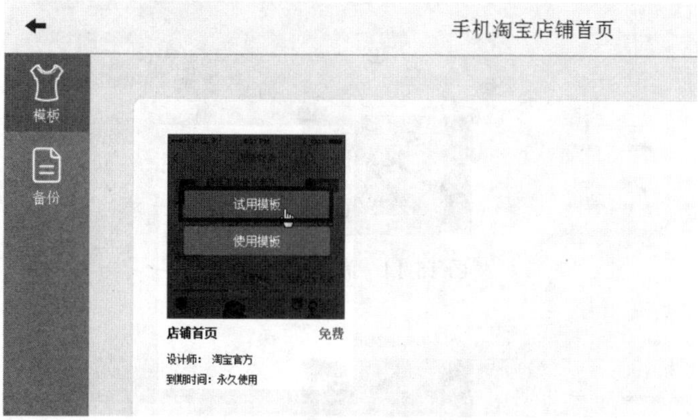

图 15-12　单击“试用模板”

（6）选择“宝贝类”下的单列宝贝，用鼠标拖动到中间的编辑区中，在右侧的单列宝贝模块中可以设置标题、宝贝个数、关键字、排序规则和类目等，如图 15-13 所示。

（7）图文类，是图片和文字相结合的形式，选中类型之后，用鼠标拖动到中间的编辑区中，在右侧的“左文右图模块”中，可以设置图片和文本内容，如图 15-14 所示。

（8）营销互动类，可以添加电话号码、活动组件和专享活动页面，选中一个类型，用鼠标拖动到中间的编辑区域。以电话模块为例，拖拽到编辑区域后，可以添加电话号码，如图 15-15 所示。

图 15-13　选择单列宝贝

图 15-14　添加图文类

图 15-15　添加营销互动类

15.4　手机版宝贝详情页

详情页面不仅承载着商品信息的功能，同时还承载着销售流程的功能。在详情页的布局优化上，卖家需要将“销售流程”巧妙地嵌入详情页。这样买家在浏览详情页时，就会不知不觉地被文字图片所说服，最终选择收藏或拍下商品。一个好的手机版详情页不但可以为店铺加不少分，从而使宝贝的排名更好，而且还能使店铺在手机端获得更多的流量。设置手机版宝贝详情页具体操作步骤如下。

（1）在无线运营中心，单击“详情装修”，如图 15-16 所示。

图 15-16　单击“详情装修”

（2）首先选择模板，接着单击“下一步”，如图 15-17 所示。

（3）接下来选择宝贝，如图 15-18 所示。

图 15-17　选择模板

图 15-18　选择宝贝

（4）单击“下一步”后，更换图片，如图 15-19 所示。

（5）单击“立即使用”后，一键同步宝贝，如图 15-20 所示。

图 15-19　更换图片

图 15-20　一键同步宝贝

15.5　购买无线端装修模板

随着手机淘宝无线店铺装修模板的全面上线，淘宝为卖家提供更多个性化的无线装修模板，帮助卖家网店销量更为高涨的同时，也提升了消费者的浏览体验。无线店铺模板以模板为单位进行购买与使用，购买单个模板后，商家可自由使用该模板操作，具体操作步骤如下。

（1）打开无线运营中心 wuxian.taobao.com，单击“店铺装修”—“装修手机淘宝店铺”下的“店铺首页”，如图 15-21 所示。

图 15-21　单击“店铺首页”

（2）单击“模板”，选择模板装修，首次购买的用户单击底部“去装修市场查看更多精品模板”，如图 15-22 所示。

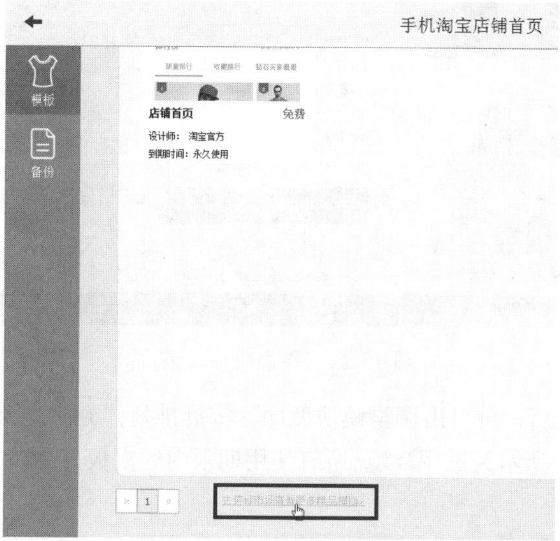

图 15-22　单击底部“去装修市场查看更多精品模板”

（3）进入装修市场的“无线店铺模板”板块，选择符合店铺需求的模板，如图 15-23 所示装修市场模板。

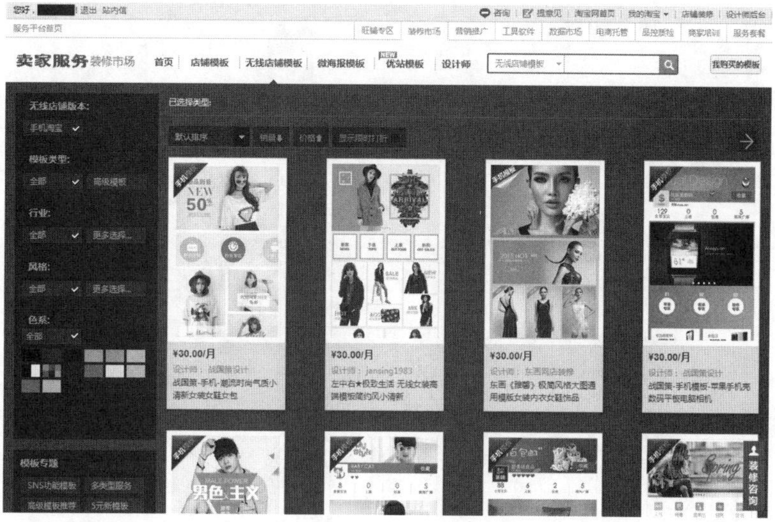

图 15-23　装修市场模板

（4）单击购买或试用，建议先选择试用进行效果预览，如图 15-24 所示。

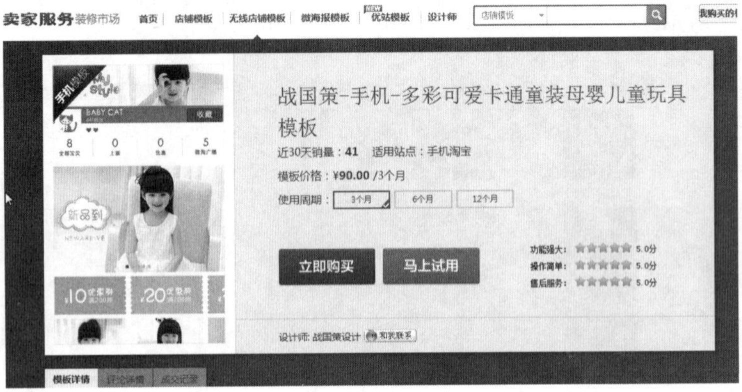

图 15-24　单击购买或试用

（5）进入试用环境后，可自由调整模块顺序、宝贝排列，方法与无线店铺装修一致，购买后即可使用，如图 15-25 所示为试用环境。所有使用期限内的模板都会在无线运营中心后台展现。

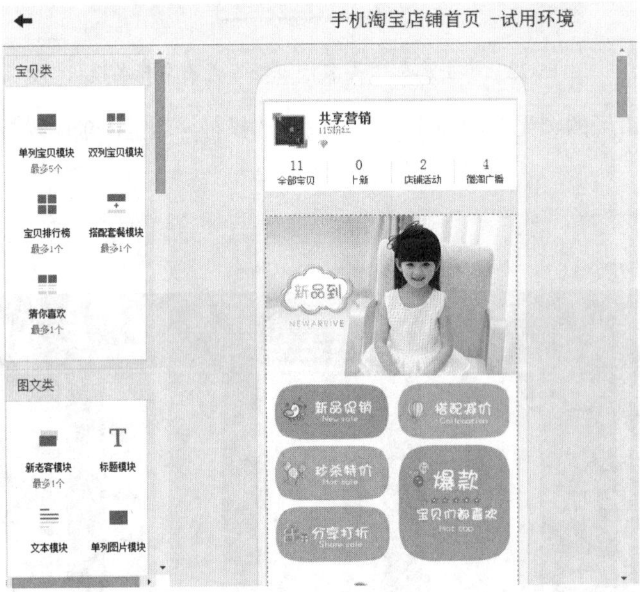

图 15-25　试用环境

客服篇

第16章 利用淘宝免费资源来推广网店

开店指导

客户服务是整个交易过程的重要环节之一。客户服务和商品的质量同等重要。好的客户服务会带给买家非常好的购物体验，可能使这些买家成为店铺的忠实用户，以后经常购买店铺内的商品。网店客服是网店提供的一种服务形式，通过网络提供给客户解答和售后等服务。

16.1　客服的重要作用和意义

如今，随着网络购物的兴起，网店经营的日益火爆，从而产生了一个全新的职业——网店客服。网店的客服在网店的推广、产品的销售，以及售后服务方面均起着极其重要的作用，不可忽视。下面首先来了解一下网店客服的重要作用和意义。

1．塑造店铺形象

对于一个网上店铺而言，客户看到的商品都是一张张的图片，既看不到商家本人，也看不到产品本身，无法了解各种实际情况，因此往往会产生距离感和怀疑感。这时，客服就显得尤为重要了。客户通过与客服在网上的交流，可以逐步地了解商家的服务和产品信息，客服的一个笑脸（阿里旺旺表情符号）或者一个亲切的问候，都能让客户真实地感觉到他不是在跟冷冰冰的计算机打交道，而是跟一个善解人意的人在沟通，这样会帮助客户放弃开始的戒备，从而在客户心中逐步树立起店铺的良好形象。

2．提高成交率

现在很多客户都会在购买之前针对不太清楚的内容询问商家，或者询问优惠措施等。客服在线能够随时回复客户的疑问，可以让客户及时了解需要的内容，从而达成交易。

有的时候，客户不一定对产品本身有什么疑问，仅仅是想确认一下商品是否与事实相符，这时一个在线的客服就可以打消客户的很多疑虑，促成交易。

同时，面对一个犹豫不决的客户，一个有着专业知识和良好销售技巧的客服，可以帮助买家选择合适的商品，促成客户的购买行为，从而提高成交率。

有时候客户拍下商品，但是并不一定是着急要的，这时在线客服可以及时跟进，通过向买家询问汇款方式等督促买家及时付款。

3．提高客户回头率

当买家在客服的优质服务下，完成了一次良好的购物体验，此时买家不仅了解了卖家的服务态度，而且对卖家的商品、物流等有了切身的体会。当买家需要再次购买同样商品的时候，就会倾向于选择他所熟悉和了解的卖家，从而提高客户再次购买的概率。

4．更好地服务客户

如果把网店客服仅仅定位于与客户的网上交流，那么我们说这仅仅是服务客户的第一步。一个有着专业知识和良好沟通技巧的客服，可以给客户提供更多的购物建议，更详细地解答客户的疑问，更快速地对买家的售后问题给予反馈，从而更好地服务客户。只有更好的服务客户，才能获得更多的机会。

16.2　客服必备的知识和能力

对于网上店铺而言，顾客看到的商品都是一张张的图片，这样往往会产生距离感和怀疑感。这时通过和店铺客服人员在网上的交流，顾客可以切实感受到商家的服务和态度。网店客服都需要具备的知识有哪些呢?

16.2.1　商品专业的知识

1．商品知识

客服应当对商品的种类、材质、尺寸、用途、注意事项等都有所了解，最好还应当了解行业的有关知识、商品的使用方法、修理方法等。

- 要了解产品所用的材质和制造、加工技术，这样才能体现出产品的特色和精工细做。
- 了解产品的功能、用途。
- 了解产品的耐久性、商品使用的时间长短。
- 了解产品使用方法、保养方法等。
- 了解产品设计、色彩、感性以及商品的设计风格与特色。
- 了解产品包装、商标、形象，由商品本身开始向外包装延伸。
- 各类活动、赠品，现在购买有没有什么优惠活动；售后保证，消除顾客的后顾之忧。

通常客服人员在与买家问答交流时，会遇到一些意想不到或者比较难回答的问题，此时要体现出应有的职业素质，给出专业的意见，使买家感到信任可靠。

2．商品周边知识

商品可能会适合部分人群，但不一定适合所有的人。如化妆品，有一个皮肤性质的问题，不同的皮肤性质在选择化妆品上会有很大的差别；比如衣服，不同年龄层的人适合于不同的衣服款式；比如玩具，有些玩具不适合太小的婴儿。对于这些情况都需要客服人员有基本的了解。

16.2.2　网站交易规则

1．淘宝交易规则

客服应该把自己放在一个买家的角度来了解交易规则，以便更好地把握自己的交易尺度。有的顾客可能第一次在淘宝交易，不知道该如何进行，这时客服除了要指点顾客去查看淘宝的交易规则，在有些细节上还需要一点点指导顾客如何操作。

此外，客服人员还要学会查看交易详情，了解如何付款、修改价格、关闭交易、申请退款等。

2．支付宝的流程和规则

了解支付宝的交易原则和时间规则，可以指导顾客通过支付宝完成交易、查看支付宝的交易情况、更改现在的交易情况等。

16.2.3　付款知识

现在的网上交易一般通过支付宝和银行付款方式完成。使用银行付款时一般建议同行转账，可以网上银行付款、柜台汇款，如工行同城汇款可以通过 ATM 机完成。

客服应该建议顾客尽量采用支付宝的方式完成交易，如果顾客因为各种原因拒绝使用支付宝交易，则需要判断顾客是确实不方便还是有其他的考虑，如果顾客有其他的考虑，应该尽可能打消顾客的顾虑，促成支付宝完成交易；如果顾客确实不方便，应该向顾客了解他所熟悉的银行，然后提供相应的银行账户给顾客，并提醒顾客付款后及时通知卖家。

16.2.4 物流知识

了解不同物流方式的价格，如何计价、价格的还价余地等。

了解不同物流方式的速度。

了解不同物流方式的联系方式，在手边准备一份各个物流公司的电话，同时了解如何查询各个物流方式的网点情况。

了解不同物流方式应如何办理查询。

了解不同物流方式的包裹撤回、地址更改、状态查询、保价、问题件退回、代收货款、索赔处理等。

16.2.5 谦和的服务态度

“态度决定一切”这句话说明了端正人生态度的重要性。同样对于一个网店来说，客户服务的态度可能直接影响店铺的成交率，也就是说态度可能直接决定我们的利润。

在网络店铺中，顾客与卖家之间沟通是便捷的，只要坐在计算机打开阿里旺旺聊天工具就可以进行沟通了，不受时间和地域的影响，这一点比实体店铺更有优势，因为实体店铺顾客要想和卖家进行沟通就必须要到店铺里才可以，所以网上店铺比实体店铺更适合开展情感营销。

态度决定素质，这句话也是很有道理的。良好的服务态度可以体现出卖家的内在修养。顾客就是上帝，这句话已经流行了很久，但是最近有很多人对此提出了质疑，觉得顾客与卖家之间的关系应该是平等的，不能让顾客拥有太多的优越感，不然在交易的时候就会感到不公平。如果我们能把上帝变成朋友的话，那么距离就能拉得更近了，这也是对情感营销在实施阶段的一种升华。

下面我们具体了解一下如何才能更好地利用谦和的服务态度，把售前、售中、售后三个阶段的服务提升到一个新的高度。

售前服务的态度。在这个阶段卖家应该更多地站在顾客的立场上考虑问题，并在店铺里放上顾客想得到的信息。

售中服务的态度。售中服务阶段是在顾客确定购买之后，在顾客收到商品之前的这一个阶段。在这个阶段我们需要做的就是尽量清晰准确地回答顾客提出的所有问题，协助顾客的整个下单过程，帮助指导新手顾客顺利完成下单过程，处理订单需要快速果断。使用阿里旺旺聊天工具和顾客沟通的时候需要做到响应及时、用语礼貌，并善用阿里旺旺表情来活跃聊天气氛，如果在阿里旺旺上沟通不畅，还可以直接使用电话进行沟通。在这个环节服务态度的好坏会直接影响顾客在交易结束后给予你的评价。

售后服务的态度。真诚是解决售后问题的最佳选择。售后问题的产生主要是因为顾客对商品质量或者服务产生了不满。如果我们的态度不好会让他们的情绪更差，从而导致问题升级；如果态度谦和友好，则可以起到抚平客户情绪的作用，使其理智地与卖家协商解决问题。

16.2.6　良好的沟通能力

卖家与顾客之间搭起心与心之间的桥梁，沟通的效果才会明显，如果沟通能从心开始，那么顾客也会对卖家产生万分的信任。沟通从心开始也是情感营销的基础。

卖家在与买家谈话时，要注意讲话的技巧和艺术，良好的沟通可以帮助卖家带来更多的生意，良性的沟通也可以增加顾客的忠诚度。我们与顾客交流时，要知道什么话应该说，什么话不应该说。不知道所忌，就会导致失败，不知道所宜，就会导致停滞。良好的沟通能力会使我们的生意越来越好，回头客也会越来越多。

16.3　沟通的基本原则

沟通是卖家与顾客之间信息传递的一个过程，沟通的成功与否在于沟通的内容，更在于沟通的方式。卖家与顾客之间良好的沟通可以增加相互之间的信任。销售过程实际上就是卖家与顾客之间不断沟通的过程，谁掌握了沟通的技巧谁就可以在竞争中立于不败之地。

16.3.1　与买家沟通的基本原则

在网店经营中，卖家与顾客虽然不能直接面对面，但是与顾客打交道的时候，必须更加注意技巧，否则顾客流失的速度就会比实体店流失顾客的速度要快得多，顾客会马上关掉页面，离开你的网店。

1．将心比心，换位思考

在与顾客沟通的过程中，卖家不要把自己摆在“我是卖家”的位置上，要把自己当作是一个顾客。只有站在顾客的角度来考虑问题，才知道怎样吸引顾客，你的观点和讲解才能引起顾客的认同。

议价是常见的情况，想想自己平时买东西时，也是经常还价的，所以对于还价的顾客也应该给予理解，有的顾客议价得非常离谱，如 90 元的一件衣服，顾客要“50 元包快递”，虽然 50 元连成本都不够，但此时也别来气或嘲讽对方，而是要委婉地向对方解释。

此外售后出现异议的沟通也很重要，顾客买到的商品不如预期或者试用后发现商品不合适，此时卖家也应换位替顾客想想，当买到一件不太适合自己或不太喜欢的商品时谁的心里都高兴不起来。此时卖家不应一口气就回绝或使用理直气壮的语气，否则有可能导致顾客的情绪激烈，以至退款或不好的评价甚至是投诉。如果此时引导他，说出症结并给顾客合理的建议，相信顾客也能心平气和地接受现实的。

2．礼貌待客，多说谢谢

礼貌待客，让买家真正感受到“上帝”般的尊重。买家一进门我们先来一句“欢迎光临，请多多关照”或者“欢迎光临，请问有什么可以帮忙吗”，诚心诚意的问候会让人有一种亲切感，先培养一下感情，这样买家的抵触心理就会减弱或消失。

有时买家只是随便到店里看看，我们也要诚心地感谢人家说声“感谢光临本店”。面对彬彬有礼的店主，买家是不会把他拒之门外的。诚心致谢是一种心理投资，不需要很大代价，但可以收到非常好的效果。在适当的时候也可以真诚地称赞顾客几句，有谁会不喜欢别人夸自己呢，此时顾客心里估计也美滋滋的，想不买你的商品都难。

3．善于聆听，领会意图

要成为一个沟通高手，首先要学会成为善于聆听的卖家。当顾客未问完问题时，不要去打断顾客的发问，而要及时准确地回答问题，这样对方才会认为卖家是在认真听他说话，卖家要善于理解与沟通。当顾客觉得被尊重时，他们才会对店铺里的商品感兴趣。同时倾听也可以使对方更加愿意接纳卖家的意见。

交流中，找出对方话中的关键词，领会买家的想法。只要在自己提出来的问题或感想中，加入买家所说过的关键内容，买家就可以感觉到你对他所说的话很感兴趣或者很关心。

领会意图，抓住顾客心理，还可以在交谈过程中去看看顾客的信用评价或者发的帖子。一般从评价以及购买的商品中，再通过交流，大致能了解对方是个怎样的顾客，然后再针对不同对象做出不同的反应与服务。

4．预先考虑顾客的需求

每位顾客的需求特点虽然不一样，但作为顾客都有一个共同的购物心理，有共同的规律可循。抓住了这一点，就可以预先考虑顾客需要什么了。

要从商品照片的拍摄、商品说明，以及信息回馈等各个方面为顾客考虑周详，必须保证快速回复顾客提出的问题。如果卖家有事，没能在网上，那么就要留下自己的联系方式和相关说明，以免让顾客感觉受到了冷落。最好将淘宝阿里旺旺与自己的手机绑定，以便随时查看。

5．坚持诚信原则

网络购物虽然方便快捷，但仍有缺陷那就是看不到摸不着。买家对网上商品难免会有疑虑和戒心，所以我们对买家必须要用一颗诚挚的心，像对待朋友一样对待他们，包括诚实地解答买家的疑问、诚实地告诉买家商品的优缺点、诚实地向买家推荐适合他的商品。

在买卖过程中，首要的是诚信，在销售商品时不要隐瞒任何问题，否则这些失信的行为将使店铺失去更多的顾客。坚守诚信还表现在一旦答应买家的要求，就应该切实地履行自己的承诺。哪怕自己吃点亏，也不能出尔反尔。

6．尊重顾客

得到别人的尊重在人的需求中排列在较高的层次，顾客的购买过程是一个在消费过程中寻求尊重的过程。顾客对于网上购物活动的参与度和积极性，很大程度上依赖于卖家对顾客的尊重程度。

少用“我”字，多使用“您”或者“咱们”这样的字眼，让买家感觉我们在全心全意地为他考虑问题。当买家表达不同的意见时，要体谅和理解买家，尽量用“我理解您现在的心情，目前……”或者“我也是这么想的，不过……”来表达。这样能让买家觉得你尊重他的想法，能够站在他的角度思考问题，这样他也会试图站在你的角度来考虑问题。

7．尊重买家的观点

在买卖过程中，常常会有与买家不同的看法，如果无法接受买家的观点，那可能会错过很多机会，而且无法和买家建立融洽的关系。即使买家的看法与感受都和卖家不同，买家还是可以坚持自己的看法、结论和感受。

尊重买家的观点，让买家了解我们一直在听，而且也听懂了他所说的话，虽然不一定同意他的观点，但还是很尊重他的想法。若是卖家一直无法接受对方的观点，那期间的交易也一定是别扭且不融洽甚至是失败的。除此之外，给予买家足够的尊重还能够帮助买家建立信心，使他能够接受不同的意见。

8．理性沟通，避免情绪

网上开店会遇到各种各样的顾客：有的过于挑剔，问了几天商品信息但最终也没能确定买下来；有的对卖家不太尊重，连问话都采用质问式的；有的拍下就消失等，这些买家都有可能在沟通过程中让卖家的情绪爆发。如果顾客的行为真的很让人生气，那么此时更加需要的是理性与冷静。不理性只会产生争执，不会有结果，更不可能有好结果，所以，这种沟通无济于事。

在有情绪时也不要做出决定：情绪中的沟通常常无好话，既理不清，也讲不明，还很容易做出情绪性、冲动性的决定，这很容易让事情不可挽回、令人后悔。常见的冲动行为就是投诉，当冲动地决定去投诉时，不一定会有好结果。相反，与买家沟通协调后，反而可能解除误会或者挽回错误，说不准不打不成交，最后这位买家还可能成为店铺的忠实顾客。

9．对顾客的差评要接受

每当完成一笔交易后顾客都会为卖家打分。如果顾客感觉卖家的服务不好，或者沟通不顺畅，就会给卖家评个差评，卖家店铺的总积分就会被扣去一分。卖家都很注重自己的积分，因为积分高了才能让店铺的等级上升，这样就可以招来更多的顾客。一旦得了差评，首先要客观对待顾客的批评。如果确实是自己做得不够好，一定要虚心接受，然后改正自己服务中的缺陷。

只有这样，网店的服务才会更好，顾客也会觉得你是一个不错的卖家。

10．提升职业素质

不是所有的买家对你的产品都了解和熟悉。当有的买家对你的产品不了解的时候，在咨询过程中，我们就要了解自己产品的专业知识，这样才可以更好地为买家解答，帮助买家找到适合他们的产品。不能一问三不知，这样会让买家感觉没有信任感，谁也不会在这样的店里买东西的。

16.3.2 永远都站在顾客的角度去考虑问题

多为买家着想，不仅售前、售中的服务要做好，售后的服务也要做好。让买家买得开心，他才会把你当成朋友，下次自然还会再来买东西，而且他会给店铺好评，向他的朋友推荐你的店铺。

设身处地地为买家着想，是做到始终以买家为中心的前提，经常进行换位思考是非常重要的，设身处地地为买家着想就意味着你能站在买家的角度去思考问题并理解买家的观点，只有这样才能吸引忠实的客户。

1．卖家换位成买家，更容易与买家沟通

卖家对自己的商品很了解，但如何把这种了解传递给买家，那就要讲究方法了。首先把自己当成买家，真实客观地介绍商品的性能、品质，有助于买家对商品产生更为客观真实的印象，为以后的交易达成打下基础。

2．卖家换位成买家，更容易达成交易

客观真实地回答买家的问题，知之为知之，不知为不知，能让买家觉得你是一个诚实守信的卖家，进而觉得店铺的商品也是一分钱一分货，有了这种心灵上的沟通，交易也就更容易达成。

3．卖家换位成买家，能有效减少交易纠纷

由于卖家以买家的身份来看待自己的商品，所以在与买家沟通时必然会实事求是地讲解自己的商品，并为买家提出该类商品的优点和缺点。当然在说到缺点时，一定要强调商品的价格与价值是一致的，这样才不至于让买家总想到商品的缺点。经过这样的沟通而达成的交易，产生纠纷的可能性是极小的。

4．把买家的问题当成自己的问题

在销售过程中，只有把买家的问题当成自己的问题来解决，才能赢得买家的信赖。因为适当地为买家着想，会使卖家与买家之间的关系更加稳定，也会使合作更加长久。

5．为买家提供省钱的建议

时时刻刻为买家着想，站在买家的立场上来看待问题，先不考虑从中得到的利润，而是帮买家想一下，怎样才能够让他省钱。其实这也是帮买家赚钱，帮助他们以最少的投入获得最大的回报。

其实先为买家省钱，然后自己再从中赚钱，这并不矛盾。因为当买家充分信任你之后，才会继续多次合作。

16.3.3　实事求是，介绍宝贝的必要方法

在向买家介绍商品的时候，必须针对商品本身的特点及商品的缺点，有技巧地向买家解释并做推荐。商品的缺点本来是应该尽量避免提及的，但如果因此造成事后卖家的抱怨，反而会失去信用。所以要让买家了解商品的缺点，并努力让他知道商品的其他优点。

怎样得知商品的优点与缺点呢？以下是一些信息来源，要随时记录掌握。

- 向本店的资深人员询问。
- 向厂商、批发商的营业人员询问。
- 阅读报纸、专业杂志。
- 参观展示会、工厂。
- 利用电视、杂志等媒体收集资料信息。
- 亲自试穿、试吃、试用。

要陈述商品对消费者有价值的部分，而不是滔滔不绝地只讲述商品的特征。

在向顾客介绍商品时应该实事求是，给顾客一个真实全面的信息，不要为了使自己的商品能卖出去就满口说好。在网络上经营，最重要的就是诚信。如果骗人，自己的路会越走越窄，最终会无路可走。

16.3.4　真诚对待买家，迎来完美交易

商家制胜的原因，不仅得益于产品质量，更重要的是如何对待顾客。人们都说你怎么对待别人，别人就怎么对待你。对买家要真诚，这样才能赢得买家的信任，最终成功交易。

要让别人接受我们的一些请求和条件，就需要引导对方产生应答的动机。想要买家购买你的商品，就要让买家产生购买的欲望，这样才能使对方主动地接受你的请求，购买你的商品。否则，无论怎么说都是没用的，甚至还会适得其反，引起对方的不满，更加讨厌你，对你没有好印象。

很多网店客服人员在遭受买家的拒绝以后，就觉得自己毫无希望，没有做任何争取，也没有询问买家不需要的理由，而只好再去向其他人销售。这样的销售恐怕很难取得好的业绩。

买家之所以拒绝，可能并不是不需要你的商品，而是你没有成功引起他的购买欲望。买家

的拒绝都是有一定理由的，也许嫌商品贵，也许对商品不够信任，也许抱怨商品没有售后服务等。只要能够消除买家的这些疑虑，就可以引起买家的内在满足感，使其产生购买的欲望。

买家之所以对商品要精挑细选，在购买时小心翼翼，其目的只是想要买到货真价实的东西，避免上当受骗，所以会很仔细地审视一切。如果网店客服人员能够帮助买家解决自身的各种疑问，买家就会产生强烈的购买欲望，并安心地购买。所以面对买家的审视，不必感到窘迫，真诚地面对买家，接受他的检验就是了。

16.4　网店客服沟通的技巧

在淘宝开店除了良好的产品和美观的店铺装修外，优质的客户服务也是很重要的，有技巧的沟通可以促进商品的成交，提高顾客的回头率，建立店铺的口碑和品牌。

16.4.1　沟通耐心、细致，留住客户

作为卖家，对待买家要耐心、耐心、再耐心。也许很多卖家都有这样的经历，买家问询了2个小时、3个小时甚至于一个下午，但是最后买家说："谢谢了，我再考虑一下"。遇到这种情况时也不要着急，可以对买家说："希望下次有机会合作"，而不是当场谩骂。买家这次不买了，也许有其他什么原因。但是他一定会记得我们的诚心，也许还会介绍朋友、邻居下次光临我们的店铺。服务好了，自然会有很多回头客的。

下面介绍针对几种不同买家的沟通交流方法。

1．针对直接问价的买家

这样的买家一般都是已经看中了你的商品，而咨询只是为了确定货源、价格及运费。针对他们的问题，一定要以最快的速度回答，并且要清楚，不能闪烁其词，不可拖拉时间，否则如果是些性急的买家可能就会因此而流失了。当然也有一些问得特别细致的买家，想在成交之前把商品的相关性能了解清楚一点，这时候就更需要耐心而详细地解答他的问题了。不能因为买家询问的问题太多而爱理不理，这样的卖家会让买家产生一种不敢信任的感觉，最终也可能就流失了这位客户。

2．针对以后需要，先询价的买家

不要看轻了这一类买家，他们一般都是潜在的客户。而且这类买家当中很可能有大客户，他们有可能是需要得多，所以现在需要细致了解。因为不着急买，所以他们一般把商品的每一个细节都要问得很清楚详细，这时就不能只求效率了，一定要慎重地回答他们的问题，如果遇到一时答复不了的问题，可以请买家稍等，或跟他选个明确的时间再一一进行详细的解答。

3．针对压价的买家

这类压价的买家可以分为两小类。

第一类是习惯性压价的买家，这一类买家在生活中买东西已经养成了还价的习惯，所以不管是否注明了“已为最低价，恕不还价”，他都会一定程度地压价。针对他们的压价，卖家一定要耐心解释，如果在没有亏损的情况下尽量稍微降低一些价位，这能让他们心理上得到一种平衡，不然他会觉得你是个很死板的卖家，不愿意再同你交易。

第二类就是在网上搜到了比你价位更低的同款商品，他之所以选择到你的店里购买商品可以分三种情况：第一，可能是你的图片更好看；第二，可能是对你的信任；第三，可能是对方的运费设置得不合理。对于这种压价，我们需要更理智地对待，如果买家是恶意压价，并且比你的成本价还低，那你就只能向买家耐心地解释并说明这款商品的市场价位是多少，并把本店商品和竞争对手的商品的各种优劣势进行详细比较，用数据、证书等直观的方式，从店铺的状况和商品的定位、包装、质量等方面向买家说明。如在质量方面，必要时可向买家出具商品获得的 ISO9000 等质量保证体系的证明文件，告诉买家自己店铺的高价商品背后，有着优于竞争对手的完善服务体系。

4．针对首次网购的买家

第一次在网上购物的买家最怕的就是上当受骗，而且因为没有经验，所以很多买家对购物的流程都不是很了解。在拍下东西之后，往往在付款时会有很多不懂的地方，他一般都会向你询问怎么办，这时你一定要耐心地解答，如果你也不清楚，可以帮他一起想办法解决，告诉他不用着急。这样会让他感觉你这个人很可靠，愿意和他做朋友，而不是一心只想着赚钱的卖家。

在付款之后，一定要及时发货，告诉他几天之内收到货，在跟这种第一次购物的买家交易时最好能适当地送些小礼物作为留念，这样买家会觉得很贴心，也会更放心，以后再有需要的话也会直接找到你的。

5．针对找你闲聊的淘友

这类的淘友要么是来讨经验的，要么是觉得你的人不错，想和你聊聊。如果你认为这是在耽误时间那可就错了，这一类淘友很可能成为你以后的客户，他现在和你做了朋友，当需要店里同类产品的时候，自然第一个想到的就是你。所以如果不是特别忙的话，一定要非常真诚地同他聊聊，也许从他那里你也可以得到一些不错的经验。如果当时你比较忙，则应向他说明，一般都会得到对方的谅解。

6．针对回帖及店铺留言的淘友

一般回帖及留言的淘友，都是对你的帖子和店铺比较认同的，回帖留言代表了对你的支持和认可，在时间允许的情况下最好一一发送阿里旺旺消息表示感谢。在这个过程中一般都会得到他们的再次回复，而你也可以自然而然地和他们交上朋友，以后有什么活动或是好消息，及时地告诉他们，一般都不会遭到他们的拒绝，甚至有些还会成为你的客户。

16.4.2 学会真诚赞美你的客户，让销量翻番

每个人都喜欢听好话，可以说没有人喜欢听别人粗暴地指责自己。即使是好朋友，当你指出他的错误时也需要语言委婉。如果当众说出来，会让他的脸面挂不住，严重的时候，可能会连朋友都没得做了。而对于赞美之词，一般情况下，人们都会很高兴接受。即使赞美得有些过头，对方往往也会“来者不拒”。

在网络交流中运用一些赞美的小技巧，让买家在购物的过程中不仅可以买到自己中意的宝贝，也能让购物的心情更好，更重要的是让买家更加喜欢你的店铺，增加对店铺的印象，如果买家收到商品很满意的话，他最终会成为你最忠实的顾客。

在赞美对方的过程中不能过度，必须恰到好处，如果过度了，那么就成了“拍马屁”，不仅得不到你想要的效果，还会使人产生反感的情绪。所以，在赞美顾客前，一定要掌握一些赞美的技巧。赞美顾客一定要注意以下几个方面。

（1）如果是新顾客，不要轻易赞美，只要礼貌即可。因为大家还不是很熟悉，贸然地去赞美顾客，只会让其产生疑心乃至反感，弄不好就成了谄媚。

（2）如果要赞美别人，一定要从具体的事情、问题、细节等层面赞美，如可以赞美其问题提得专业，或者看问题比较深入等，这样会让顾客感觉你的赞美很真诚。

（3）赞美要有针对性。实践证明，有针对性的赞美比一般化的赞美能收到更好的效果。例如年纪大的顾客总希望别人提起他“当年”的业绩与雄风，同其交谈时，应称赞他引以为豪的过去；和年轻的顾客交流，应赞扬他的创造才能和开拓精神；对于经商的顾客，应称赞他经营有方，生财有道；对于知识型顾客，应称赞他知识渊博，宁静淡泊。

（4）赞美要基于事实。虽然人人都喜欢听赞美的话，但并非任何赞美之词都能使对方高兴。基于事实、发自内心的赞美，更能赢得顾客的认同。相反，若无根无据、虚情假意地赞美顾客，他不仅会感到莫名其妙，而且会觉得你油嘴滑舌、蓄意讨好，为此心生厌恶。

从网上赞美买家的方法是多种多样的，在我们看不到对方也不知道对方外貌的情况下，可以从以下几个方面进行赞美。

1. ID 赞美

当买家第一次来咨询的时候，我们什么都不知道，只能看到此买家的 ID，这时可以从 ID 入手，如：

“亲，您的 ID 名取得很有个性哦”——买家看了会很高兴的。

“亲，从您的 ID 就可以看出来你很爱你的男朋友吧，你买这个宝贝是送他的吧，做你的男朋友可真让人羡慕哦”——有的买家的 ID 是×××0205 或者是某某爱某某。

2．头像赞美

“亲，你的头像是您本人吗？长得很漂亮很有气质哦”——相信顾客听了心里会美滋滋的。

“亲，您的头像是您本人吗？那么有气质，您应该是个老师吧？”——即使猜错了也没关系，因为你是在赞美她，她如果想跟你聊的话，就会告诉你她是做什么的，这样就可以进一步地拉近感情。

3．买家所在地的赞美

“亲，您是××市的啊，你们那边的××很出名哦”——这个要求你必须对那个城市的风景名胜或其他方面比较了解。

“亲，您是××市的啊，我老家也是那边的哦”——这个必须真实。

“亲，您是××市的啊，我认识很多那边的朋友，那里的人给人的感觉就是很豪爽，很朴实，我非常喜欢跟那边的人交朋友”——增进感情。

利用地名赞美时信息必须真实，或者是当感情进一步时才能用。如果一开始就用，若碰到不喜欢让别人知道自己是什么地方人的顾客，反而会产生反感的情绪，对对方所在城市不了解就千万不要用，不然会适得其反。

4．针对对方咨询或购买的商品赞美

一般来讲，顾客购买完产品后，总是怀疑自己买亏了或者怀疑买得是否合适，所以他们会去询问身边的朋友、亲戚、家人来判断自己这次所买的东西是否合适。比如你是卖衣服的，可以说：“您的眼光真的是很独特哦，这件衣服很多买家都非常喜欢呢。”

5．交易完毕后的赞美

“谢谢您对我们的支持，没想到您是一个这么豪爽的人”——主要针对对方咨询得少，随便问一问就拍下付款的顾客，这种人的性格一般是很豪爽的，有可能成为潜在的长期客户。

“谢谢亲对我们的支持，更谢谢您对我们的信任，请您放心，我们产品的品质一定会让您满意的。”

6．评价后的赞美

对方给你好评之后，适当地给些赞美之词，如“感谢您的信任与支持”、“非常爽快的买家”、“非常守信用的买家”等。有的买家也会很关注别人给他的评价，如果他看到你给他的好评赞美的话，他也会很高兴的。

把赞美的方法运用好，老客户会越来越多，再加上一些礼品促销，只要商品质量过硬，服务态度够好，买家会成为你最忠实的客户。以后当他需要类似商品时就不会再找别人，客户就是这样一点一滴积累起来的，当然客户多了，销量翻番也是水到渠成的事了。

要记住的是，赞美一定要真诚，用真心赞美别人，别人也能感受到，如果不是发自真心的，那么只会带来负面的结果。

16.4.3 客服人员促成交易的技巧

新手开网店往往因为留不住客户而错失订单。我们在淘宝上开网店最终还是要赚钱，当然要想尽方法促成交易。但是，很多卖家往往在买家犹豫买还是不买的时候就错失了良机，眼睁睁地看着买家消失得无影无踪。那么怎样沟通才能促成交易，把握住这些准客户呢？

假定买家已经同意购买。当买家一再出现购买信号，却又犹豫不决拿不定主意时，可采用“二选一”的技巧。如可对买家说：“请问您要那双黑色的还是红色的呢？”。这种“二选一”的问话技巧，只要买家选中一个，其实就是你帮他拿主意，下决心购买了。

帮助买家挑选。许多买家即使有意购买，也不喜欢迅速签下订单，他总要东挑西拣，在产品颜色、规格、式样上犹豫不决。这时，聪明的客服人员就要改变策略，暂时不谈订单的问题，转而热情地帮对方挑选颜色、规格、式样等，一旦上述问题解决，你的订单也就落实了。

利用“怕买不到”的心理，人们对越是得不到、买不到的东西，越想得到它、买到它。客服人员可利用这种“怕买不到”的心理，来促成订单。可以对买家说：“这种产品只剩最后一个了，短期内不再进货，你不买就没有了。”或者“今天是优惠价的截止日，请把握良机，明天你就买不到这种折扣价了。”

保证成交法。有的人担心购买后商品质量有问题，有的人担心送货不及时，无人上门安装修理等。如果不消除顾客的这些心理障碍，顾客往往会拖延购买或以其他借口拒绝购买。针对顾客的心理，可积极采用保证成交法达成交易。保证成交法是针对顾客的忧虑，通过提供各种保证以增强顾客的决心，利于顾客迅速做出购买决定，有利于有针对性地化解顾客异议，有效地促成交易。例如常用的保证成交法用语“您好，这种家电的质量您尽管放心，一周内一旦发现任何问题，店铺保证无条件退换。”

反问式的回答。所谓反问式的回答，就是买家问到某种产品，不巧正好没有时，就得运用反问来促成订单。举例来说，准顾客问：“你们有白色的吗？”这时，客服人员不可回答没有，而应该反问道：“抱歉！我们暂时没货，不过我们有黑色、棕色、粉红色的，在这几种颜色里，您比较喜欢哪一种呢？”

利用买家希望快点拿到商品的心理。大多数买家希望在付款后店家能越快寄出商品越好。所以在买家已有购买意向，但还在最后犹豫的时候。可以说：“如果真的喜欢的话就赶紧拍下吧，快递公司的人再过 10 分钟就要来取货了，如果现在支付成功的话，马上就能为您寄出了。”对于有意向的顾客尤为有效。

积极的推荐，促成交易。当顾客拿不定主意，需要你推荐的时候，你可以尽可能多地推荐符合顾客要求的款式，在每个链接后附上推荐的理由。“这款是刚到的新款，目前市面上还很少见”“这款是我们最受欢迎的款式之一”“这款是我们最畅销的了，经常脱销”等，以此来促成交易。

快刀斩乱麻。在尝试上述几种技巧后，若还不能打动对方，你就得使出杀手锏，快刀斩乱麻，直接要求买家快速下单。

16.4.4　客服人员的话术技巧

淘宝客服在接受顾客咨询的时候，如果对话技巧应用不当的话，可能导致顾客流失；如果对话得当，说对每句话，就能轻松留住买家的心，把原本犹豫的顾客留住。

1．买家在阿里旺旺咨询

针对喜欢在买前咨询的顾客，卖家一定不要吝惜自己的文字，阿里旺旺的自动回复功能一定要利用。无论你在不在电脑前，都要设置自动回复，这样顾客就可以第一时间收到卖家的回复。针对以砍价开场的顾客，卖家不要生硬地回复“不议价”，那样的话没几个顾客愿意留下来继续购买，卖家要绕开价格话题，先帮顾客查询一下是否有库存，然后引导顾客深入了解产品，了解的多了，顾客自然会更加放心。

2．坚定顾客购买信心

确定好顾客选中的颜色尺码，在有货的情况下再进行下一步，以免浪费半天时间结果却没货，顾客会心生厌倦。确定好后顾客自然会针对商品提出问题，虽然宝贝描述已经十分详细，卖家也不能让顾客自己去看描述。有时候顾客明明看到产品的成分、面料、尺码的描述，可还是习惯去问卖家，特别是女性顾客，这个时候卖家一定不能搪塞，针对顾客的提问做出中肯的答复，让顾客感到你对商品很有信心，并且很负责有耐心，良好的开端奠定了下一步继续沟通的基础。

3．已拍下也不能掉以轻心

顾客成功拍下商品后，发现有几毛钱的零头，要求抹零，面对这样的砍价，卖家何不让顾客满意到底呢，几毛钱换个爽快大方的印象也不错。

4．付款完成承诺发货与售后

每一位拍下宝贝的顾客都是希望尽快看到商品的，若能了解这样的心情就自然能站在顾客的角度去回复每句话了。但是有时候库存会有突然变更的情况，这个时候只需告诉顾客在有货的情况下一定能当天发走，等到真遇见缺货或遇到突然断码的情况，也能跟顾客解释在有货的时候当天能发，不排除意外，这样也好做后续解释工作。这个时候只要让顾客感觉到放心、安心就可以了。很多卖家包括很多皇冠卖家会有在顾客付款完成后就消失的情况，别忘记还有评价呢，这是最重要的，为了让顾客能给 5 分好评，最好提前暗示顾客有问题先联系你，保证顾客满意。

5. 温柔贴心的问候为交易画上完美句号

确认一下收货地址让顾客感到我们的认真负责，最后别忘记贴心的问候，仿佛老朋友一样，而不是单纯的买卖，相信没有哪个顾客可以拒绝这样温柔的客服。始终保持愉快轻松的心态来面对每一位顾客，不要因为忙碌而忽视了顾客的心理需要，有时候顾客买的不仅仅是一件商品，还有交流的乐趣，被重视的感觉。

16.4.5 客服人员的语言文字沟通技巧

俗话说“良言一句三冬暖，恶语伤人六月寒”，好的语言短短的几个字，却能够让顾客听起来非常舒服，产生意想不到的效果。下面是客服人员的语言文字沟通技巧。

1. 少用“我”字，多使用“您”或者“咱们”这样的字眼，让顾客感觉我们在全心全意地为他（她）考虑问题。

2. 常用规范用语

“请”是一个非常重要的礼貌用语。

“欢迎光临”、“认识您很高兴”、“希望在这里能找到您满意的商品”。

“您好”、“请问”、“麻烦”、“请稍等”、“不好意思”、“非常抱歉”、“多谢支持”……

平时要注意修炼自己的内功，同样一件事不同的表达方式就会表达出不同的意思。很多交易中的误会和纠纷就是因为语言表述不当而引起的。

3. 在客户服务的语言表达中，应尽量避免使用负面语言

这一点非常关键。客户服务语言中不应有负面语言。什么是负面语言？如“我不能”、“我不会”、“我不愿意”、“我不可以等”，这些都叫负面语言。

在客户服务的语言中，没有“我不能”。当你说“我不能”的时候，客户的注意力就不会集中在你所能给予的事情上，他会集中在“为什么不能”，“凭什么不能”上。

正确方法：“看看我们能够帮你做什么”，这样就避开了跟客户说不行，不可以。

在客户服务的语言中，没有“我不会做”。你说“我不会做”，客户会产生负面感觉，认为你在抵抗；而我们希望客户的注意力集中在你讲的话上，而不是注意力的转移。

正确方法：“我们能为你做的是……”。

在客户服务的语言中，没有“这不是我应该做的”。客户会认为他不配提出某种要求，从而不再听你解释。

正确方法：“我很愿意为你做”。

在客户服务的语言中，没有“我做不了”。当你说“不”时，与客户的沟通会马上处于一种消极气氛中，为什么要客户把注意力集中在你不能做什么，或者不想做什么呢？

正确方法：告诉客户你能做什么，并且非常愿意帮助他们。

在客户服务的语言中，有一个“因为”。要让客户接受你的建议，应该告诉他理由，不能满足客户的要求时，要告诉他原因。

16.4.6　客服人员以个性化服务留住更多买家

当新客户来询问的时候，使用快捷回复“您好，欢迎光临！我是客服××，很高兴为您服务！”在客户询问的当口，首先要快速查看一下对方的信用度和购买记录，这样可以对对方的消费能力和购买习惯有个大致的了解，就比较容易推荐适合的产品。

1．推荐适合的产品

在对买家大致分析的基础上，客服人员可以推荐店里性价比最高或者单价比较便宜的东西。换位思考是比较重要的一点，如果我是这位客户，对于我来讲最适合的是什么产品。目标是让客户满意，而不是只考虑自己能赚到多少的钱，建立对彼此的信任及维护长期的客户关系是非常重要的。

2．提供跟价格等同的服务

产品定价高没关系，只要提供跟价格匹配的质量和服务就会有回头客。客户已经花了大把时间在淘宝上搜索、比较，才选中了我们的产品，而且点击购买、输入支付密码这些虽然简单，也是要耗费时间精力的。

3．个性化服务

总有一些并非我们目标客户的人找上门来，或者消费能力很好但是很难站在同样的层面沟通。客服人员可以推荐一些市面上容易买到的、适合他的东西，再搭配一些必须在自己店铺买的东西，这样有朝一日他的经济实力增加时，还是会回来的。

16.4.7　针对不同类型客户的不同沟通技巧

1．顾客对商品了解程度不同，沟通方式也有所不同

对商品缺乏基本知识，不了解商品。这类顾客对商品缺乏基本知识，疑虑且依赖性强。对于这样的顾客要像朋友一样细心解答，从他的角度考虑给他推荐，并且告诉他你推荐这些商品的原因。对于这样的顾客，你的解释越细致他就会越依赖你。

对商品有些了解，但是一知半解。这类顾客对商品了解一些，比较主观、易冲动、不太容易依赖，面对这样的顾客，这时就要控制情绪，有理有节耐心地回答，向他展示你丰富的专业知识，让他认识到自己的不足，从而增加对你的依赖。

对商品非常了解。这类顾客知识面广，自信要强，问题往往都能问到点子上，面对这样的顾客，要表示出你对他专业知识的欣赏，表达出“好不容易遇到懂行的了”的想法。用朋友的口气和他探讨专业知识，给他专业的推荐，告诉他“这个才是最好的，你一看就知道了”，让他感觉到自己被当成了最懂行的朋友，而且你尊重他的知识，你给他的推荐肯定是最衷心、最好的。

2．对价格要求不同的顾客

有的顾客很大方，说一不二，看见你说不砍价就不跟你讨价还价。对待这样的顾客要表达你的感谢，并且主动告知店铺的优惠措施，会赠送什么样的小礼物，这样可以让顾客感觉到物超所值。

有的顾客则会试探性地问卖家能不能还价，对待这样的顾客既要坚定地告诉他不能还价，同时也要态度和缓地告诉他，我们的价格是物有所值的，并且谢谢他的理解和合作。

有的顾客就是要讨价还价，不讲价就不高兴。对于这样的顾客，除了要坚定我们的原则外，还要有理有节地拒绝他的要求，不要因为他的威胁和请求而动摇。可以在适当的时候建议他再看看其他便宜的商品。

3．对商品要求不同的顾客

有的顾客因为买过类似的产品，所以对购买的商品质量有清楚的认识，对于这样的顾客是很好打交道的。

有的顾客将信将疑，会问：图片和商品是一样的吗？对于这样的顾客要耐心地给他们解释，在肯定我们是实物拍摄的同时，提醒顾客图片难免会有色差等，当他有一定的思想准备后，就不会把商品想象得太过完美。

还有的顾客非常挑剔，在沟通的时候就可以感觉到，他会反复问：有没有瑕疵？有没有色差？有问题怎么办？怎么联系你们？等，此时我们就要意识到这是一位完美主义者，除了实事求是地介绍商品，还要实事求是地把一些可能存在的问题都告诉他，告诉他没有东西是十全十美的，如果顾客还坚持要完美的商品，就应该委婉地建议他选择实体店购买需要的商品。

16.4.8　说服客户的技巧

客服在与买家沟通的过程中，难免会遇到难缠的客户，这时除了要产品质量好、服务态度好之外，很重要的一个方面就是说服客户的技巧了。

1．调节气氛，以退为进

在说服前，首先应该想方设法调节谈话的气氛。如果你和颜悦色地用提问的方式代替命令，并给人以维护自尊和荣誉的机会，气氛就是友好而和谐的，说服也就更容易成功；反之，在说服时不尊重他人，拿出一副盛气凌人的架势，那么说服多半是要失败的。毕竟人都是有自尊心的，谁都不希望自己被他人轻易地说服而受其支配。

2. 争取同情，以弱克强

渴望同情是人的天性，如果你想说服比较强大的对手时，不妨采用这种争取同情的技巧，从而以弱克强，达到目的。

3. 消除防范，以情感化

一般来说，在你和要说服的对象较量时，彼此都会产生一种防范心理。这时候，要想使说服成功，你就要注意消除对方的防范心理。如何消除防范心理呢？从潜意识来讲，防范心理的产生是一种自卫，也就是当人们把对方当成假想敌时产生的一种自卫心理，那么消除防范心理的最有效方法就是反复给予暗示，表示自己是朋友而不是敌人。这种暗示可采用下面方法来进行：嘘寒问暖，给予关心，表示愿意给予帮助等。

4. 投其所好，以心换心

站在他人的立场上分析问题，能给他人一种为他着想的感觉，这种投其所好的技巧常常具有极强的说服力。要做到这一点，“知己知彼”十分重要。

5. 寻求一致，以短补长

拒绝他人说服的人，经常都处于“不”的心理状态中，所以自然而然地会呈现僵硬的表情和姿势。对付这种人，如果一开始就提出问题，绝不能打破他“不”的心理。所以，需要努力寻找与对方一致的地方，先让对方赞同远离主题的意见，使之对你的话感兴趣，而后再想办法将你的主要意见引入话题，最终求得对方的认同。

16.5 网店店主培训客服新手的方法

如何帮助新人客服迅速进入角色，让他们为网店创造更大的价值，这对网店的经营至关重要。了解淘宝金冠皇冠店主培训客服新员工的方法和技巧，对于成长中的网店，打造人才队伍，不无益处。

1. 制定标准化流程

样板，即根据各项标准要求做出来的模板，是员工日常工作的参照物。店主可以按各种工作标准制订出工作流程，以及工作中所遵循的原则等。以最直观的方式让客服新手明白什么是正确的、如何去操作等。

在标准化的制度下，只要店主依规定执行，不偏袒不放任，客服人员便会自觉地在你为他们划定的圈子内“自由发挥”、施展所长。

2．带领员工一起做，发现问题即时解决

带领、陪同员工完成各项工作。店主做出标准化流程后，要亲自和客服按流程要求共同完成各项工作，如何与客户沟通、如何收款、如何发货等。这样做一方面能让客服人员更理解标准流程中的内容，另一方面还可以帮助新手解决初次工作时遇到的操作困难，以及帮助其克服心理障碍。

3．工作流程中跟踪指点

观察即通过对其工作的全过程进行观察，以了解客服在工作中的优缺点。经过前两个步骤，被培训者已具备一定的操作技能，这时应该让客服独立完成每一项流程。这时，店长应当站在客服旁边，进行观察记录，对做得不对的地方要及时指正。

纠正表扬是培训新手时的一个重要环节，纠正即根据观察客服的工作结果，指出做得好和做得不足的地方，然后对做得不足的地方进行纠正。纠正不足前要对客服人员做得好的地方进行肯定和表扬，最好是当众表扬；纠正不足时最好单独对其进行说明，同时多做演示动作，以加强记忆。

4．强化记忆，打造凝聚力

强化即按照标准流程坚持做下去，最终形成习惯。强化是一个长期的过程，必须逼迫客服不断坚持去做，而且要根据标准流程做出考核指标，没达到标准的要进行处罚。久而久之，客服们自然就养成了谨慎细致的态度。网店的管理也像企业一样，管理灵魂不在管理者的嘴里，而在员工的心中。这几个步骤若能有效完成，就能培养出一名优秀的网店客服了。

第17章　处理好交易纠纷赢取更多回头客

开店指导

交易纠纷是指交易完成后，由于交易双方对于商品价格、商品质量、服务费用、售后服务等方面出现的意见不统一而导致的争执。这种纠纷，无论是对于买家、卖家，还是淘宝网站，都是不易解决的问题。随着淘宝交易的日益火爆，在淘宝购物已经成为现代年轻人的生活方式。但是随之而来的交易纠纷也让大家头痛不已，那么如何处理好交易纠纷，赢取更多的回头客呢？

17.1　淘宝交易纠纷产生的原因

当交易出现纠纷，采取积极主动的方法来处理问题往往可以息事宁人，并且还可能获得买家的赞誉。而加入到消费者保障计划的卖家需要更加重视这一点，如果没有很好地处理交易纠纷，淘宝网可能会使用冻结的保证金来对买家进行先行赔付。

1. 卖家问题

（1）卖家没有做到对于商品全面、客观的描述，造成买家的误解。

比如对于商品颜色、尺码、型号的描述含糊不清，或者由于对商品使用了非专业的描述，都有可能造成买家误会。造成这样的原因，主要是卖家对于商品属性不是十分了解。

有的卖家是行家，所以用专业词汇进行描述。而非专业的买家对于专业词汇一知半解，按照自己的理解去感知这件商品，很容易产生纠纷。

（2）卖家没有考虑到一些商品以外的问题。

比如商品保质期、商品物流费用、发货时间、商品运输过程中的问题等导致的交易纠纷。

（3）发错、少发货物，尤其是在买家签收货物之后提出“卖家少发了货物”，买家以“确实没有收到货物”为由要求卖家退款，卖家以“为何在签收时不拒绝收货”为由拒绝赔款。这种纠纷往往很难辨别。

（4）卖家没有采用防止商品损失的送货方式。货物到达买家手中已经损坏，而在签收时没有向承运公司提出赔偿。

（5）客服的态度差，遇到问题不积极处理而是采取回避的态度。

2．买家问题

（1）买家购买前没有仔细阅读商品描述。

这是最容易造成纠纷的。有的买家急匆匆地购买了好几件化妆品，买回来后却发现没有内包装。但仔细看看商品描述，已经写得十分清楚“无内包装”。

（2）买家对商品缺乏知识，按照自己的标准对商品描述和商品实物进行理解和评判。

（3）买家对商品期望值过高，导致收到商品时不满意。

买家对商品的期望值太高，但拿到货物时却比较失落，所以决定给卖家中评或差评。俗话说一分钱一分货，有些商品尤其是外贸名牌返销的商品，多少都存在质量问题。

（4）买家由于自身管理不善导致商品受损。

购买易碎商品，拿到手后却重拿重放。这时候受损，能说是卖家的责任吗？

（5）购买匆忙，结果没有买到最低廉的商品。

一模一样的东西，有人卖 200 元，有人卖 150 元。而买家却恰恰买了 200 元的那个，回头又看见 150 元的。你能说卖家欺诈吗？但这也会造成纠纷。

（6）竞争对手的恶意报复行为，这种纠纷也是最难解决的，一定要搜集到证据证明是恶意报复。

17.2　怎样尽可能地避免交易纠纷

卖家做生意时间久了，和不同的人打交道，在与买家打交道的过程中，或多或少都会遇到一些纠纷。很多纠纷是由于双方沟通出现了问题，其实只要注意一些小细节就可以避免很多误会和纠纷。那么作为卖家如何防患于未然，尽可能地避免交易纠纷呢？

1．严把商品质量关

在网上开店竞争是非常激烈的，但任何时候商品质量都不能打折，否则就很难在激烈的市场竞争中立足。这就要求卖家在进货的时候一定要把好关，比如做运动鞋的，在进货时宁愿进货价格高点，也要选质量好的。在发货的时候再把鞋子检查一下，哪怕有个线头都要剪掉，保证发给顾客的是一件非常完美的高质量的产品。

2. 关于色差问题

现在有很多卖家，往往喜欢利用杂志、网站或者厂家提供的模特图片，而不去拍实物图，造成图片失真，以致买家收到货后，给出“照片是天使，实物是垃圾”之类的差评。顾客在网上买东西是看不到实物的，图片就是顾客判断商品优劣的重要依据，所以一定要是实物图。

3. 对待顾客要热情

要善于利用阿里旺旺的表情营造一个轻松愉快的对话氛围。卖家有时会遇到一个人接待几个顾客甚至十几个顾客同时咨询的情况，感觉忙不过来，这时要给顾客说明情况，不要不回复或者很晚才回复顾客，让顾客等很久，这都是不礼貌的，是对顾客的不尊重。

4. 商品描述与实际不符

商品描述与实际不符很容易产生纠纷。卖家在描述商品时应尽量用客观的语言描述，不要误导买家，这样就可以尽可能地减少这种问题的出现。

5. 成交后再次确认有关信息

尽管在前期的沟通中已涉及顾客所购买商品的部分信息，但在顾客付款后，仍要再次确认一下商品的有关信息（名称、款式、大小、件数、颜色等），一方面留下最后确认的交易凭证（防止日后少数买家以发错货为由进行投诉），另一方面也可以提醒自己核对彼此达成的正确交易信息，避免出现发错货的情况。

6. 发货前再次核对买家的联系信息

发货前要再次确认买家地址、姓名及联系电话等信息。因为默认的地址可能是买家的家中地址，但工作日家中无人，需要寄到买家单位才有人签收；或者宝贝是买家送给朋友的，所以需要送到朋友的地址。这类问题其实只要卖家多问一句话就可以避免。

7. 发货前仔细检查

卖家出货前一定要检查商品的完整性，这样做可以减少买卖双方在商品质量方面的纠纷。假如自己已经检查了，不但可以避免出现这样的问题，而且一旦有居心叵测的不良买家找茬，自己心里也有底气应对。

如果买家购买商品数量较多，那么卖家发货时一定要检查商品的数量、颜色及号码。因为同一款商品有不同的颜色、号码，如果因一个小小的疏忽招致退货、换货甚至差评，都将是很不值得的，所以卖家应该在和买家交易的时候准备好记录簿，把这些记录下来，千万不可遗漏。

8. 发货后告知买家

发货后使用阿里旺旺告知买家快递单号，以及大概的到达时间，方便买家收货。提醒买家收货时要当着快递的面先检查后签收，有问题马上和卖家联系解决。

9. 发货后有问题及时处理

卖家发货以后，商品在运输途中，以及到了买家手上可能出现这样那样的问题。一旦出现了问题，卖家一定要注意自己的态度，要让买家把事情讲完，要很认真地倾听。等买家说完以后，卖家一定要说些安抚及道歉的话，并且用很委婉的语言来阐述自己对这件事情的想法及解决方案。及时提出补救建议，并且采取有效的补救措施。对于这点千万不可大意，不要嫌麻烦，要坦然面对。

10. 熟悉淘宝规则

尽管在淘宝上的大部分买家都是很友好的，但是难免会有一小部分买家或者卖家利用种种手段对其他淘友进行欺骗行为。对买卖双方付出的劳动需要给予同样的尊重。作为卖家应该积极学习淘宝的各项规则，学会使用法律武器来维护自己的合法权利。

17.3 如何应对投诉

大家一定要注意，当被投诉时也要采取积极处理的方式，不要回避。否则当买家取得证据，淘宝网不仅会判买家胜诉，强行使用冻结的保证金赔款给买家，而且还会对加入消费保证的卖家进行相关处理。如果卖家以认真积极的态度去处理问题，一般情况下，买家是不会故意刁难的。

17.3.1 应对买家投诉的基本原则

如果顾客对店铺产生了投诉，除了表明顾客对卖家寄予厚望与信任之外，也说明店铺在业务能力方面仍存在需要改进的地方。顾客抱怨与投诉越多，说明店铺存在的缺点越多，而顾客投诉的地方正是店铺做得不够好的地方。因此，顾客的投诉是宝贵的信息，它可以指导店主更好地为顾客提供优质服务。

任何一家店铺在对顾客服务的过程中，难免会发生顾客因服务质量、商品质量及售后服务处理等问题而出现投诉的现象，因此正确处理顾客投诉，已经成为店铺经营管理中的重要内容。下面是卖家处理顾客投诉的原则。

（1）要有“顾客始终正确”的观念，有了这种观念，就会用平和的心态来处理顾客的投诉。

（2）保持心态平和、就事论事，保持主动、关心、友善与乐于助人的态度。

（3）应该认识到有投诉和不满的顾客是对卖家有期望的顾客。

（4）认真听取顾客的投诉，确认事情发生的真正原因。

（5）对于顾客的投诉行为应该给予肯定、鼓励和感谢。

（6）对细节进行记录，感谢顾客所反映的问题。

（7）掌握问题的核心，提出解决方案并执行解决方案。

（8）总结顾客的投诉，妥善处理得失。

17.3.2　应对投诉的策略技巧

在销售的过程中，卖家可能会遇到顾客各种各样的投诉，但是如果不能正确处理顾客的投诉，那么将给店铺带来极大的负面影响。一定要积极地回应顾客的投诉，适当地对顾客做出解释，消除顾客的不满，让他们传播店铺的好名声，而不是负面的消息。处理顾客投诉的策略主要有以下几个方面。

1．重视顾客的投诉

顾客投诉不仅可以增进卖家与顾客之间的沟通，而且还可以诊断卖家的内部经营与管理所存在的问题，利用顾客的投诉与抱怨来发现店铺需要改进的地方。

2．及时道歉

当出现顾客投诉事件时，卖家必须主动向顾客道歉，让顾客知道，因为给顾客带来不便而感到抱歉，即便不是卖家的过错，卖家也要第一时间向顾客道歉。

3．耐心多一点，没错也承认有错

在处理投诉时，要耐心地倾听顾客的抱怨，不要轻易打断顾客的投诉与抱怨，不要批评顾客的不足，而是鼓励顾客倾诉下去，让他们尽情宣泄心中的不满。耐心地听完顾客的倾诉后，再说不好意思或对不起，当他们的发泄得到满足之后，就能够比较自然地接受客服人员的解释和道歉了。

4．态度好一点，语言得体一点

态度谦和友好，会促使顾客平稳心绪，理智地协商解决问题。顾客对商品不满，在发泄不满的言语陈述中有可能会言语过激，如果此时客服人员与之针锋相对，势必恶化彼此的关系，在解释问题的过程中，措辞也应十分注意，要合情合理，得体大方。尽量用婉转的语言与顾客沟通，即使是顾客存在不合理的地方，也不要过于冲动，否则只会使顾客失望。

5．倾听顾客的诉说

卖家应以关心的态度倾听顾客的诉说，然后用自己的话把顾客的投诉重复一遍，确保已经理解了顾客投诉的问题所在，并且对此与顾客达成一致。如果可能，告诉顾客自己会想尽一切办法来解决他们提出的问题。面对顾客的投诉，应掌握好聆听的技巧，从顾客的投诉中找出顾客抱怨的真正原因及顾客对于投诉期望的结果。

6．正确及时地解决问题

对于顾客的投诉应该正确及时地进行处理，拖延时间只会使顾客的投诉变得越来越强烈。

例如，顾客投诉产品质量不好，卖家通过调查研究发现，主要原因在于顾客使用不当，这时应及时通知顾客维修产品，告诉顾客正确的使用方法，而不能简单地认为与自己无关，不予理睬。如果经过调查，发现产品确实存在问题，应该给予赔偿，尽快告诉顾客处理的结果。

7. 记录顾客投诉与解决的情况

对于较复杂的事件，需要详细询问顾客问题发生的缘由与过程，详细记录事件的时间、人物、事情经过等细节内容，理解顾客的心情，并给予顾客确实的回复时间。在处理顾客投诉中发现问题，如果是商品质量问题，应该及时通知厂家。如果是服务态度与沟通技巧问题，应该加强对客服的教育与培训。

8. 追踪调查顾客对于投诉处理的反映

处理完顾客的投诉之后，应与顾客积极沟通，了解顾客对于卖家处理的态度和看法，增加顾客对卖家的忠诚度。

17.4 理性对待中差评，创造百分百好评

相信大家在收到中差评的一刹那，头脑里第一反应是气愤。但是气愤过后，要自己冷静下来，仔细查看这笔交易的销售过程。到底在哪里做得不够好，找到问题的症结后，才好对症下药。

17.4.1 如何有效预防中差评

在网上购物的人越来越多，但是在交易量和人数急剧增加的同时，也有越来越多的交易纠纷出现。一些不良买家钻空子对卖家恶意评价甚至投诉。下面介绍预防淘宝恶意差评的方法。

（1）在发布商品前先仔细核对商品价格，最好在宝贝描述里再提一下具体价格，做到双保险，万一发布的价格不对，在描述里也有据可寻。

（2）务必在店铺公告、介绍或者在宝贝描述里注明注意事项，比如在本店购买商品前需先和卖家沟通确认有无商品，如“擅自拍下造成的一切后果由买家承担”等事项。就算买家恶意拍下，以后在投诉过程中将此注意事项出示给淘宝看，也会对卖家有很大帮助。

（3）在做好以上两点后，万一还有不良买家要挟你，说要给差评要投诉你，别怕，先客气地和买家协商。如果买家提无理要求，那么该义正辞严的地方就义正辞严，退缩反而助长了对方的嚣张气焰，但注意千万不要辱骂买家，这样做对方反而可以借题发挥了。

（4）看买家信誉，如果对方是没有信誉或者信誉很差的买家，那么这单生意不做也罢。

（5）看送货地址、电话、联系人等信息是否属实。在发货前，最好通过阿里旺旺或站内信

确认一下，如果对方不在线，最好能打个电话过去核实一下。

（6）一定要把阿里旺旺记录保存好，务必学会截图，有了截图，当买家进行恶意投诉时，卖家就可以把阿里旺旺截图提供给淘宝。

（7）如果已经遭遇恶意差评，可以拨打淘宝客服电话进行投诉，截图留下所有交易、聊天证据，注意一定要确保证据的一致性，确认此人的唯一身份，并讲明事情的严重性，淘宝定会受理。

17.4.2　正确处理客户的差评

网上的卖家都很关注自己的信用度，因此对买家的评价也越来越敏感，总希望对自己的评价永远是100%好评。一般而言，只要交易比较顺利，买家还是比较愿意给好评的。但是在网店经营中，难免会碰到一些挑剔的顾客给差评。作为卖家，莫名其妙地得到一个差评，会觉得冤屈。那么，如何面对中评和差评，这就是卖家必须要考虑的问题了。

1．反思

碰到非好评，卖家首先应该自我反思，检查自己在交易过程中是否犯错、服务是否周到，而不要首先寻找借口为自己开脱。如果反思过后，发现自己确实有工作不到位的地方，那就要吸取教训，并在以后的工作中逐渐改善。如果发现是顾客的误解，最好发信息给顾客，向他说明事实真相，但千万注意用词，不要因为占理而口无禁忌。

2．千万不要生气

面对非好评，如果错误在卖家自己，有理由生气吗？如果卖家诚实经营，发生问题也能与顾客认真地沟通，那么就应该坦然面对非好评。正所谓“身正不怕影子歪”，你的工作已经全部到位了，可顾客还是说三道四。千万不要为此生气，更不要说些难听的话去报复顾客。不如把时间和精力集中到其他顾客身上，努力用更多的好评去掩盖少数的非好评，其他买家照样会信任你。如果碰到恶意评价，可以选择向网上交易平台投诉，以维护自己的应有权益。

3．及时回复

在买家给出评价以后，卖家的及时回复尤为重要。及时回复不仅能让买家觉得卖家重视他们，而且卖家也能及时看到买家给出的评价，解决不良评价。

4．客观解释

先要针对出现的问题给出合理的解释，因为每一个评价都会展示在其他买家面前，如果卖家对这些评价不理不睬也不给出解释，那么其他买家怎么能相信你的商品不会再出现类似的问题呢？给出解释之后，别着急单击“提交”按钮，卖家不如借着“中差评”这个展台，趁机打个广告。在给出解释时可以附上同款产品的其他买家的好评，要挑最有说服力的评价粘贴，或者写上最近店里开展的一些优惠活动，这样一来，这个不良评价不一定会对你有很大害处，或许它可以给你带来更多的客源。

17.4.3 引导买家把中差评改为好评

现在淘宝生意越来越难做，中小卖家的信誉度是命门。对于买家来说，大部分顾客都是抱着在淘宝能买到便宜东西的心态来买的，倘若买到的东西没有达到买家的预想，心理落差是可想而知。中差评是网上开店过程中不可避免的情况，很多中差评是由误会引起的，首先得想方设法去解决，只要卖家愿意用心处理中差评积极与买家沟通，相信没有解决不了的中差评！

卖家收到中评和差评时，不应盲目地抱怨甚至投诉买家，这样会激怒对方，使问题没有解决的余地。如果卖家确实存在过错，应诚恳地向买家道歉，承认工作上的过失，并提出补救措施，在与买家达成一致意见后，卖家可以提出自己的要求，如“我有个小小的请求，您能否为我修改一下评价？真的很感谢您为我们提了很好的建议和意见，希望以后多多合作”。通常买家也不会因为一点小事伤了和气，一般都会同意修改评价。

对于无法解决的中差评：

（1）绝对不要以公布买家相关信息作为报复手段，此举可能导致您的网店被淘宝处罚，甚至被封号。

（2）以良好的心态对待已经产生的中差评，保持 100%好评率可能会招致更多的职业差评师。

（3）对于恶意中差评的解释，可以写得很彪悍，以达到警告或震慑其他差评师的目的。

（4）调整好心态，几个中差评不可能毁了网店，坚持下去，一切都会过去的。

17.5 怎样处理顾客的退货要求

能否退货是影响顾客购买决定的因素之一。因此卖家应该清楚明白地告诉顾客，在什么样的条件下可以退货，往返运输费用由谁来承担，否则顾客会因为不清楚退货的条件而犹豫是否购买。

买家要求退货，通常有 3 种情况：第一是商品有缺陷，存在质量问题；第二是商品本身质量完好，但是商品过时，技术落伍，顾客看到实物后反悔了，特别是服装类的商品，常常是买家收到之后，以“我不喜欢，款式不是图片上的”为由来要求退货；第三是在产品质量保证期或维修期内被退回，要求更换或者维修。

退货已是每个商家必须面对的一个重要问题。那么商家应该如何预防退货，使得退货损失最小化呢？

1．制定合理的退货政策

对于退货条件、退货手续、退货价格、退货比率、退货费用分摊、退货货款回收等方面以及违约责任等应制定一系列标准，利用一系列约束条件平衡由此产生的成本。

2．加强验货

在进货等各个环节要加强验货，以确保尽可能在商品未发给买家前发现商品上的诸多缺陷。

3．引入信息化管理系统

如果管理仅依靠手工和大脑，是无法准确、及时地把握商品管理的每个细节的。在淘宝网，皇冠以上的卖家都引进了客户管理系统，只要买家报上名字或者会员号，就可以查看该顾客具体的消费情况，甚至很多皇冠级卖家都有自己的自动化退换货系统。

4．采取“少进勤添”的进货方式，提高进货质量，把握好进货种类

加强每日销量的监测，不要一次进太多的产品，合理高效地安排供货，少进勤添，减少盲目进货，千万不要贪图因为进货量大而得到的便宜价格。如果销售不出去，资金周转不了，那么情况会更加困难。

第18章 掌握买家心理，应对自如

开店指导

网店其实也跟线下实体店一样，充满了形形色色的顾客。掌握买家的购买心理显然是客户服务中最重要和最基础的一环，所谓知己知彼百战不殆，只有当你了解了买家的购买心理之后，你才能有的放矢地做出有针对性的应对计划，从而得到更多的订单。

18.1 网络买家的消费心理与需求

当今商家正面临着前所未有的激烈竞争，市场正由卖方垄断向买方垄断演变，消费者主导的营销时代已经来临。在买方市场上，消费者将面对更为纷繁复杂的商品和品牌选择。

顾客根据自己的需求购买商品，在购买行为中，顾客的内心会有许多想法，驱使自己采取不同的行动。它可以决定交易的成败甚至成交的数量，因此我们对顾客的心理变化必须高度重视。如果没有对顾客心理的了解，就难以激起顾客的购物愿望。

1. 求实心理

求实心理是目前消费者普遍存在的心理动机。他们购买物品时，首先要求商品必须具备实际的使用价值，讲究实用。店内产品的质量一定要过硬，这样才能保证以后有更多的交易。如果质量都没保证，那就无异于自掘坟墓。如果是销售必需品（如生活用品）的卖家，在商品描述中要突出商品实惠、耐用等字眼。

2. 求新心理

以追求商品时髦和新颖为主要目的的心理动机。他们购买商品时重视商品的“时髦”和“奇特”，而对于商品是否经久耐用、价格是否合理等因素则考虑较少。

其实，这类顾客多数时候也是最没有主见的人，很容易受到别人的引诱。只要稍加引导，就容易使他们下定购买决心。所以在商品描述中可以突出“时髦”、“奇特”之类的词汇，图片处理时要鲜艳，这类顾客多为青少年。

3. 求美心理

美的东西撞击到我们的神经和情感就会使我们产生强烈的满足和快乐。这类顾客在选购商品时不以实用价值为宗旨，而是关注商品的风格和个性，强调“艺术美”。他们不仅仅关注商品的价格、性能、质量、服务，而且也关心商品的包装、款式、色调、造型等欣赏价值。

4. 名牌心理

名牌心理是一种以显示自己的地位和威望为主要目的的购买心理。他们特别重视商品的品牌，牌子要响亮，以此来炫耀自己的社会地位和购买力。这部分顾客消费动机的核心是“炫耀”，同时对名牌有一种安全感，觉得其质量信得过，不容易上当受骗。

精明的卖家总是善于利用顾客追求名牌的心理做生意，所以在描述中要突出品牌的名字和相关尊贵的字眼，商品图片要有光泽。

5. 求廉心理

求廉心理是一种“少花钱多办事”的心理动机，其核心是“廉价”。这类顾客在选购商品时，往往要对同类商品之间的价格差异进行仔细比较，喜欢选购折价或处理商品，只要价格低廉，其他一切都不太在意。

绝大多数买家到网上买东西都是图便宜，而且现在随着卖家的增多其价格也越来越透明化。针对这个特点，需要选取几种质量不错的商品设置特别低的价格来吸引顾客。举个例子来说：一些大超市每逢周末或节假日都会出售一些价格低廉的商品来吸引顾客到店里转转，顾客只要进来肯定还会顺便买一些其他的东西，商家要的就是这个效果。实体店如此，网店也可以采取这种“以点带面”的促销措施，当然这得看店家的技巧了。

6. 好奇心理

现实生活中很多人喜欢到处旅游，欣赏新风景，追求生活中的新刺激。卖家可以利用人们本身的好奇心来引起他们对某些商品的注意和兴趣，以此诱发他们购买商品的行为。在年轻人当中普遍存在着这样的心理：凡是新事物，他们就要试试。他们追求新奇感、新刺激的欲望比任何人都要强烈。对于这类顾客，卖家需要强调商品的新颖独特，以唤起他们的购买欲望。

7. 跟风从众心理

其实不仅是网上的买家，大多数人都有这种想法，看到别人买的商品不错，周围的人就会都到同一个地方去买。即使是同样的商品、同样的价格，卖势不错的店铺会聚得越来越多的人，而没有开好头的店铺肯定是冷冷清清了。所以新手卖家要拿出十二分的诚信和热情才能完成一笔交易，而且只要有买家光顾，卖家一定要充分发挥时间上的优势，不厌其烦并认真地完成交易的每一步。

在商品的销售过程中，可以利用这种购物心理，但一定要在商品描述中说明这件商品是年轻人所崇拜的、明星爱用的，也可以把以前的成交记录或买家的评价添加到商品描述中。

8. 隐秘性心理

有这种心理的人，购物时不愿被他人知晓，所以常常采取秘密行动。他们一旦选中某件商品，而周围又无旁人时，便会迅速成交。例如成人用品在网上销售时，卖家可以在宣传中强调其交易的隐秘性。

9. 安全心理

有这种心理的人，他们对欲购买的物品，要求在使用过程中和使用以后，必须保证商品的质量安全，如食品、药品、护肤品、电器用品和交通工具等，不能出任何问题。

10. 疑虑心理

这是一种瞻前顾后的购物心理，其核心是怕上当受骗。他们在购买商品的过程中，对商品质量、性能、功效持怀疑态度，怕不好使，怕上当受骗，因此反复向卖家询问，仔细地检查商品，并且非常关心售后的服务工作，直到心中的疑虑解除之后才肯购买。卖家和这类顾客打交道时，要说明商品的质量是经得起考验的，如果出现质量问题可以退货等。

18.2 成功达成交易的条件

顾客对卖家的产品虽然有着浓厚的兴趣，但是如果要想达成交易，还应该具备以下几点要求。

1. 满足顾客的需要

越是能满足顾客最近的、最强烈的需要就越能成交，成交的机会往往与顾客需要的强度成正比。

2. 顾客产生购买欲望

顾客有了需要，就能产生购买欲望，有了购买欲望才能唤起顾客的购买行为。

3. 顾客必须对商品有所了解

当顾客有了某种需要后，还要具体了解我们能否满足他们的需要。顾客一般不会在自己还不了解产品时就购买，这也是决定进入成交阶段的基础。卖家可以通过提问来看顾客是否了解店铺的产品，是否愿意成交。如果顾客还没有充分了解产品，他自然会毫不客气地拒绝成交的建议。

4. 顾客的信任

顾客的信任也是达成交易的必不可少的条件之一。没有这种信任的态度，不管你的产品多么吸引人，顾客都会对达成交易产生动摇。因为顾客考虑更多的是购买的产品使用后的效果，如果不能给顾客一个可靠的信誉保证，顾客是不会轻易拍下并购买的。

5．要在适当的时机促使顾客做出购买决定

“急于求成”反而会“欲速则不达”，与顾客达成交易要等待适当的时机。每一次的洽谈也有高潮和低潮之分，如果没有能够在这个高潮中与顾客达成交易，那就应该争取在下一个高潮中尽量与顾客达成交易。但不要为了达成交易而做出太大的让步，这样反而更容易引起顾客的怀疑，从而影响到最终的销售。

6．抓住重点，解决关键问题

影响顾客做出购买决定的因素，往往集中在一两个主要问题上。推销员应及时抓住这一两个问题，努力说服顾客，有针对性地解除顾客的疑虑。这一两个重点问题解决了，顾客的态度就明朗了，交易也就达成了。这是一种极其有效的方法，这样做还可以缩减洽谈内容，压缩洽谈时间，提高工作效率。

7．排除异议

顾客异议表现在多方面，如价格异议、功能异议、服务异议、购买时机异议等。有效地排除顾客异议是达成交易的必要条件，一个有经验的卖家面对顾客争议，既要采取不蔑视、不回避、注意倾听的态度，又要灵活运用有利于排除顾客异议的各种技巧。

8．必须了解顾客

顾客感兴趣的是什么？他会提出什么样的反对意见？顾客为什么会做出这样的购买决定？了解清楚这一切，然后针对顾客的情况寻求相应的对策，尽快帮助顾客做出购买决定。

即使顾客拒绝购买，也不应该放弃努力。成功交易诚然是网上开店的直接目的，但这并不是一锤子买卖，这次没达成交易，保持良好的关系，以后还可以洽谈。从长远来看，一切事物都处在变化之中，新情况随时都有可能出现，今天他什么都没买，以后却可能成为你的大客户。

18.3　打消买家疑虑心理

在购买商品的过程中，大多数买家经常会心存疑虑。这时，卖家应该主动发现买家的疑问，打消买家的疑虑。在交易过程中，消除买家的疑虑是非常重要的，只有当买家对你的产品或服务完全相信，没有任何疑虑时，沟通才算是成功的。

18.3.1　打消顾客对售后的疑虑

开淘宝店铺，我们不仅仅是出售高品质的产品，更重要的是保证超一流的售后服务。每个店铺所卖的东西不一样，但是或多或少都牵扯到售后服务。顾客可能存在对于售后服务的顾虑，我们可以采取有吸引力的售后保证措施，打消顾客的疑虑。采取售前告知的方式打消顾客对售后的疑虑，这种在售前将信息告知买家的方式主要有两种。

第一种售前信息告知方式是：在沟通的时候将售后信息直接告知买家。大部分买家在决定购买一件商品前总会有一些疑虑，一般会通过阿里旺旺向卖家咨询。在这个过程中，要向买家传达店铺的售后信息，买家会更容易接受。比如下面的沟通就比较好。

“亲，您放心好了，如果您收到的货有问题的话，请马上联系我们，本店的宝贝都是包退包换的，如果是质量问题，来回的运费我们出，有任何问题都可以解决的。如果没有问题，就帮忙确认一下好评，谢谢了。”

这样的回答看似简单，却传达了很多信息，首先说明了买卖双方应该在什么情况下承担什么样的责任，其次明确告诉买家请他放心任何问题都可以解决。

第二种售前信息告知方式是：在商品描述页面中或在店铺的其他页面将售后信息公布出来。在店铺中公布售后信息后，不仅可以传达给顾客一种信息——我们有健全的售后制度，让顾客产生信任感，而且这种信息也会随着交易的达成而成为一种承诺，让顾客对店铺产生进一步的信赖感。如图 18-1 所示商品描述页面中有关售后问题的信息公布，买家看到这样的信息就自然可以打消疑虑了。

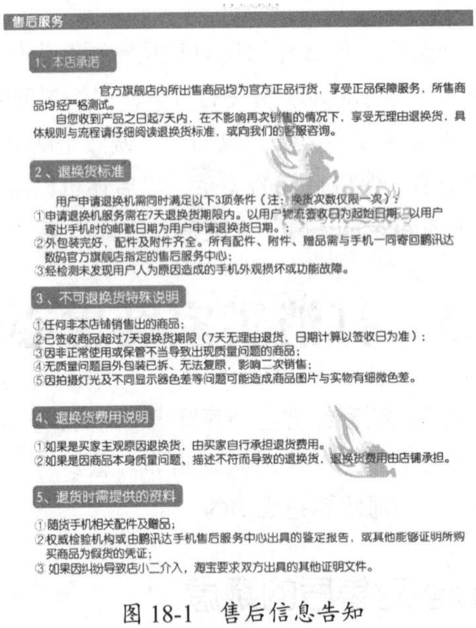
售后服务

1、本店承诺

官方旗舰店内所出售商品均为官方正品行货，享受正品保障服务，所售商品均经严格测试。

自您收到产品之日起7天内，在不影响再次销售的情况下，享受无理由退换货，具体规则与流程请仔细阅读退换货标准，或向我们的客服咨询。

2、退换货标准

用户申请退换机需同时满足以下3项条件（注：换货次数仅限一次）：

①申请退换机服务需在7天退换货期限内。以用户物流签收日为起始日期，以用户寄出手机时的邮戳日期为用户申请退换货日期。；

②外包装完好，配件及附件齐全。所有配件、附件、赠品需与手机一同寄回鹏讯达数码官方旗舰店指定的售后服务中心；

③经检测未发现用户人为原因造成的手机外观损坏或功能故障。

3、不可退换货特殊说明

①任何非本店铺销售出的商品；

②已签收商品超过7天退换货期限（7天无理由退货，日期计算以签收日为准）；

③因非正常使用或保管不当导致出现质量问题的商品；

④无质量问题且外包装已拆、无法复原，影响二次销售；

⑤因拍摄灯光及不同显示器色差等问题可能造成商品图片与实物有细微色差。

4、退换货费用说明

①如果是买家主观原因退换货，由买家自行承担退货费用。

②如果是因商品本身质量问题、描述不符而导致的退换货，退换货费用由店铺承担。

5、退货时需提供的资料

①随货手机相关配件及赠品；

②权威检验机构或由鹏讯达手机售后服务中心出具的鉴定报告，或其他能够证明所购买商品为假货的凭证；

③ 如果因纠纷导致店小二介入，淘宝要求双方出具的其他证明文件。

图 18-1 售后信息告知

如图 18-2 所示，网店用更直观的流程图的形式告知顾客店铺的退换货流程，让顾客在短时间内就能了解所有的环节，顾客对于纯文字信息的接受能力是很差的，因此通过图片来传达信息会更加到位。

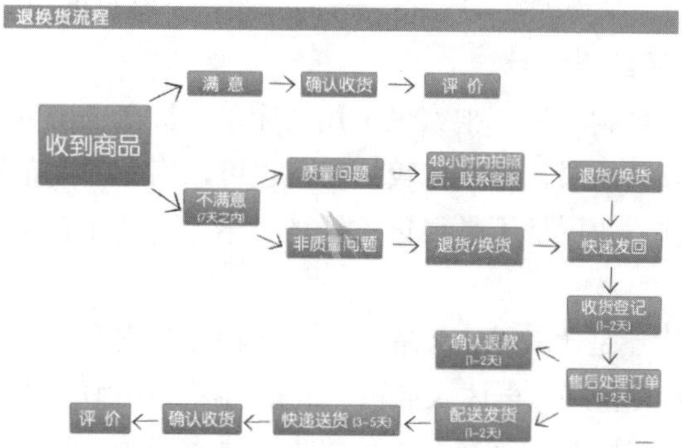

图 18-2　告知退换货流程

18.3.2　打消顾客对包装的疑虑

网上购物需要通过物流运输，买家才能最终拿到商品。包装是物流运输中必不可少的环节，商品在运输途中难免会磕磕碰碰，质量差的包装容易在运输过程中破裂而导致商品损坏。所以会有很多买家对这一环节极不放心。如图 18-3 所示，在商品描述页面中，添加了包装信息，清楚地告知了商品的包装过程，以及防压抗震的包装设计，打消了顾客对包装的疑虑。

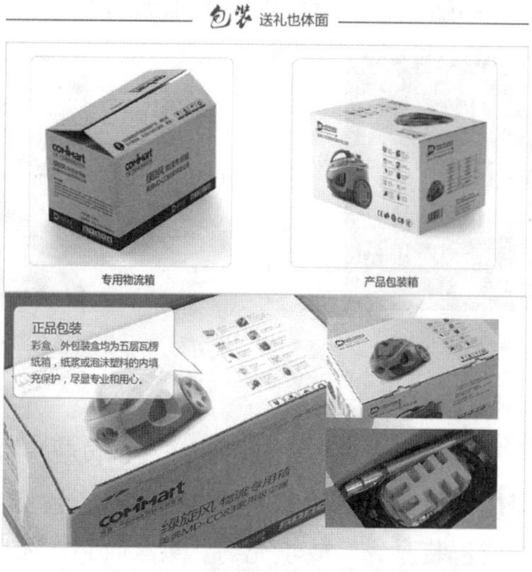

图 18-3　打消顾客对包装的疑虑

当买家拿到商品时最先看到的是包装，所以要给买家留下一个非常好的印象，减少他们挑毛病的机会——首先就要包装好商品。美观大方、细致入微的包装不但能够保护商品安全到达，而且能够赢得买家的信任，赢得顾客的芳心。下面介绍一下常见的商品包装方法。

1．衣服、床上用品等纺织类

（1）自制布袋。可以废物利用，把家里不用的床单、被套、窗帘、衣服等根据邮寄物品的大小自己缝制布袋，可以缝两层，这样比较结实。也可以到专门卖布的市场买白布，自己剪裁缝制或者请裁缝帮忙缝制，费用都不是很贵，经济实惠。不过在衣服的外面一定要多套几层塑料带，因为布袋不防水。

（2）纸箱。纸箱的优点是比较结实，衣服放在里面比较安全，损坏的可能性不是很大。不过，衣服外面最好用塑料袋包好，再放入纸箱，纸箱选择 3 层厚的就可以了。纸箱可以上网买，也可以到邮局购买，从邮局购买的纸箱厚，价格贵，最省钱的办法就是收集免费的纸箱，将纸箱反过来，自己裁剪，然后用黄胶带粘好。

（3）快递专用加厚塑料袋。这个可以在网上买到，价格不贵，普通大小的一个袋子 3 ~ 7 毛钱不等，特点是防水，防辐射，用来邮寄纺织品确实是个不错的选择，经济实惠，方便安全。如图 18-4 所示为网上卖的加厚塑料袋。

2．礼品饰品类

礼品饰品类商品一定要用包装盒、包装袋或纸箱来包装。可以去当地的包装盒、包装袋批发市场看看，也可以在网上批发。使用纸箱包装时一定要有填充物，这样才能把礼品固定在纸箱里。还可以附上一些祝福形式的小卡片，有时也可以写一些关于此饰品的说明，让一个小小的饰品显得更有故事和内涵。如图 18-5 所示为使用包装盒包装中秋礼品——月饼。

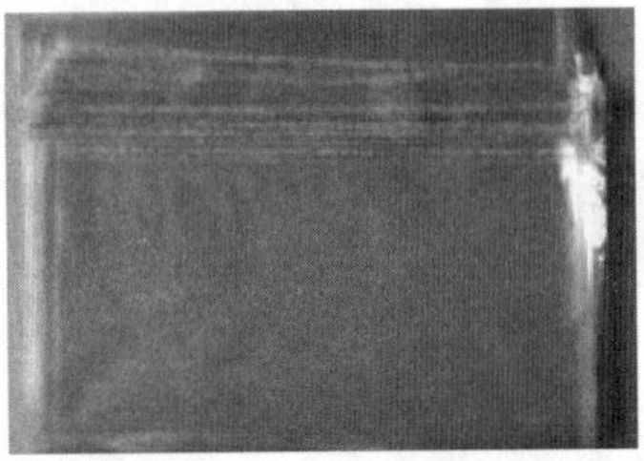

图 18-4　加厚塑料袋

图 18-5　用包装盒包装的礼品

3．电子产品类

电子产品在各行各业中算得上是高科技、精密的产品，包装很讲究，常用纸箱、托盘包裹。在货物比较轻的情况下可以用纸箱，但纸箱的质量一定要好。包装时一定要用塑料泡沫包裹结实，再在外面多套几层纸箱或包装盒，多放填充物。买家收到商品后，一般会当面检查确定完好再签收。因为数码产品的价格一般来说比较高，如果出现差错也是比较麻烦的事。如图 18-6 所示为电子类产品采用纸箱包装。

另外，由于这类产品的价值比较高，所以在邮寄时最好不要节省保价费，以免在运送途中出现破损却得不到应有的赔偿。

4．易碎品

易碎品的包装一直是一个难点，特别是易碎品的运输包装。为了保证这些产品在流通过程中不被损坏，通常按照一定的技术方法，对这些产品进行缓冲包装。外包装是保护易碎品免受损坏的有效方法，通常要求易碎品外包装应具有一定的抗压强度和抗戳穿强度，可以保护易碎品在正常的运输条件下完好无损。

最典型和最常用的易碎品外包装是用瓦楞纸箱。部分大而重的易碎品采用蜂窝纸板包装箱，部分较轻或本身抗压强度较高的产品如玻璃空罐等采用厚的纸箱包装。

如果有易碎品标签就贴上，箱子四周写上易碎物品勿压、勿摔，以提醒工人在装卸货过程中避免损坏。如图 18-7 所示为易碎品标签。

图 18-6　电子类产品采用纸箱包装

图 18-7　易碎品标签

5．图书杂志等印刷品

（1）纸盒

用纸盒包装图书时，在图书外最好是包上一层塑料袋，避免进水，同时可以防潮。

（2）牛皮纸

最好在图书外先套上一层塑料袋，再用牛皮纸包好。如图 18-8 所示为牛皮纸包装。

这里要强调的是，如果图书、杂志比较重，若快递，运费则比较贵；如果不是很急，可以平邮；若需要挂号，则按挂号印刷品来邮寄。

6．笔记本、手机、相机、MP3 等数码产品

（1）木箱。用木箱包装产品的成本大，费用高，但是比较结实、安全。缺点是，包装起来比较费劲，拆开也比较费劲。所以一般情况下，用加厚的纸箱包装就可以了。

（2）纸箱。最好选用 5 层厚的纸箱，先缠上泡沫塑料，再放入纸箱，塞满填充物，使其不摇晃，填补上多余的空间，外面一定要用订书针和胶带封好。最好粘贴上带有警示语的标签，如“易碎物品，小心轻放，防水防潮”等。泡沫塑料在物品运输过程中发挥了很大的作用，避免了硬物之间的挤压和磨损，在很大程度上减少了对物品的损坏。如图 18-9 所示为泡沫塑料和

纸箱包装。

图 18-8　牛皮纸包装

图 18-9　泡沫塑料和纸箱包装

7．食品

易碎食品、罐装食物宜用纸盒或纸箱包装，让买家看着放心，吃着也放心。在邮寄食品之前一定要确认买家的具体位置、联系方式，了解运送到达目的地所需的时间。因为食品有保质期，而且还与温度和包装等因素有关，为防止食品运送的时间过长导致食品变质，所以运送食品最好使用快递。

8．香水等液体类产品

化妆品大部分是霜状、乳状、水质，多为玻璃瓶包装，因为玻璃的稳定性比塑料好，化妆品不易变质。但这类物品在物流运输途中经常渗漏，所以除了包装结实，确保不易破碎外，防止渗漏也是很重要的。一定要封好封口处，确保不会外漏，然后用棉花整个包住，最后再包一层塑料袋。至于香水包装，可以到五金行或者专门的材料用品商店购买，用大卷的透明气泡纸在香水盒上多裹几圈，然后用透明胶带紧紧封住，这时裹着透明气泡纸的香水盒已经是超级防漏防震了。但是为了更加安全，最后再把裹好的香水放到小纸箱里并且塞上泡沫块。

9．钢琴、陶瓷、工艺品

钢琴、陶瓷、工艺品等贵重的物品采用木箱包装。美国、加拿大、澳大利亚、新西兰等国家，对未经过加工的原木包装有严格的规定，必须在原出口国进行熏蒸。在出示熏蒸证后，进口国方可接受货物进口；否则，将受到罚款或将货物退回原出口国的处罚。

10．DVD、VCD 等光碟

（1）泡泡袋

在邮局或者网上都可以买到泡泡袋，但价格稍微有点贵。

（2）牛皮纸

如果是套装的光碟，一般都有硬盒包装，只需要在外面包上一层牛皮纸即可。

（3）纸盒

多张光碟可以用纸盒包装；单张光碟可以将纸盒对折直接包装，要摆放整齐并且可以用胶带多缠一层，结实防漏。

18.3.3　打消顾客对物流的疑虑

选择一家好的物流公司对生意很重要，如何选择物流公司成为新店铺成长为皇冠店铺路上重要的一步。不管采用什么运输方式，我们要更多地考虑安全方面的问题，不管买方还是卖方，都希望通过一种安全的运输方式把货运到，如果安全性不能保障，那么就会引发一连串的问题，并且还会影响店铺的生意和信誉。

如何选择一家可以令买家和卖家都放心的物流公司呢？既可以选择卖家所在地口碑和服务最好的物流公司，也可以直接使用淘宝网推荐的物流公司。目前与淘宝合作的物流公司有：申通、圆通、中通、汇通、韵达、天天快递、中铁快运、德邦、佳吉、联邦快递、顺丰速运、EMS、E 邮宝、一邦速递、宅急送、港中能达。

选择淘宝推荐物流“在线发送订单”确认后，淘宝客服人员将帮你通知物流公司上门取货。对于丢件的情况，赔付处理也会更及时，淘宝会监控并督促物流公司对投诉和索赔进行处理。

如图 18-10 所示，使用淘宝推荐物流查询运费和时间。

如图 18-11 所示，这是将物流信息传达给买家，解决了买家最关心的一些问题，这样的信息公示可以很好地打消顾客对物流环节产生的疑虑。为了能让每个买家都接收到这些信息，建议把物流信息放入到商品描述页面里。

图 18-10　使用淘宝推荐物流查询运费和时间

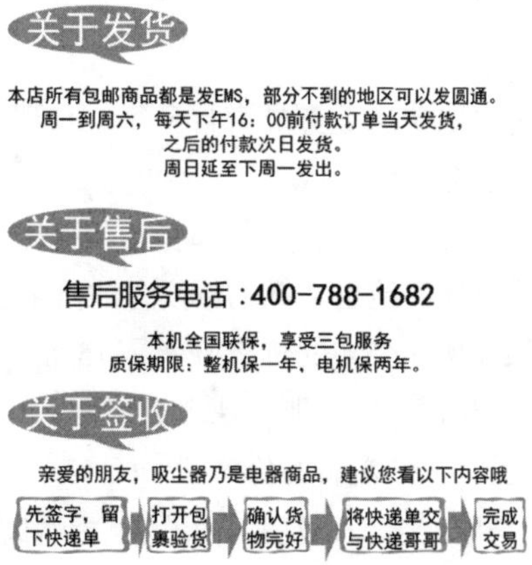

图 18-11　商品描述中的物流信息

如今选择方便快捷的快递公司已经成为众多店主们发货的首选物流，不过在享受便捷服务的同时，快递费也成了店铺经营中一笔不小的开支。在相同产品质量和价格的情况下，买家肯定会选择运费相对较低的店铺购买。因此在与这些快递公司打交道时，对既能节省运费又能让产品尽快到达的问题备受广大卖家的关注。

下面介绍一些降低快递费用的妙招，希望对新卖家有所帮助。

1．与快递公司人员建立良好的合作关系

这点不仅与快递公司的工作人员打交道时应该引起注意，但凡与人相处时都应该注意。没有一个好的心理素质，不会换位思考，替他人着想，只是一味地让别人遵循自己的方法来做事情，一意孤行的话，是很难与人和睦相处的。与快递人员打交道时更应该注意与其建立良好的合作关系，因为快递公司是我们得以顺利完成交易做成买卖的一个桥梁，没有快递公司的运输，我们的商品是无法投送到客户手中的，最终生意就无法做成。如果我们与快递的关系处理得不得当，与快递之间的沟通也将会变得很艰难，更不用说谈减少快递费用的问题了。

2．利用网上下订单

若打电话给快递公司询问快递费用，一般是 15 元，但是如果直接在网上下订单，10 元就可以了。

3．多找几家快递公司，价比三家

不要只在一家发件。如果发货量比较大，可以试着让他们来取件时“撞车”，这样快递公司就会有竞争压力，一场疯狂的价格战和服务战自然就打起来了。

4．与业务员砍价

快递的价格不是定死的，快递公司的价格还有商量的余地，可以通过下面几个方法把价格压低。

- 要直接找快递业务员砍价，不要找接电话的客服人员砍价，当然也可以与快递点的负责人来砍价。
- 可以跟快递业务员说自己每个月都有很多快递要发。这样那个业务员以为有大客户了，就会把价格降低。
- 跟业务员说有很多快递公司价格比他们低，最好是举出其他几家快递公司价格便宜的例子，促使他也降低到更便宜的价格。
- 假设快递公司的价格原来是 15 元，想砍到 12 元，不要直接就说 12 元，要心狠一点，说到 10 元左右，那么他想抬价也不好意思抬那么高，可能最终的结果是大家互相退一步，达到 12 元左右的价格。

5．与朋友合作，互相介绍，互相帮助

阿里旺旺群是我们应该好好利用的平台，平时大家应该多在群里聊天，多认识一些同城朋友。如果想获得更多的快递费用的优惠，最好的办法就是加大销售量，让订单多起来。对于这点只是依靠新手卖家某一个人的力量是无法实现的。除非现在的销售量已经很大了，每天都有很多客户，要寄的商品也很多；否则，就应该与朋友合作，互相帮助。多家店铺的订单加在一起，快递公司自然就可以给一些优惠了。对于快递公司的工作人员来说，他也可以接到更多的订单，何乐不为呢？

6．不要只图便宜

有些快递公司的价格确实便宜，但这样的公司多数是联盟性质的小公司，速度慢不说，还会经常出现包裹丢失或晚到的情况，并且根本查不到物流信息。

7．要清楚快递公司的发货时间

把快递公司的发货时间问清楚，一家不行找另一家，以免因为某家公司的快递员忙不开了，而耽误发货速度。他们通常会说今天下午发货和明天上午发货都一样是赶明天中午的班机，实际上是他们下午没时间来，而你的货却错过了今晚的班机。

8．有些顾客付了平邮的钱，是不是该用快递发货

卖家收取买家的是平邮的费用，但这些买家用的是支付宝交易且购买数额巨大，此时卖家可以给买家使用快递，让钱快点收回来。

18.4　打消买家对商品和价格的顾虑

当客服人员向顾客销售商品时，许多顾客会抱怨商品的价格过高。首先，客服人员要对自己的商品有充分的了解。客服人员应广泛搜集与商品相关的资料，如其他顾客的购买记录、人们对该商品的评价，以及商品的各项荣誉和专利技术证书等，让顾客觉得商品的质量有保证。

18.4.1　买家担心商品的质量，不相信卖家

将顾客当成朋友，这样顾客会更加信任店铺，不会发生很多问题，即使发生问题处理起来也更加容易。一次我问一位皇冠店铺老板：“最近您店的生意是越来越好了，有没有经验总结呢？”他回答我说：“平时我们没事就和顾客多聊聊，这样可以增加店铺的人气，而且和很多顾客都成了朋友。现在这些人都是我们的忠实顾客，好多都是老顾客带朋友来买。”

顾客表面上是怀疑商品的质量，实际上是对卖家不信任。所以处理好这个问题的关键是要取得顾客的信任，让顾客相信你所说的话。只是用简单空洞的语言给顾客介绍，是难以取得顾客真正信任的。以下方式都是不合适的。

“您放心吧，质量都是一样的。”

“都是同一批货，不会有问题的。”

“都是一样的东西，不会有问题的。”

“都是同一个品牌，没有问题。”

坦诚地告诉顾客商品特价的真正原因，以事实说服顾客，同时以特价商品实惠、划算作为引导顾客立即购买的催化剂。当卖家行为坦诚、语言真诚，并且表现得敢于负责的时候，往往很容易取得顾客的信任。

卖家这时可以采用如下的语言来回复顾客的担心。

“您有这样的想法可以理解，毕竟您说的情况在我们这个行业也确实存在。不过我可以负责任地告诉您，虽然我们这款是特价，但它们都是同一品牌，实际质量一样，而且现在价格上比以前又要优惠得多，所以现在买真的非常划算！”

“我能理解您的这种想法，不过我可以负责任地告诉您，这些特价商品之前其实都是正价商品，只是因为我们为了回馈老顾客，特价促销，但质量是一模一样的，您完全可以放心挑选。所以现在买这些商品真的是非常划算。您完全可以放心地拍下购买！”

首先学会认同顾客的顾虑，然后再针对顾客的顾虑以真诚负责任的口吻告诉顾客事实，并且强调现在购买的利益，以推动顾客立刻做出决定。

18.4.2 应对买家说别的店有一模一样的商品，但是价格低多了

“货比三家”通常是指买家为了挑选最满意、最适合的商品，在一定范围做一定程度的市场调研、咨询后做出购买决策的行为。市场经济发展越繁荣，货比三家的现象就越多。

在网上销售商品的过程中，可能会经常遇到买家货比三家的情况，例如有的买家会说别的店铺的商品便宜之类的话。这当然是一个价格问题，但卖家必须首先分辨出他是真的认为你的商品比别的店贵，还是故意为之，以此作为砍价的借口。

1. 认真分析买家的语言

分析买家与哪家店铺的商品进行比较。如果买家拿大品牌的商品与小品牌的商品相比，卖家就应向买家说明两者的价格是不能相提并论的，因为品牌的知名度和市场定位都不一样。

2. 不要贬低其他店铺

如果自己的商品好，那就没有必要通过诋毁别的店铺来证明；如果别的店铺比我们好，也没有必要去贬损他人。因为往往在贬低其他店铺的时候也贬低了自己在买家心目中的形象。

3. 分析自己店铺商品的优势

把本店商品和竞争对手的商品的各种优劣势进行详细比较，用数据、证书等直观的方式，从店铺的状况和商品的定位、包装、质量等方面向买家说明。

4．强调完善的服务

告诉买家自己店铺的高价商品背后，有着优于竞争对手的完善的服务体系，它是商家持久发展的重要保障。

5．处理问题的方式

处理买家问题时一定要从容不迫、语气平和，整个过程都要保持自信但不要自大，处理问题的方式往往比处理问题本身还重要。

18.4.3　如何应对砍价的买家

网络交易，买卖双方是一对矛盾体，卖家希望以高的价格成交，赚取最多的利润，而买家则希望以最少的费用购买到最好的商品。

在沟通过程中，买家一般会对商品的价格提出异议，进行讨价还价。事实告诉我们，讨价还价的过程可能直接影响乃至决定交易的成败。作为一个网店经营者必须掌握一些讨价还价的策略和技巧。这里就列出九种常见的应对买家砍价的技巧。

1．较小单位报价法

就是将报价的基本单位缩至最小，以隐藏价格的“昂贵”，使买家产生“价格不贵”的错觉。如名牌鞋垫一打是 12 元，那么说每双 1 元会让买家听起来很舒服；每斤茶叶 200 元，20 元一两更容易被人认可。买家听到这种形式不一样而实质却一样的报价，其心理感受是大不相同的。

2．证明价格是合理的

无论出于什么原因，任何买家都会对价格产生异议，大都认为商品价格比他想象的要高得多。这时，店主必须证明商品的定价是合理的。证明的办法就是多讲商品在设计、质量、功能等方面的优点。通常，商品的价格与这些优点有相当紧密的关系，正是所谓的“一分钱一分货”。店主可以应用说服技巧，透彻地分析并讲解商品的各种优点。

当然，不要以为价格低了买家一定会买。大幅度降价往往会使买家对商品产生怀疑，认为它是有缺陷的或是滞销品。只要能说明定价的理由，买家就会相信购买是值得的。

3．在小事上要让步

在讨价还价的过程中，买卖双方都要做出一定让步。尤其是作为店主而言，如何让步是关系到整个沟通成败的关键。

就常理而言，虽然每一个人都愿意在讨价还价中得到好处，但并非每个人都是贪得无厌的，多数人是只要得到一点点好处就会感到满足。

因此店主在沟通中要在小事上做出十分慷慨的样子，使买家感到自己已经得到优惠而让步。比如免费向买家提供一些廉价的、微不足道的小零件或包装品，以此增进双方的友谊。

4．比较法

为了消除价格障碍，店主在沟通中可以多采用比较法，这往往能收到良好的效果。

比较法通常是指所推荐的商品与另外一种商品比较，以说明价格的合理性。在运用这种方法时，如果能找到一个很好的角度来引导买家，效果会非常好，如把商品的价格与日常支付的费用进行比较等。

如一位家电店主这样解释商品的价格：这件全自动洗衣机的价格是 3000 元，但它的使用期是 10 年，这就是说你每年只花 300 元，每月只花 25 元左右，每天还不到 1 块钱。考虑到它为你节约了那么多的时间，一块钱算什么呢？

5．尾数报价

店主报价时，保留价格尾数，采用零头标价，如报价为 9.98 元，而不是 10 元，使价格保留在较低一级的档次。这样，一方面让人觉得价格便宜，另一方面又因其标价的精确给人以信赖感。

6．讨价还价要分阶段进行

和买家讨价还价要分阶段一步一步地进行，不能一下子降得太多。有的买家故意用夸大其词甚至是威胁的口气，并装出要离开的样子吓唬你，如“价格有点贵，我看看再说吧”，这时你千万不要上当，一下子把价格压得太低。你可以表现出很棘手的样子，使用交流工具打出一个思索的图标，实在没办法就比原来的报价稍微低一点，切忌降得太猛了。

7．讨价还价不是可有可无

首先，买家会相信店主说的都是实在话，他确实买了便宜货。同时也让买家相信店主的态度是很认真的，不是商品质量不好才让价，而是被逼得没办法才被迫压价，这样一来，会使买家产生买到货真价实的商品的感觉。

店主千方百计地与对方讨价还价，不仅仅是尽量卖个好价钱，同时也使对方觉得战胜了对手，获得了便宜，从而产生一种满足感。假使让买家轻而易举地就把价格压下来，其满足感会更淡薄，而且还会有进一步压价的危险。

8．不要一开始就亮底牌

有的店主不讲究价格策略，沟通一开始就把最低价抛出来。这种做法的成功率是很低的。要知道，在沟通的初始阶段，买家是不会相信店主的最低报价的。

9．如何应付讨价还价型买家

在买家中，确实有一种人胡搅蛮缠，没完没了地讨价还价。这类买家与其说想占便宜不如说成心捉弄人。即使你告诉他了最低价格，他仍要求降价。对付这类买家，网店主一开始必须狠心把报价抬得高高的，在讨价还价过程中要多花点时间，每次只降一点，而且降一点就说一次“又亏了”。这样降个五六次，他也就满足了。

总之，面对买家的砍价，灵活运用以上策略，就能够轻松自如地应对。

18.4.4　买多件商品要求打折怎么办

因卖家的错误导致店铺每天都在上演着主动驱逐买家离开的一幕，只不过卖家并不知道，还继续用错误的方式去与买家沟通，继续主动驱逐买家离开。如果遇到买家买多件商品要求打折，卖家可以首先认同对方的感受，一定要通过商品的不同之处、优越性，以及令人信服的质量保证等来说服买家，让买家知道物有所值。如果对方还是不依不饶，则可以向老板申请或者以附加赠品的方式等让步达成交易。一定要让对方感觉到我们已经在尽力帮助他解决这个问题了，并且语气要真诚、态度要诚恳，这样即使最后没有对买家做出任何实质性的让步，买家也会明白你确实已经尽力了。很多顾客其实并不一定就是为了那点折扣，关键是他要有一个购买的理由或台阶。可以采用如下的语言来回复买家。

"您好，我可以理解您的这种心情。如果换成我是您的话，我也会认为多买几件就应该得到一些折扣。不过这一点一定要请您多包涵，您作为我们的老顾客一定也很清楚，我们店的商品都是实实在在的价格，所以还要请您多理解和支持我的工作。不过考虑到您的情况，这样吧，我送您一个很实用的赠品，您看行吗？"

18.4.5　应对老顾客价格再优惠的要求

当顾客感到满意，他才有可能回头，这个"满意"更大程度是依赖于顾客消费时的感受和体验。如果在消费过程中顾客的感受是美好的，顾客就会有重复消费的可能。卖家的最终目的应该是把买家对店铺和商品的信任一起卖出去，让买家成为长期支持者，形成自己的老顾客群，并且利用老顾客的介绍带来更多的新顾客。所以老顾客是店铺最好的顾客，他们在新品购买、品牌传播、市场竞争等方面都可以给店铺带来更多的支持。网店销售一定要充分利用老顾客资源，老顾客在购买中占的比例直接反映了该店铺的竞争力水平。如果确实不能再降低价格，而老顾客还要强烈要求，为了能留住老顾客，可以对老顾客的消费行为加以回报。如可以通过会员制营销、包邮、赠送小礼品等方式来达到维护老顾客的目的。

卖家这时可以采用如下的语言来回复老顾客要求价格再优惠点的问题。

"马小姐，真的很谢谢您这么长时间以来对本店的一贯厚爱与支持。作为老顾客，我想您一定知道我们的价格一直非常实在，并且面料精细、做工精良，售后服务等方面也都非常完善，其实这也是我店赢得很多像您这样的老顾客厚爱的重要原因。我们更希望真正对老顾客负责，这样您才会对我们的品牌更加满意，您说是吗？"

"谢谢您这么多年来对我们的支持，其实您也知道每个公司打折的原因都不一样，我们更关注的是能够提供什么样品质的商品和服务给顾客，毕竟价格只是您决定购买的一部分因素，如果东西自己不喜欢的话，我想再便宜您也不会考虑，您说是吗？像您看上这款产品就非常适合您。要不我们赠送给你一个实用的小礼品吧。”

18.5　应对不同类型的买家

顾客受性别、年龄、性格等因素的影响，对相同商品的反应也不尽相同。因此，店主应该因人而异地对待顾客。

18.5.1　外向型买家

外向型顾客一般做事情都很有自信，凡事亲力亲为，不喜欢他人干涉。如果他意识到做某件事是正确的，那他就会比较积极爽快地去做。遇到此类型的顾客，要赞成其想法和意见，不要争论，要善于运用诱导法将其说服。在向他们推荐商品或服务时，要让他们有时间讲话，研究他们的目标与需要，注意倾听他们的心声。

18.5.2　理智型顾客

这类顾客的购买行为是在理性购买的动机支配下形成的。这种类型的顾客头脑冷静、清醒，很少受外界环境的干扰。他们购买商品时，很少受广告宣传、商标及华丽包装的影响，可以按照自己事先既定的购买目标进行购买活动，购买以后很少后悔。对待这类顾客应详细介绍产品的各种特性和优点。

18.5.3　知识渊博型顾客

知识渊博型顾客都非常喜欢炫耀自己，因此我们可以表现出信服他的态度，这种顾客里也不乏真有知识的，绝对不能大意，表现出彻底的信服、接受其指导的态度，就可以达到成交的目的。

18.5.4　优柔寡断型买家

有的顾客在店主对商品进行了解释说明后，仍然优柔寡断，迟迟不能做出购买决定。对于这一类顾客，店主要极具耐心并多角度地强调商品的特征。在说服过程中，店主要做到有根有据、有说服力。这种买家犹豫不决，又想买又不想买，所以要想方设法下“最后通牒”，比如“店里的打折或优惠马上就要结束了”，“这种商品所剩不多”等，让顾客有“过了这个村就没这个店”的感觉，从而让他痛下决心。

18.5.5　小气型买家

喜欢贪小便宜是小气型顾客最大的特征。买东西老嫌贵，还特别喜欢砍价。应对这种顾客，跟他套交情是最佳做法。首先应该热情地向他打招呼，赞美他，并且要提醒他占到了便宜。

18.5.6　稳重型买家

个性稳重的顾客是比较精明的。他们注意细节，思考缜密，决定迟缓并且个性沉稳不急躁。对于这种类型的顾客，无论如何一定要想办法让他自己说服自己，否则他是不会做出购买决定的。不过，一旦赢得了他们的信任，他们就会非常忠诚。

18.5.7　猛砍价型顾客

这类买家总觉得卖家赚得很多似的，使劲地砍价。与这样的买家交流时要转移话题，比如可以送对方一些小礼物，避免尴尬的同时也不至于赔太多。

对待不同性格的顾客，应采取不同的接待和应对方法，只有这样，才能博得顾客的信赖。

18.5.8　挑剔型买家

这类顾客一开始就怀疑卖家，不管卖家介绍的情况是否真实，他都会认为你是在说谎骗人。对待这种顾客不要加以反驳，不应抱有反感，要耐心地沟通。

对于难缠的客户，并不是要“对抗”，而是“消除、解决和合作”，将最难缠的客户转化为最忠实的客户。

应对方法是展示优点，扬长避短，比如回复“虽然你不喜欢这件物品的样式，但是比起外观，功能才是最重要的，不是吗？”

运营篇

第19章 维护好客户关系，打造皇冠级店铺

开店指导

网店中维护客户关系是非常重要的，不管是否已经成为客户，都应该重视他，让顾客感受到满意的服务。这样不但可以留住原有的客户，也可以发展潜在的客户。维护客户关系是项繁琐、艰巨同时又需要讲究技巧的工作。处理好客户关系，才会有回头客，才会有老客户介绍新客户，树立良好的口碑。

19.1 如何培养客户信赖感

商家应当重视顾客的感受，店主应对售出的商品质量多加关心。例如要想到“顾客使用后是否满意？”或“有没有发生故障？”等，如果每天都能抱着这种重视顾客感受的心理做买卖，那么就能跟顾客建立起超越买卖关系的相互信赖感。一旦到了这种程度，必然会受到顾客的欢迎，从而使生意更加兴隆。

在任何时代，从事商业活动必须注重服务，尤其是当新产品陆续出现时，企业更应该重视

服务，主动询问顾客的想法和需要，是赢得信赖、取得建议的好方法。

一般来说，生意兴隆的商店在销售上用尽心思，在服务上也会给予顾客更多的关心，而在商品不足或发生问题时所做的服务更加重要。如果只是抱着不负责任的态度，那就很难有服务的热情了。网店经营者不仅本身需要有这种深刻的服务意识，而且需要随时向客服强调服务的重要性。只要店铺中所有工作人员都重视顾客的感受，关心顾客的需要，就不怕顾客不光临。

在销售关系中最重要的工作就是建立与客户之间的信任，因此要将心思放在顾客身上，谈他们关心的问题，谈他们的需要，谈如何解决他们的问题；其次要看透顾客潜意识的需求，只要他们的需求得到满足，他们的自信心跟自我成就感才会提升。同时，间接地提升了对你的喜爱与信任。

那么建立信赖最有效的方法是什么呢？简而言之就是重视顾客的感受。尽量聆听，因为聆听建立信任，聆听减少排斥。当你专心聆听时，顾客就会觉得你重视他。

19.2 如何加强客户忠诚度

在淘宝我们可以看到，每年都有不少“后起之秀”，他们的店铺业绩稳步攀升，越做越红火。那么，他们的秘诀究竟是什么呢？在网络购物高度发展的今天，对网商而言，盲目引流已经不是做好网店的基本条件了。关键在于：流量引进来，你能掌握住多少？你有没有充分利用好这些流量，让其产出最大化？但是，很多淘宝店往往做不到这点，这是由于忽视老客户导致的。

权威机构研究表明：网店吸引新客户的成本至少是保持老客户成本的 8 倍，而这些老客户几乎创造了店铺 80%的收入和 90%的利润。因此，店铺应该把有限的资源放到对重点顾客的维护上，细分他们的需求，更加精准地促销，才有可能形成爆炸式的利润增长。

既然你已经知道了维护老客户的重要性，那么怎样才能更方便地维护卖家与客户的长期关系，加强客户的忠诚度呢？

为了解决这个问题，淘宝给卖家提供了一个很好的会员关系管理工具。会员关系管理工具是帮助卖家管理会员的工具。通过会员关系管理工具卖家可以充分了解会员的信息，针对不同的会员向卖家推荐更合理的营销方式，同时卖家还可以通过该工具加强店铺和会员之间的联系，提高会员忠诚度。卖家可以根据顾客购买的金额和件数设置会员等级，同时对不同等级的会员设置相应的折扣。会员根据卖家设定的要求成为卖家会员后就获得了卖家店铺的会员卡。

会员关系管理工具是收费的服务，需要开通订购后才能够使用。

（1）登录淘宝后台管理页面，单击“软件服务”下的“我要订购”，如图 19-1 所示，进入到订购页面，单击此页面中的“运营管理”下面的“客户管理”，如图 19-2 所示。

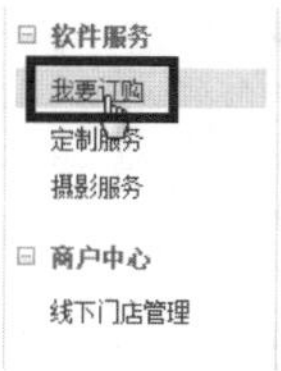

图 19-1　单击“我要订购”

图 19-2　单击“客户管理”

（2）单击“会员管理”，即可看到如 19-3 图所示，单击右侧的“会员关系管理”。

图 19-3　单击右侧的“会员关系管理”

（3）单击“立即购买”进入订购信息页面，在这里有订购服务的名称、期限、支付金额等信息，选择需要订购的期限，单击“立即订购”按钮，如图 19-4 所示。

图 19-4　订购信息页面

（4）单击“同意协议并付款”按钮，如图 19-5 所示。

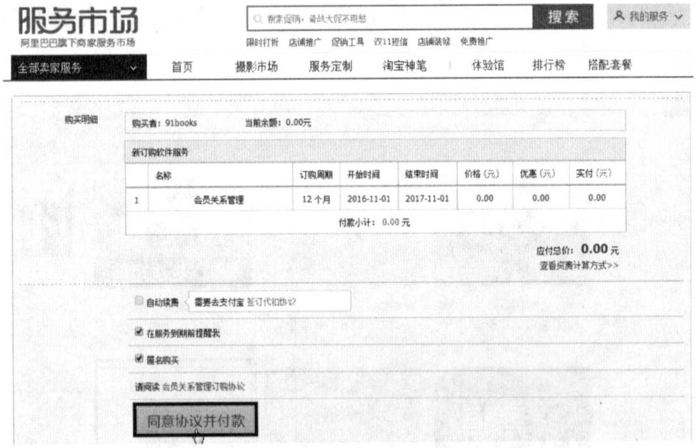

图 19-5　单击“同意协议并付款”按钮

（5）订购完成后就可以使用会员关系管理系统了。

19.3　如何做好客户资源维护

对于卖家来说，老顾客是一项特有的资源，需要精心维护。要主动与老顾客联系，把店里的新品介绍给老顾客，同时店里有什么促销活动也要及时通知老顾客。一些网店会在年前或年后向老顾客进行拜年回访活动，这样不仅能把新品、网店的最新信息，第一时间告知给老顾客，也能增近网店同老顾客之间的关系，从而使生意蒸蒸日上。

做淘宝的掌柜一般都很辛苦，有时候网店的利润非常低。但还是有些买家过来讨价还价，作为卖家真的很无奈，价格标高了没人问，价格标低了仍会有人砍价。有的时候会因为与一位难缠的客户沟通而耽误了与其他客户成交的机会。

这时我们可以独创一个组把类似的客户都放到这个组里面。将客户分类，对这种几十元还砍价的客户我们还是不与其交易了，因为与其交易过程累且利润低。我们把一些较好的客户也可以规划到一个组里面，平时有什么特价的宝贝或者促销活动可以发给他们。

在淡季，卖家可以定期、不定期地上市新品，提高店铺的吸引力。吸引新买家，更能维护好老买家。如果买家在淡季能够接受你提供的新产品、接受新产品的价格，那新产品在旺季的销售就更不用说了，可以想象那一定会是供不应求的局面，店主们就等着白花花的银子进账了。争取做到出新求新，生意淡季也盈利。

19.4　抓住客户从小处着手

在淘宝店有一个信用评价栏目，允许店主和顾客互相留言交流，其实这个栏目是一个互动平台。店主想巧妙利用这个平台和客户沟通，需要做好以下几点。

（1）对顾客的每条评论都要回复，顾客没有评论也要回复。

（2）顾客对商品和服务不满意时，我们尽量在回复中恢复信任。

（3）顾客对商品和服务有表扬时，店主应表示感谢，并且可以将一些商品的最新信息夹在其中。

回复是一门艺术，许多店主希望提高销售量，就要从这样的细微之处开始做起。已经有一批皇冠店铺开始建立在淘宝网外的社区，作为稳定客户的平台。

（1）有店主的最新公告或者博客。

（2）有促销商品的预告板块。

（3）有顾客对新商品的体验报告板块。

（4）有供顾客发牢骚的板块。

这样的社区被证明是稳定客户的最佳平台。现在的皇冠店铺，一般都拥有上万客户，以及上千的稳定客户。皇冠店主曾经用礼品发送、VIP 卡、博客等多种方法抓住客户，但是规模有限。建立这样的社区，将成为一种最新模式。

皇冠店主认为，与其花广告费在网络上做宣传，不如建设这样的网店社区，在自己的社区里做广告。

19.5　怎样留住你的客户

一直以来，不论开什么店，网店、实体店、杂店、专卖店、大店或者小店，源源不断的客源都是店主能长期经营、长期盈利的一个重要保证。对于很多新手卖家来说最烦恼的事情就是“我的淘宝网店怎么没有人来？”或者“来了以后怎么不购买呢？”等疑问。

把握老客户，除了提供高质量的商品和优质的服务以外，还有更多的细节需要你来努力和深入地了解、开发和实行。

1．紧随

新顾客第一次收到商品后所做出的评价，即使是有所抱怨，也要从评论中提取出有用的信息。可以加强你对自己商品缺陷的了解，以及了解该顾客的购物习惯，以便以后可以更有力地推荐其偏好的商品，同时也会让顾客对你有一种信任感。

2．紧追

最好看看顾客的购物记录，从中找到顾客的购买方向和喜好，如果确定顾客喜欢的就是你店里商品的风格，就将其列入你的客户列表中，定期做个有针对性的回访，如新货通知、活动公告等。如果发现该顾客并没有再次购买的意图，那你可以调整一下回访的间隔时间，不要太频繁。

3．紧抓

仅仅记住顾客的爱好还不行。接下来要做的就是抓住顾客的心，当顾客购买了商品后，包装不仅要仔细，而且还可以抽出一点利润来为顾客准备一份温馨的小礼物，当顾客收到礼物时，不仅有惊喜，还有感动。对于老顾客来说，赠送同样礼物的惊喜可能不多，所以时常变换赠送礼物的种类也很重要。

当然，对于新顾客我们可以在公告里注明赠送神秘小礼物，以此抓住顾客的心。

4．精算

站在顾客的立场思考，为顾客尽量节省每一分钱。为增加每一次购物的机会，卖家可以推出积分制度，比如一件商品可以积一分，积累到一定的程度可以换购某件商品，或者可以将积分作为现金来购买本店的某件商品。这样可以让顾客在店里购物时，增添一份动力。当然，也可以推出折扣制度，比如“买两件以上包邮”、“两件以上八折”等，让顾客享受更多实惠。

5．精明

卖东西时，不管店家的手段如何高明，质量还是最重要的，质量不过关，售后服务不够好，自然不会有客户，更别说回头客了。所以作为店主，一定要从自己了解的商品开始做起，宁可做自己熟悉的产品，也不做自己陌生的产品。如果是自己进货，可以根据顾客所提的意见，在第二次进货时就要多看多查，发现有损坏的，就得马上收起，而不是寄给顾客，蒙混过关。

6．细心

细心的店主总是让人难以忘怀，如果有时间，要多与老客户沟通，多去了解他们的爱好、性格，以及购物理念等，把每位顾客当成自己的朋友。

7．更新

对店里的商品如果店主有能力的话最好一周更新一次，让顾客时时保有新鲜感，让顾客有值得再次购买的理由，如果顾客真的喜欢你店里的商品，通常有空就会进店里看看，如果总是不更新，那再有兴趣的顾客也会溜走。

19.6　怎样才能更好地维护老客户

大家都明白这样一个道理，老客户的维护成本是远低于新客户的开发成本的，那么如何对老客户进行最合理的维护呢？

（1）更多优惠措施，如给一定的价格折扣或赠送礼物等。经常和老顾客沟通交流，保持良好融洽的关系。

（2）特殊顾客特殊对待，根据 80/20 原则，公司 80%的利润是由 20%的客户创造的，并不是所有的客户对店铺都具有同样的价值，有的客户带来了较高的利润率，有的客户对于店铺具有更长期的战略意义。美国哈佛商业杂志发表的一篇研究报告指出：多次光顾的顾客比初次登门的人可为企业多带来 20%~85%的利润。所以善于经营的店铺要根据客户本身的价值和利润率来细分客户，并密切关注高价值的客户，保证他们可以获得特殊服务和待遇，使他们成为店铺的忠诚客户。

（3）提供系统化解决方案，不仅仅停留在向客户销售产品的层面上，还要主动为他们量身定做一套适合的解决方案，在更广范围内关心和支持顾客发展，增强顾客的购买力，扩大其购买规模，或者和顾客共同探讨新的消费途径和消费方式，创造和推动新的需求。

（4）建立客户数据库与客户建立良好关系。在信息时代，客户通过 Internet 等各种便捷的渠道都可以获得更多更详细的产品和服务信息，使得客户比以前更加聪明、强大，更加不能容忍被动的推销。此时，与客户的感情交流是店铺用来维系客户关系的重要方式，日常的拜访、节日的真诚问候、过生日时的一句真诚祝福、一件小赠品都会使客户深为感动。交易的结束并不意味着客户关系的结束，在之后还须与客户保持联系，以确保他们对店铺的好感能够持续下去。卖家需要快速地和每一个客户建立良好的互动关系，为客户提供个性化的服务，使客户在购买过程中获得产品以外的良好心理体验。

（5）与客户进行深入沟通，防止出现误解。客户的需求不能得到切实有效的满足往往是导致店铺客户流失的主要原因。

一方面，店铺应及时将经营战略与策略的变化信息传递给客户，便于客户工作的顺利开展。同时把客户对店铺产品、服务，以及其他方面的意见、建议收集上来，将其融入到店铺各项工作的改进之中。这样，既可以使老客户知晓店铺的经营意图，又可以有效调整店铺的营销策略以适应顾客需求的变化。

另一方面，善于倾听客户的意见和建议，建立相应的投诉和售后服务沟通渠道，鼓励顾客提出意见，及时处理顾客的不满，并且从尊重和理解客户的角度出发，站在顾客的立场去思考问题，采用积极、热情的态度处理问题。同时也要跟进了解顾客，采取积极有效的补救措施。

19.7 巧用千牛分组管理买家和客户

很多卖家的千牛上有很多人，但是很少有人对千牛上的客户信息进行管理，显得杂乱无章，有的卖家有了促销活动就全部群发，或许这样的方法也能招来一些买家，但是这种方式也很容易招致买家的反感，一不小心还会被投诉禁用，很不划算。

可以利用千牛的分组功能更好地管理客户信息，可以将千牛分为 5 个组：咨询、订单、发货、成交、回头买家。

“咨询”：把每一个前来咨询的买家都加为好友，同时在备注里说明买家咨询过的产品，这样时间再长也不会忘记这个买家曾经对什么产品感兴趣。能够前来咨询的买家，肯定是先对商品有了兴趣，虽然最后因为价格等因素改变了想法没有成交，但是这些买家还是属于目标客户的。有类似产品到货或者有促销活动时，就可以发给买家看看，“亲，上次您看到的那款产品，最近搞活动特价了哦，亲可以到小店来看看。” 因为是买家感兴趣的商品，得到回应的概率当然就大许多。

“订单”：这是已经拍下商品，但是还没有付款的一部分买家。一般来说，顾客都是在拍下之后就付款的，但是还是会遇到买家因为网络不通畅、支付宝里没钱这样的情况而到最后没有达成交易的。在这个分组里，要礼貌地提醒买家付款，“亲，上次您拍的那款产品超过付款日期了哦，亲有空就请先付款吧，这样可以早点拿到宝贝了哦。”

“发货”：付款、发货之后，将订单里的买家加到这个组里。我们可以随时询问买家是否已经到货，或者询问对收到货品的意见。如果一切都搞定了，还要提醒买家及时对自己做出评价，“亲，您收到宝贝还满意吧？那祝您新年快乐！记得给我评价。”

“成交”：成交之后的买家大多数都收藏过你的店铺，也感受过你的服务，只要你对自己的商品有信心，那么很容易就能把这些买家再次吸引过来。当然，不仅仅是要给买家发一些商品促销的信息，而是要真的把他们当朋友。比如，在圣诞节的时候，给 QQ 好友发祝福的时候，顺便也给他们发一句，“亲，祝您圣诞快乐，每天都有好心情！”收到原本陌生的卖家这样的留言，相信所有人的心情都会不错。

"回头买家"："成交"组里的买家，第二次到你的店铺来买东西，那么就更要注意了，这肯定表示你的商品是让人满意的，而要让买家继续感觉舒服、满意，给一些小小的折扣是免不了的。

好好地利用千牛分组，就可以把新顾客变成老顾客，甚至是变成朋友，当然生意也不愁不好了。

19.8　把网店回头率做到百分之百的秘诀

要想拥有 100%的回头客，必须做到商品好、服务好、回访好，要用心、耐心、诚心、细心，这样才可以拥有更高的回头率。

1. 要熟悉商品的专业知识

当顾客询问关于商品的问题时千万不能用"大概"、"可能"、"也许"等词语来回答，这样的回答说明自己不专业，同时给人不信任感。同样的商品，顾客买得放心是最基本的要求。

2. 不要为自己的错误找借口

有失误和过失，千万不要为自己的错误找借口，因为顾客只会记得，你承诺过的事情没有做到，现在却又借口多多。

与其找借口还不如老老实实地承认自己的过失，然后再尽力补救，哪怕是再给顾客一些优惠。当你承担了所有的责任，并改正了过失时，本来一件不好的事情，可能反而会让你赢得顾客的好感和信任。

3. 改变消极懈怠的思想

开创自己的事业不会是一件容易的事，一旦生意开张，你就必须随时扛下一大堆琐碎和繁重的工作，还要准备好为现金周转而奔波。不管多么艰难，你都必须保持乐观。人们只愿意和那些充满自信的人做生意。集中精力在你的工作上，相信不管遭遇多少挫折最终都能心想事成。对工作坚定不移的信心也会同样使顾客对你的生意信心倍增。

不要理所当然地认为顾客在你这儿购买过一次，就会成为你的终生顾客。一旦懈怠下来，其他的竞争对手就会随时将你的顾客拉走。

4. 不要有意损害竞争对手的声誉

如果对顾客和潜在客户说竞争对手的坏话，这样做只能让顾客认为你是个小人，竞争不过别人，就在背后说对手的坏话。

5. 不要在生意好的时候降低服务标准

你也许会在生意好的时候，悄悄降低商品的质量或者服务标准，认为这样一点点的变化顾客无法觉察。如果你这样想，那么顾客的流失是无法避免的。

6. 不要在有点成绩时不思进取

不要因为有了一点点小成绩就不思进取。在市场飞速发展的今天，如果你不求发展，那么就会被市场淘汰。所以要不断学习，你对行业的了解越深，顾客对你就越有信心，从而你的商品会成为顾客心目中的第一选择。

7．货源一定要可靠，让买家信任

无论何时，卖家对自己的货源都是要很清楚的，要跟顾客保证自己的货是什么档次，不同档次的货才有不同的价格。当然顾客自己也知道，要想买到更好的东西，就得花更多的钱。所以不用担心顾客会跑掉。

8．打包要认真

别小看了打包，细心的买家会从打包中看出店家有没有诚心做这笔生意，看得出店家对自己的产品是否珍爱。因此不管卖什么都应该非常仔细地把商品打包好。

19.9　掌握主动权，帮你主动出击抓住潜在买家

很多店主都反映，店铺里流量和浏览量上去了，但就是没有成交量。关键问题在于淘宝上的交易主动权都掌握在买家手里，只要买家不拍下宝贝，不管他在你店里看多少宝贝，你都不知道是谁对你的宝贝感兴趣。只能被动地等买家来联系自己。

免费流量的付费化、付费流量的昂贵化、流量的碎片化……商家朋友觉得流量越来越难获取了，获取流量就得花钱，花钱就得精打细算，究竟怎样让店铺的流量结构合理，保证销售额的任务达成，把钱花在刀刃上，流量来了怎样合理地分配流量，留住顾客是我们要做的事情。生意参谋就是这么一款能帮你解决这些问题的产品。如图 19-6 所示为生意参谋平台。

图 19-6　生意参谋

生意参谋平台提供的实时直播可以分 PC 与无线端查看实时概况、实时来源、实时榜单、实时访客，而且还提供了超酷炫的实时直播大屏。店铺实时数据、商品实时排行、店铺行业排名、店铺经营概况、流量分析（流量构成、PC 端与无线端的流量来源、入店关键词）、商品分析、交易分析、服务分析、营销分析、市场行情，为你展示店铺经营全链路 360 度无死角的核心数据分析！

19.10　防止熟客流失的措施

顾客流失已成为很多卖家面临的问题，卖家都知道失去一个老顾客会带来巨大损失。对顾客需求不能得到切实有效的满足往往是导致客户流失的最关键因素，一般表现在以下几个方面。

1．店铺商品质量不稳定，顾客利益受损

很多店铺开始做的时候会选择质量好的商品来销售，但时间久了，卖家就会发现有些低劣商品，只要图片漂亮一样好卖，于是将便宜的劣质品充当高档商品卖高价位，这样一来顾客肯定会流失很多。

2．店铺缺乏创新，顾客“移情别恋”

任何商品都有自己的生命周期，随着市场的成熟及商品价格透明度的提高，顾客的选择空间越来越大。如果店铺不能及时进行商业创新，顾客自然就会另寻他路，毕竟买到最实惠的商品才是顾客所需要的。

3．店铺内部服务意识淡薄

顾客提出的问题不能得到及时解决、咨询无人理睬、投诉没人处理、回复留言语气生硬、接听电话支支吾吾、回复邮件草草了事、员工工作效率低下等也是直接导致顾客流失的重要因素。

4．员工跳槽，带走了顾客

很多店铺卖家都是小规模雇人经营，员工流动性相对较大。而店主在顾客关系管理方面不够细腻、规范，店主自身对顾客影响相对乏力，一旦客服人员摸清进货渠道，在网上自立门户，以低价位恶性竞争，老顾客就会随之而去。

5．顾客遭遇新的诱惑

市场竞争激烈，为了能够迅速在市场上获得有利地位，竞争对手往往会不惜代价搞低价促销，或加大广告投入来吸引更多的客源。

顾客为了买到最低价格的商品，每买一件商品都会搜索最低价来进行对比，当店铺满足不了他们的需求时，顾客只好另觅他店了。

19.11　如何制造口口相传的品牌效应

淘宝卖家的最终目的是把产品做成自己的品牌，通过品牌的优势扩大市场份额。网店的品牌建设是一个长期的过程，掌柜在开店初期就应该具备品牌意识，一旦形成，必然会给店铺带来巨大的无形资产。

要想为自己的店铺打造口口相传的品牌效应，应该注意下面一些问题。

（1）你制定的政策和制度都需要围绕“一切为了顾客”这个原则。无论产品的生产、销售，都应该以满足顾客的需求作为自己追求的目标。

（2）不能纯粹为了利润而降低产品的质量，这样做是鼠目寸光的表现，短期你是赚了钱，但长期来说，会大大损害你的信誉度，老顾客也会逐渐损失掉。所以合理的利润控制是非常重要的。

（3）要确定店铺产品最大的卖点和优势。如产品是同类中价格最低的、质量是最好的，等等。一定要有一个能够让买家记住店铺的闪光点。

（4）店铺要有一个好名字，让人容易记住，有品位的名字是必要的。

（5）客户服务要有一定的规章制度，这一步也是很重要的。因为客服是买家接触店铺的第一印象，是他们最先接触和体验到的服务，严格规范客服的语言是很关键的一步。

（6）店铺装修是一种营销的手段或是品牌的展示方式。如果大家的店铺是一部要参加比赛的跑车，那么店铺装修就是加速器和润滑剂，有了这两个辅助工具可以使你在比赛中获得胜利的机会大大提高。一个好的店铺装修，既能符合产品特色，又能吸引顾客逗留、增加人气，对交易量的促进有非常重要的作用。

（7）在产品包装上也要下一番工夫，卖家可以在包装盒上打上店铺的名称，也可以赠送一些精美的小礼品给买家，进一步增强买家的黏度。

（8）要定期举办一些促销活动来增强顾客的记忆，同时给老顾客以更优惠的价格，这样能获得更多口口相传的机会。

（9）利用网络免费资源传递品牌信息

互联网上有许多免费的网络资源，网络商店可以充分利用这些免费的资源进行品牌传播。论坛是传递品牌信息的绝佳场所，此外，博客、QQ、旺旺群等都是很好的免费资源，卖家如果利用好这些免费资源，将会收到意想不到的效果。当然，卖家也可以通过花钱去网站上做广告来进行品牌传播。

（10）赞助活动传递品牌信息。在电子商务平台的论坛里，经常有各种各样的活动期待大家的参与。有些活动是官方的，有些活动是论坛自己开展的。对于各论坛自己开展的活动，一般都需要赞助商，这时卖家可以考虑赞助一把来提高自己的知名度。由于活动举办方会大力地宣传活动，活动的曝光率也相对来说高得多，卖家虽然付出了一点赞助费，但收到的回报也是相当高的。

（11）其实说到口碑，更多体现在提供的服务是否能让买家称赞，只有店铺的服务做到位了，品牌效应才能形成。例如买家的投诉是否在第一时间得到了解决？解决的效果如何？这些信息都关系到买家的感受，需要卖家悉心处理，这样才有可能培养起好的口碑。这个过程特别的漫长，需要有足够的耐心去完成。

一个网店获得了好口碑，会达到口口相传的效果，影响力会越来越大，其品牌知名度也会随之提升。

第20章 掌握网店经营管理艺术，打造百年品牌店铺

开店指导

科学的网店管理是网店有序经营和确保交易顺利实现的关键。在商业竞争中，一个优秀的团队是所向披靡的，因此对于网店经营者来说，必须重视网店的客服，打造一个优秀的团队。

20.1 员工的管理

人才是经营制胜的法宝，重视人才是店铺长远发展的关键。一个智慧的店主必定是识人、用人的高手，他们独特的用人之道，不仅为店铺增强了生机与活力，还使自己获得了丰厚的财富。

20.1.1 怎样找到合适的员工

随着网店数量越来越多，对网店的管理运营已不是店主一个人所能应付的了，许多网店开始寻找专门的网店管理人员，从而催生了一项新的职业——网店客服。

据了解，网店客服的分工已经达到相当细致的程度，有专门解答买家问题的客服；有专门帮助买家挑选商品的导购客服；有专门接待投诉的客服；还有专门帮店主打包快递的客服等。

一般来说网店客服的工作很杂，也比较枯燥，因此能招到一位出色的客服不是很容易的。

招聘客服人员时需要注意下面几点。

（1）首先是打字速度要快，这个在招聘的时候需要把关。

（2）要有耐心和亲和力，亲和力在网上和网下的表现方式是不一样的，有些人在网下可能给人感觉很冷漠，但在网上却表现得很热情。

（3）不能用功利心太强的人，急功近利的人会不择手段地去成交一切可能成交的单子，这对店铺造成的不良影响是不可低估的。

（4）一般找为人内敛且做事仔细的人更合适。

（5）最后，客服最好要熟悉网上交易流程。

20.1.2　对待员工要恩威并施

“恩”不仅表现为对员工在物质上的奖赏和帮助，还表现为在精神上对他们的理解、宽慰、尊重、信任和鼓励等。

作为一个老板，要做到令出必行、指挥若定，必须具备一定的威严。道理非常简单，在管理方面，没有令员工感到畏惧的威慑力是很难使他们尽职尽责的。单是靠一张和蔼慈祥的脸和美丽动听的言辞起到的推动作用是远远不够的。

恩威并施是指老板在处理员工关系时，将“恩”的因素和“威”的因素有机融合在一起，让员工既服从又感激。

老板要使员工心悦诚服，一定要做到恩威并施，这就需要从以下两点做起。

（1）善于“以母亲的手握利剑”。“以母亲的手握利剑”是一个形象的比喻。这是说，老板既要有母亲般的慈爱、无私与温和，时刻给员工真诚的爱，同时又要“手握利剑”，对员工的不良行为不能迁就姑息，使“恩”与“威”做到高度统一。若能做到这一点，就会使员工对管理者既感激又尊重，且不会擅自违令行事。

（2）命令与商量融为一体。当向员工提要求时，管理者不妨这样说：“我是这么想的，你们的意见呢？”当员工将自己的想法说出来之后，如果有道理，可以说：“我明白了，你说得十分有道理，就这么办吧。”这样既能避免老板的命令与指示的不周到，也可以使员工因为感到信任和尊重而心情愉快，从而有更大的热情去完成工作任务。

20.1.3　采取积极措施，挽留优秀员工

在经营过程中，人才的重要性已经成为共识。由于人才流动十分频繁，所以留住人才、防止人才流失已经成为老板工作的重要内容。一个老板要想挽留住优秀的员工，必须做好以下工作。

1．明确员工流动的原因

（1）劳动强度大：员工的工作时间没有规律，由于承受不了高负荷的工作强度，所以辞职。

（2）业内竞争激烈：同行业内的竞争者多如牛毛，有些员工为了追求高薪或谋求更好的待遇而辞职。

（3）工作状况不利于个人发展：大多数员工的工作单调，甚至是机械的，加上劳动强度过大，会使员工丧失工作乐趣。年轻的员工会因为这种工作状态而感到个人发展受限，从而想到更换工作环境。

（4）管理机制不完善：用人制度不规范，不能做到任人唯贤。规章制度多半是处罚，缺乏人情味和有效激励，不能形成一种良好的工作氛围，这样的管理机制会使得人心涣散。

（5）管理思想不妥：老板对员工的合理要求要重视，不能影响员工工作的积极性，破坏团队的凝聚力，从而导致员工流失。

（6）就业选择多样化：由于经济的飞速发展，企业越来越多，可供员工选择的就业渠道、就业方式也在不断增多，那些劳动强度适中、劳动报酬理想的公司才是员工梦寐以求的好去处。

2．采取积极的补救措施

（1）以诚信留住人才：同员工保持互相信任，真诚对待员工更有利于团队的稳定性。

（2）注重感情投资，形成宽松的工作氛围：要注意和员工的沟通，要关心、爱护、照顾、体贴员工。员工中出现了矛盾要及时解决。同时，还可以通过开展各种活动来融合员工内部关系。

（3）建立激励机制：要建立激励机制，如采取加薪或发奖金的方式。加薪、奖金的数额要紧跟生活水平的变化而变化，不能永久定量。

（4）建立防护屏障：对于一些优秀员工，要采取特别的措施对待。现在的猎头公司无孔不入，特别要保护单位中下层管理者和技术人员，他们是单位不可或缺的中坚力量。

（5）征求辞职员工的意见：诚恳地聆听辞职员工的意见，对于另谋他职的员工，对于其工作环境、待遇等方面的优势要了解清楚，以此找出经营存在的不足，并及时改正。

一位优秀员工的辞职，会给店铺带来不可估量的损失，智慧的老板最会用“妙招”挽留住员工，使他们更好地为店铺创造效益。

20.2　店铺的管理技巧

网店和实体店一样，只要有货品存在，就需要仓储管理；有资金出入就需要财务管理；有客户存在就需要客户管理。由于网店的特殊性，网店的管理甚至比实体店更复杂，包括图片管理、发货管理等都是实体店不曾涉及的。所以从这个角度来讲，要做好一个网店，甚至需要比实体店投入更多的精力，花费更多的心血，讲究更多的技巧。

那么如何做到有序管理呢？下面是皇冠级卖家在开店实践中总结的一些成功经验。

1．合理安排时间

在淘宝开店的掌柜们大都有时间不够用的感受，一方面为了保持店面的新鲜感，必须进货、上货、拍照、处理图片，同时还得接受客户咨询、包装货品、发货等。特别是生意好的时候，往往忙得团团转。俗话说得好，忙中出错，如果没有有序的管理，恐怕不是发错货就是怠慢了客户，差评就在所难免了。所以，合理进行时间管理，对每一位卖家来说都显得尤为重要。

怎样才可以让时间相对够用一点呢？那就是必须对时间进行合理划分，按淘宝的时间规律及事情的轻重缓急来进行有序安排。一周有一周的时间计划，每天有每天的时间安排，这样才能有条不紊，忙而不乱。

2．用表格管理，实现科学化管理

可以使用数据库，也可以使用 Excel 或 Word 表格来管理。

（1）可以利用进销、库存表格进行仓储管理，随时了解货物的进出情况。哪种货物销得好？哪种货物销得差？每种货物还有多少库存？都能够从这些表格里反映出来。

（2）可以建立现金日记账，记录每天的现金收入与现金支出，随时掌握现金流量情况，计算现金周转率，据此制定销售策略，提高现金利用效率。

（3）建立客户资料表格，尽可能详尽地记录每一位客户的资料，包括姓名、性别、地址、电话、年龄、生日、爱好等，以备所需。

当然，这些表格可以根据自身需求进行个性化设置。目前市场上也有一些现成的网店管理软件出售，建议网店规模大一些的卖家不妨试一下，可以大大提高管理效率。

3．客户关系管理，提升客户忠诚度及店铺美誉度

良好的客户关系是促进成交及再次成交的有力武器。

（1）诚信经营是良好客户关系建立并得以持续巩固的前提。诚信包括硬件和软件两个方面。硬件方面要提供质量有保障的产品；软件方面要重承诺、讲信用。

（2）售前热情接受咨询；售中仔细包装，快速发货；售后全程跟踪，耐心指导。细心的人肯定看出来了，其实这就是服务的全过程。热情、耐心、细致的服务，是打造客户关系的必要条件。

4．利用阿里旺旺管理，让客户管理更加有序，宣传更加便捷

淘宝上开店，大家用得最多的就是阿里旺旺了。阿里旺旺带来的不仅是沟通上的便利，有效利用阿里旺旺中的一些功能，还能让大家事半功倍。

有效利用阿里旺旺分组，有针对性地进行信息发布。利用阿里旺旺分组把买家与卖家分开进行管理；咨询者与已购买者分开进行管理；咨询类别不同的人区别进行管理。根据客户分类将买主关注的信息进行有针对性的传递，这样不仅不会让买家觉得反感，还会让他们感觉受到了重视。只要分组得当，阿里旺旺群发信息给需要这部分信息的人，那么阿里旺旺就能成为做好店铺宣传的一项利器。用好阿里旺旺群发，店铺宣传其实就那么简单。

20.3 网上开店常见骗术大全

俗话说：害人之心不可有，防人之心不可无。随着网络开店交易的迅猛发展，网络诈骗也随之升级，下面总结了网上常见的具有代表性的诈骗形式，提醒大家谨防上当受骗。

1. 金蝉脱壳——发货在先陷阱多

拿货开溜：卖家在交易时，切不可着急发货。有的买家谎称自己不会使用支付宝，收到货后用银行汇款，但只要货一发出，买家就人间蒸发。针对这类骗术的应对方法是要求买家使用支付宝或款到发货。

骗取半价：有的买家称信不过卖家，先付一半的货款作为定金，货到后再付余款。卖家一定不要相信对方，因为只要你的货发出，那一半的货款很可能收不回来。

谎称付款：卖家切记在发货前要查看交易状态，买家是否付款。有些买家在阿里旺旺上留言谎称已付款，有些粗心的卖家不看交易状态就轻易相信，结果是造成自己的损失。

真传假汇：有买家把银行的汇款单传真过来，卖家要在查清汇款是否到账后再发货，因为有些传真来的汇款单是假的。

2. 瞒天过海——同城交易有猫腻

有的买家与卖家同城交易后，却申请支付宝退款，理由是“没有收到货”，卖家自然是无法提交发货凭证的，只好吃哑巴亏。

提醒卖家：为了杜绝任何受骗的可能，同城交易时最好让对方写下收据，同时也防止了假钞的风险。

3. 移花接木——退货之后藏隐患

如果买家要求退货，一定要在收到货后再退款。如果先退款，可能再也见不到你的货物了。一定要严格按流程走，收到退货后再退款或换货，为了防止买家在货物上做手脚，一定要当着快递人员的面拆开包装，确认货物没问题后再签字。

4. 借刀杀人——木马钓鱼搞破坏

常见的利用钓鱼网站的骗术有以下几种。

（1）骗子购买了商品后，会跟你说需要在另外一个网站提交一份订单才会给你付款。此时卖家一定要长个心眼，如果在这种网站下了订单就等于告诉了骗子你的银行账号和密码。

（2）骗子拍下卖家的商品，借口说没有支付宝，不放心和卖家交易，需要卖家在另外一个担保网站下个担保，否则就不予以交易。这是骗子盗取账号和密码的伎俩。不要轻易在其他网站提交你在淘宝的任何信息，保护好自己的账号和密码。

（3）邮件欺诈。骗子买下宝贝，申明已经付款，让卖家查收邮件看看是否已经付款。一旦店主单击了邮件中的链接，输入了账号和密码，账号就会立刻泄露。卖家一定要在淘宝网上查看交易状态，不要轻信此类谎言。

（4）骗子声称已经用网上银行转账付款成功，并且信誓旦旦地让卖家查询是否到款。此时需要注意提防骗子伪造银行页面进行盗号。一定要熟悉各类银行网址，谨防被骗。

（5）骗子伪装成买家，给会员发送带有木马病毒的文件。如果单击了，很可能账号和密码就会被盗取。警惕接收一切可疑文件，避免电脑被木马病毒侵袭。

所以，数字证书、杀毒软件一个也不能少。

5. 使用 Photoshop 制作的付款截图

此骗术是在对方拍下你的商品后，马上发来一个用 Photoshop 制作的“买家已付款等待卖家发货”的付款截图，然后不断地催促你发货，如果你看到这个截图，而没去查看收款信息就发货给买家，那么很有可能就上当了。所以无论对方如何催促，一定要在自己的“卖出商品”中看到“买家已付款等待卖家发货”的信息后再发货。

6. 明修栈道，暗度陈仓——可恨之极

交易谈好以后，骗子说自己没有支付宝，要求用银行直接汇款。只要卖家将自己的银行账号告诉他，他马上就会用该账号登录网银，然后乱输密码，直到当天密码错误达到最高次数时告诉店主，他的款已经汇过去了，让店主查一下。多数卖家都是直接通过网银查账的，这时卖家再登录时发现密码错误无法查账，骗子买家会一直不停地催店主发货，说已经汇款了，要求店主马上发货。

新手卖家、急于成交生意的卖家或做虚拟商品销售的卖家（因为发货就是发卡号或者密码之类的）最容易被骗。

此时卖家应该告诉买家现在网银无法登录，只要他转了账，明天查明到账以后再发货也不迟，至于他再说其他的理由，我们可以选择性无视他或使用手机银行查账，现在多家银行都开通了手机银行或者电话银行，查一下账户以免被骗。

7. 中奖信息诈骗

骗子通过 QQ、阿里旺旺等网络聊天工具及网络在线游戏、电子邮件等途径，向网友群发虚假中奖信息，提示人们登录活动网站主页或拨打咨询热线领取奖金。而当你拨打领奖热线后，对方会告知必须先交个人所得税或邮寄费用等款项，以致一些不明真相的网友受骗。

20.4　金冠卖家揭秘交易中的禁忌

卖家在与顾客交流的过程中，要有技巧，沟通要讲艺术。良好的口才可以助你生意兴隆，

良性的沟通也可以使顾客再次光临。不知道所忌，就会造成损失；不知道所宜，就会造成停滞，所以卖家在谈话中，要避免以下的禁忌，这样生意才会越来越好，回头客也会越来越多。

1．忌争辩

卖家在与顾客沟通时，主要目的是促销商品，而不是来参加辩论会的，与顾客争辩解决不了任何问题，只会招致顾客的反感。

卖家首先要理解顾客对商品有不同的认识和见解，发表不同的意见。如果刻意地去和顾客发生激烈的争论，即使占了上风，赢得了胜利，把顾客驳得哑口无言、体无完肤、面红耳赤、无地自容，但你得到的是什么呢？只能是失去了买家、丢掉了生意。

2．忌质问

卖家与买家沟通时，要理解并尊重顾客的需求与观点，要知道人各有所需，他买商品，说明他需要此商品；他不买，说明他有其他原因，切不可采取质问的方式与买家谈话。

卖家用质问或者审讯的口气与顾客谈话是不懂礼貌的表现。质问是最伤害顾客的感情和自尊心的方式。

3．忌命令

卖家在与顾客交谈时，态度要和蔼一点，说话要轻声一点，语气要柔和一点，要采取征询、协商或者请教的态度与顾客交流，切不可采取命令的语气与买家交流。

4．忌炫耀

与顾客沟通时，要实事求是地介绍自己的商品和店铺，稍加赞美即可，万万不可得意忘形地自吹自擂，自我吹嘘自己商品的美观、实用、价廉等。

5．忌直白

卖家要掌握与顾客沟通的艺术，顾客是千差万别的，他们来自不同的社会阶层、不同的文化背景。在与其沟通时，如果发现他在认识上有不妥的地方，也不要直截了当地指出，而是要委婉告之。因人施语，卖家应学会谈话的技巧和沟通的艺术。

6．忌批评

在与顾客沟通时，如果发现他身上有些缺点，也不要批评和教育他，更不要指责他。要知道批评与指责解决不了任何问题，只会招致对方的怨恨与反感。与顾客交谈要多用感谢词，要多言赞美，少说批评，要掌握赞美的尺度和批评的分寸，巧妙批评，旁敲侧击。

7．忌冷淡

与顾客谈话时，态度一定要热情，语言一定要真诚。感人心者，莫先乎情，这是卖家的真情实感，只有用自己的真情，才能换来对方的感情共鸣。

20.5 找到网店生意冷清的原因

门庭冷落，没有生意，这是开店新手经常遇到的问题，甚至一些信用相对高一些的卖家也会遇到同样的问题。下面总结一下网店生意不好的常见原因，希望能够引起店主的重视。

1．所选项目是否属于冷门，市场需求不大

现在网店销售的商品是五花八门、琳琅满目，但比较热门的还是女性用品、化妆品、衣服、数码产品、饰品等。当然并不是叫大家都去经营这一类商品，但必须要了解自己所选择项目的关注度、需求度是否够高，如果所选择项目的关注度或需求度够高当然成交率也会高。像类似药品、五金工具、乐器、文具等，相对来说属于需求偏少的门类，虽也有做得好的店，但毕竟与“热门商品”相比成交概率偏低，所以经营“冷门”项目需要付出更大的耐性和毅力，如果选择了偏门就不要过多烦恼为什么生意清淡少人询问，给自己点耐心和时间，理性地度过正常的“萧条”阶段。

2．商品定价是否合理

价格是买家购买商品时最敏感的话题。一般而言，买家总是希望花最少的钱买更多的东西，不少店铺因为商品定价不合理而失去了大批的客户。商品定价时要参照淘宝上其他店铺的价格行情，然后再根据自己的利润确定。

3．商品的图片是否有问题

网络销售顾客对商品的直观感受就是来自图片，一幅好的图片胜过千言万语。不少店铺的图片长短不一、灰暗阴沉、背景杂乱，或者只有一张图片而没有其他的细节介绍，如果你都不能被自己的图片吸引，那么对那些“挑剔”的顾客就更没有吸引力了。甚至有的网店连商品的图片都没有，结果大大影响买家的判断和挑选感受，当然也会影响到商品的销售。

4．商品描述文字是否详细全面

有了好的图片再加上详细的文字描述，买家看了之后才会有购买的欲望。所以把商品的功能、特性、型号、质地、风格甚至保养方法等描述清楚，是促进商品成交的前提。

5．在线时间是否有保障

这一点想必不用多费口舌，但其重要性却有目共睹。商品产生成交机会，有时真的只是一瞬间决定的，足够的在线时间是网店成功经营的起码条件。

有很多买家都会看店主是否在线，如果不在线的话，就不会进入该店铺，宁愿去找其他的店铺，因为不在线就无法对商品进行咨询了。

6．销售的商品是否单一

比如开始销售仅限于女装，随着买家需求的增多，我们可以不断丰富商品种类，加入其他产品，如包包、饰品、围巾、帽子、鞋等关联品种。这也满足了一些顾客一次购买多件商品的需求，既节省时间也节约费用。产品丰富了，顾客一般会搭配购买，在慢慢促进成交数量的同时也加快了店铺信用的增长。

7．是否每天都有商品上架

最好每天都有新品上架，这样顾客才能更多地搜索到你的商品。卖家每天要多次关注橱窗推荐。如果每天只关注一两次，那远远不够，因为店铺的推荐商品不断下架，那就要多次推荐，只有推荐的商品才更容易被顾客搜索到。

8．商品名称是否完整且吸引人

别小瞧商品名称的作用，商品名称直接关系到别人能否成功搜索到你的商品，尽管只有三十个字，但只要详细、贴切、合理一样对成交产生着很大影响；不少新卖家在取名方面的思路非常简单，甚至标题基本雷同。给商品起名时需要让买家了解到商品的作用、颜色等属性或其他特定意义的词汇。

9．是否重视店铺的宣传

在店铺没有开起来之前，店主最关心的问题就是如何把网店尽快开起来并且装修好。可是一旦店铺开起来之后，多数店主会为店铺流量而伤透脑筋。网上开店最怕没人光顾，毕竟酒香也怕巷子深，网店的宣传推广也是一个系统工程，应该考虑诸多方面。

10．服务水平是否足够人性与灵活

在这一点上绝大多数新手卖家都充满自信。事实上，很多人觉得新手卖家的服务态度比钻石、皇冠卖家要好得多，也许因为顾客少新手卖家的服务反而更真诚更细致。但新手卖家中，也有不少有“服务”但没“技巧”的。总之服务是一门学问，从服务中顾客可以感受到店主的态度、品性和专业度，如何做到服务恰如其分，与顾客成为朋友的能力也非一日练就的，客观地寻找自身原因，理性并积极改善服务水平，网店才能走得更顺畅。

20.6　网店经营者必备的心态

选择在网上开店创业意味着要付出更多，但不一定会得到理想的回报，如果心态调整得不好，将会遇到很多困难和障碍。要让自己的网店长久活跃在网络这个平台上，作为网店经营者就必须要拥有良好的心态和坚韧的毅力，要贯彻“全面认准了就要坚持”的原则。

1．坚持不懈的精神

网上开店心态最重要，只有坚持、坚持、再坚持。在网上开店和现实中一样，不是把货拿回来了，摆上架就会有钱挣，还需要做好服务和宣传方面的各种工作，有时甚至会有一段时间生意是冷冷清清的，如果缺少坚持不懈的精神，就永远看不到胜利的一天。

2．不断学习的心态

不断学习，不仅仅是学习前辈们的经验，同时也要学习各方面的技能。比如可以去那些做得好的店铺，看看有什么自己可以借鉴的。销售衣服的店家就应该多学习服装的搭配、色彩的搭配、了解面料的区分和特点等。

3．务实耐心的心态

做工作要实实在在，不懂就问，不要打肿脸充胖子，也不要想着能一步登天。成功的人都是从每一件小事做起的，只有脚踏实地地把小事做好才能为将来做大事做准备。在网上开店，每天要重复做的事情很多：店铺管理、推广宝贝、在论坛发帖回帖……这需要你有足够的耐心去完成，否则就会失去很多顾客，没法做好生意。

4．了解风险意识

再小的买卖也是有风险的。商海无情，但风险并不可怕，只要用冷静的头脑去分析市场，做事有条理、有依据、有决断，做到未雨绸缪，就可以把风险控制在最小的范围内。切忌畏缩不前，盲目冲动。网上开店创业最大的失败就是放弃，如果只是“三分钟热度”那是对自己的不负责任，只有调整好心态，不断提高自己的从业技能，才不会在激烈的竞争中惨遭淘汰。

5．学会付出的心态

付出了不一定有收获，但是不付出就一定没收获。虽然有时没有收获，但却在努力的过程中得到了很多无形的东西，比如学会了怎么样去努力、怎么样去珍惜等。不要太计较眼前的得失，只要你真正付出了，总有一天你会得到很多意想不到的奖励。

6．推陈出新的心态

这个社会变化太快，要跟在时代的最前沿才不会被淘汰。看看世界的变化，观察身边的市场，时刻更新自己的想法以便跟得上时代，适应这个社会。不好的习惯和方法就改，多点自己的创新。有了这种心态，自己才会不断去改变，才不会落后于人。

7．把顾客当朋友的心态

即使不能把顾客当成上帝，也要把顾客当自己的朋友去对待。只有真心对待一个人，生意才能持久发展。如果总想着去占别人的便宜，那么店铺是无法发展下去的。

8．勇于承担责任的心态

一旦自己的货有了问题，或者是出现了别的问题，顾客找你的时候，千万不要找借口推卸。要勇于承担责任，该道歉就道歉，即使自己有委屈，顾客在气头上说了再难听的话你也不能和顾客吵架。有了这样的气魄，别人才会信任你，误会才会消除。有了相互之间的信任，生意就不是问题了。

20.7 怎样打造优秀的网络销售团队

当网店销售规模达到一定程度，仅凭店主一个人很吃力，而又无法继续扩张的时候，再想扩大经营时会有点力不从心，这时就需要组建一个网络销售团队。网店管理是一个具有持久性、连贯性和整体性的系统工程，所以对于人手有限的网店来说，掌握一定的管理方法来提高工作效率至关重要。根据管理范围和内容的不同，在专门的网络销售团队中，有客服人员、库房管理人员、财务出纳人员、采购人员等。

1. 寻找合适的客服人员

客服主要负责与顾客联系、建立客户档案并进行管理、收发邮件、到账查款、信用评价、给顾客发送促销活动通知等繁琐的日常工作，客服是网店和顾客间的纽带和桥梁，所以首先应该增加的职位是客服人员。一般安排一个人专职做就可以了，如果商品分类多交易量大，或是店主还有其他网站的业务，则可以安排两三个人分工负责。客服最好是细致、耐心、机灵点的女孩，最基本的要求是普通话要标准，打字速度要快且反应灵敏。

客服人员首先要做的就是熟悉产品，如果可以的话，尽量多教客服些知识，当店主不在的时候，客服可以独当一面。

为了加强与顾客间的良好关系，保证和拓宽客户群，客服人员最好花一些时间来研究顾客的购物心理，分析他们对服务方面的需求。如果有空余时间，还可以陪顾客或网友聊聊天，培养潜在的顾客，但一定要注意时间的把握，要在不耽误自己其他工作的前提下适当安排时间。

2. 确定客服人员薪水待遇

客服人员的工资一定要和销售量挂钩，一般要按量提成，但是还要给一个最低保障。千万不能是固定的工资，否则员工肯定没有积极性，而且很容易因为收入和工作强度不成比例而提出离职。客服人员的合理薪水应该包括底薪+提成+奖励−处罚。

底薪需要根据各地的消费水平来定，因为某地消费水平最能反应当地的经济发展情况，所以卖家在招聘客服前要仔细地了解一下当地的经济情况，把当地常见的服务行业的工资标准都了解一下。这样做的目的是不要亏待了客服人员。卖家肯定都知道，客服这项工作是最繁琐的，所以薪水不能定得太少，太少了没有人会愿意干的，但是底薪又不能定得太高，太高了容易让人产生惰性，要定在一个合适的水平。

3. 商品拍照登录人员

当网店达到一定规模时，会有成千上万的商品，这时就需要一个专人来管理在线商品，而这个又必须和客服分开。店主应该把主要精力放在进货上，至于拍照、描述、登录最好也找个有网页设计基础的人来做。第一可以保证页面制作美观专业，第二可以增强推广力度。职位工资要与业绩挂钩，这个职位的提成也可以用网上拍下商品的数量或商品的浏览量来计算提成。

4. 财务人员

财务人员的工作是每天记账管钱，银行查账可以交给客服来做，但是财务要每天复查，如果是已经注册的公司还要做必要的报表。另外购买办公用品、交水电费都可以让财务去做。虽然对技术要求很低但是财务的人选比较关键，最好是自己的直系亲属，如父母、兄弟、姐妹等。如果实在没有就雇个有会计证书的，因为这样的人毕竟要在这个行业发展，相对会有较高的职业道德。

作为财务人员还要学会使用简单的表格统计店铺每天的收入和支出，做到及时、完整、准确地进行整理汇总和综合分析，并建立相应的统计报表。

5. 库管员

如果商品种类多数量大，可以请一个专职库管员。库管员是一个较为辛苦的角色，作为库管员，除了要拥有库管员的职业要求外，还必须具有较强的工作责任心和热情的服务态度，必须随时关注店铺的库存余量，确定哪些商品已经缺货，以便将其及时下架，以免给有此商品需要的顾客造成困扰。此外，通过定期盘点库存，并推出相应的促销活动来清仓，还可以快速动销产品，盘活资金。对于服装、食品等时效性较强的商品来说，及时清仓是减少亏损的一种有效方法。

6. 忠实的采购人员

网店商品的采购一般是店主自己做，也可以用自己的亲戚负责帮忙进货。很多店主都不愿意用外人做采购，第一怕进货时吃些回扣，第二怕采购员自己出去单干。不过如果采购量确实很大，而自己又没有亲戚可以帮忙，那也可以招聘专门的采购人员，一般可以用下面两种人。

第一种是随遇而安型，这种人一般没什么太大的野心，对生活也没有太多要求，可以跟着别人干很久，一直都是个帮手，没有自己创业的魄力。但缺点是进取心不强，另外可能会贪小便宜吃点回扣，只要不太过分完全可以采用。

第二种是豪爽型，这种人可能胸怀大志，野心不小，但是为人正直，属于性情中人。他不贪朋友的小便宜，而且进取心强，主动性很高。缺点是天下没有不散的筵席，也不可能让人家干很久，只要走后不用你的关系与你在同一个平台竞争就不算过分。

7. 建立奖罚分明制度

卖家最头疼的问题可能就是客服对于网上店铺的信誉度并不是很关心，所以在售后服务方面并不是很积极，有时还会因为态度不好得罪买家，最好制定一些奖罚措施，比如出一个差评扣 100 元；连续两个月都是好评奖励 300 元等。

当然有一点要注意，要先分析原因，仔细听客服的解释，再以店主的身份跟顾客联系，只要事实弄清楚就好办了，如果的确是客服的过错，那么必罚无疑，罚一次全体客服都会引以为戒。还有就是处罚和奖励的额度一定要提前定好，打印出来贴在客服工作间里最显眼的位置。

8．设立投诉专线

设一个专门用于投诉的电话，这个专线最好是店主本人的手机号，这样做的话，既可以监督客服工作，又可以服务买家。

9．做好老板的学问

要成为一个好老板就要和蔼可亲，只有这样才会得到员工们的支持。首先要把自己的位置摆正，要真正为员工服务，只有这样才会得到员工的认可，让他们把公司当成自己的，达到赢利赚钱的目的。一般较好的老板是下面两种类型。

第一种：为人谦和、容易沟通、重情重义型。这种老板是儒家学派的拥护者，与员工以兄弟姐妹相称，以德服人。员工往往发自内心地想把工作做好。当然这也和自己的性情有关，不是谁都能达到这种高度的。

第二种：身先士卒、赏罚分明、说一不二型。这种老板是坚定的法家拥护者，以法制赢天下。制定严格的纪律规范并且主动遵守，该赏则赏，该罚则罚。虽然严厉了一点，但是新员工也更容易融入体制，不怕人员流动。

20.8 打造百年网店品牌

网店品牌的建立必须以优质的商品质量和真诚的服务态度为基础，这需要卖家具有强烈的品牌管理意识，有意识地维护网店的品牌形象。良好的品牌形象的树立要求店家关注每一个细节，既要把握所有与顾客沟通的环节，又要把握所有可能冲击品牌声誉的元素。

网络商店或因其经营的商品成为名牌，拥有较高的知名度，特别是在获得了较高的美誉度之后，会在顾客心目中树立起极高的威望，顾客表现出对品牌的极度忠诚。品牌网店就会像磁石一样吸引消费者，顾客会在这种吸引力下形成对品牌的忠诚，进行反复购买，且对其不断宣传，而其他店铺的顾客也会在名牌产品的吸引下开始购买，并可能同样成为此品牌的忠实消费者，有效降低了开发新顾客的成本。

采取精细化的品牌传播是网络商店开展品牌建设的核心环节。一方面，由于网络商店拥有资金规模小的天生缺陷，这就注定了网络商店不可能投入大量的资金去做品牌；另一方面，由于网络商店数量巨大，品牌传播的难度越来越大，这就意味着传统的品牌传播方式不适合塑造网络商店的品牌，网络商店要成功塑造品牌，其品牌传播必须走适合自己的精细化的品牌传播道路。店家可以从以下几个方面来具体操作。

1．店铺装修传递品牌信息

网上的品牌店铺通过豪华的装修来传递品牌信息，同样网络商店的品牌建设也可以通过对网络商店进行必要的装修来传递品牌信息。网络商店的店铺装修主要包括店标的设计、店招的设计、商品图片的处理、商品描述模板的设计、店铺公告和店铺介绍的说明等。这些都是消费者进入网络商店选购商品时所能接触到的元素，网络商店可以充分利用这些资源传播自己的品牌信息。同时，网络商店在进行店铺装修的时候，应该使店铺装修之后的风格与品牌风格相符。

2．在销售过程中传递品牌信息

虽然网上交易中是互相看不到对方的，但销售过程也要与顾客接触。网络商店应充分利用好这个机会传递品牌信息。销售过程中主要是通过与顾客的交流、成交信、发货通知书、信用评价等形式来传递品牌信息。此外，发货也是网上购物中不可缺少的环节，网络商店可以在发货上下工夫传递自己的品牌信息，例如可以在包装盒上印上自己的品牌标识；发货时放张印有自己品牌标识的书签、购物清单；发货时放个印有自己品牌标识及店铺信息的手提袋等。

3．售后服务传递品牌信息

现在顾客购物越来越理性，消费者在进行购物时，很大程度上会考虑售后服务，售后服务如果不好，消费者很有可能就不会选择该产品，因此售后服务非常重要。同时售后服务也是传递品牌信息的一个非常好的环节，在售后服务过程中传递品牌信息是一把双刃剑，这主要取决于售后服务是否能让顾客满意，满意的话则能在顾客心目中树立良好的品牌形象，否则将会损害品牌形象。

4．构建网络商店品牌文化

构建网络商店品牌文化是网络商店品牌建设的提升。品牌文化是网络商店的无形资产，是网络商店竞争力的一种体现。拥有品牌文化的网络商店比没有品牌文化的网络商店更具竞争优势，而拥有强大品牌文化的网络商店则无疑是市场上的领导者。品牌文化越强，意味着网络商店在 C2C 电子商务市场上得到消费者的认同越多，影响消费者的作用也就越明显。